# Bernd Noack
# Spurensuche

Eine Entdeckungsreise durch Fürth
Mit Fotos von Andreas Riedel

ars vivendi

D1666878

*Liebe Leserin, lieber Leser,*

*sicher ist Ihnen auf dem Einband das Aktions-Logo des Vereins Junge Helden (www.junge-helden.org) aufgefallen. Man kann sich dieses Signet auch als Tattoo stechen lassen und damit signalisieren, dass man als Organspender zur Verfügung steht. Warum setzt der ars vivendi verlag mit seinen Büchern buchstäblich dieses Zeichen? Hätte ich selbst im Jahr 2006 nicht in allerletzter Sekunde das große Glück gehabt, eine Spenderleber zu erhalten, würden Sie dieses und viele andere Bücher von ars vivendi nicht in den Händen halten. Es ist mir ein Herzensanliegen, mich dafür einzusetzen, dass sich mehr Menschen bereit erklären, Organe zu spenden und damit Leben zu retten.*

*Ihr Norbert Treuheit, Verleger und Geschäftsführer*

JUNGE HELDEN e.V.

Zweite, erweiterte Auflage 2025
© 2013 by ars vivendi verlag GmbH & Co. KG,
Bauhof 1, 90556 Cadolzburg
www.arsvivendi.com
info@arsvivendiverlag.de

Viele der hier abgedruckten Beiträge erschienen bereits als Serie (»Spurensuche«) in den *Fürther Nachrichten*. Sie wurden alle überarbeitet und zum Teil ergänzt.
Fotos: © Andreas Riedel
Lektorat: Eva Wagner
Umschlag- und Innengestaltung: Armin Stingl, Fürth
Druck und Bindung: Bookpress, Olsztyn
Printed in Europe

ISBN 978-3-7472-0730-7

ars vivendi

# Inhalt

# Vorwort
# Robert Schopflocher

In diesem Buch stellt der Journalist und Chronist Bernd Noack eine Auswahl der Prosastücke vor, die er im Laufe der vergangenen Jahre in seiner Spalte »Spurensuche« in den *Fürther Nachrichten* veröffentlicht hat. Da er es liebt, sehr genau hinzuschauen, bilden diese einen Spiegel, der Gegenwart und Vergangenheit unserer Kleeblattstadt getreulich wiedergibt. Eine mit Bedacht gewählte Metapher übrigens, stellt doch die Spiegel-industrie eines der Gewerbe dar, für das Fürth einst Weltruhm genoss. Freilich – wie uns der Autor verrät – zu einem hohen Preis: dem der Quecksilber-Verseuchung einer Anzahl von Hinterhöfen nämlich. Womit bereits die hinter geistreichem Humor verborgene Mehrdeutigkeit dieser kleinen literarischen Kostbarkeiten anklingt. Licht- und Schattenseiten, die mit »nostalgischer Sehnsucht« erfüllte Nebensächlichkeiten aufblitzen lassen: die vom Asphalt verdeckten Kopfsteinpflaster etwa, die ihren Platz ständig wech-selnden Straßenmärkte, die altertümlichen Schuhabstreifer an den Haustüren oder die Kaugummiautomaten der ersten Nachkriegszeit. Wobei, einem dunklen Grundton gleich, immer wieder die im Unterbewusstsein der Bevölkerung rumorenden Wunden zum Vorschein kommen. Hervorgerufen gleichermaßen von den Welt-kriegen, aus denen viele junge Menschen entweder gar nicht oder verstümmelt zurückkehrten, von den Verwüstungen der Soldateska im Dreißigjährigen Krieg und von der Tragödie der braunen Pest im 20. Jahrhundert, die auch Fürth nicht verschonte.

Die Koryphäen der Stadt tauchen auf. Allen voran – wie sollte es anders sein? – der Vater des deutschen Wirtschaftswunders Ludwig Erhard, gefolgt vom allerdings nur flüchtig gestreiften Politiker Henry (geb. Heinz) Kissinger sowie von den Erfolgsschriftstellern Jakob Wassermann und Bernhard Kellermann. Nicht zu vergessen Leopold Ullstein, der Gründer des nach ihm benannten Berliner Verlags. Begleitet von schrecklichen Gestalten wie Hermann Göring, der zwar nicht in Fürth geboren wurde, dort aber aufs Gymnasium ging – und etwas fragwürdigen wie Gustav Schickedanz, der Julius

Streicher versicherte, sein Versandhaus beliefere nur arische
Kunden.

Aber zurück zu den erfreulichen Persönlichkeiten. Denn auch
der weniger bekannten Söhne und Töchter der Stadt wird liebevoll
gedacht. Dabei treten ganz unterschiedliche Figuren in Erscheinung:
der Puppenbauer und Bauchredner Josef Muskat zum Beispiel oder
die Schriftstellerin Ruth Weiss, geb. Löwenthal, die sich in ihrem
südafrikanischen Exil für die Rechte der Kolonialvölker einsetzte.
Der politisch engagierte Lithograf Fritz Oerter, eines der ersten
Opfer der SA nach der erfolgten »Machtübernahme«. Oder die
Buchhändlerin Mary Rosenberg, die im nordamerikanischen Exil,
das sie mittellos erreichte, alle emigrierten deutschsprachigen
Schriftsteller von Rang und Namen belieferte.

Berühmte auswärtige Gäste hingegen lassen sich nicht nachweisen. Weder gab sich der vielgereiste Goethe die Ehre, noch hinterließ Albrecht Dürer auch nur ein einziges Skizzenblatt als Beleg,
dass er seine Nachbarstadt eines Blickes gewürdigt hätte – obwohl
ihr Noack sogar südländisches Flair zubilligt. Nur von Thomas Mann
weiß er zu berichten, dass sich der einst nach Fürth verirrt hatte, als
er irgendwann im Jahre 1924 mit der Einundzwanziger versehentlich
bis zur Endstation fuhr.

Doch auch ohne den Segen der Besucher aus fernen Landen ist
die Pegnitzstadt weit über ihre Grenzen bekannt, nicht nur durch die
Spielvereinigung und die vielen Bierwirtschaften – im Jahre 1905
gab es, wie uns Bernd Noack versichert, deren sage und schreibe
397! –, nicht nur durch die erste Eisenbahn Deutschlands, die im
Ludwigsbahnhof endete, sondern auch durch das im Großen und
Ganzen friedliche Zusammenleben der Protestanten, Katholiken
und (bis 1933 jedenfalls) Juden sowie durch sein Rathaus mit
dem Florentiner Turm und nicht zuletzt durch die Vielzahl seiner
Gewerbe. Genüsslich listet der Autor eine Menge Geschäfte auf,
die er in einem Adressbuch aus dem Jahre 1932 entdeckt hat. Hier
eine kleine Auswahl: eine Hosenträgerfabrik, ein Stickereigeschäft,
eine Fabrik pharmazeutischer Spezialitäten, eine Brillenfabrik,
eine Eisengießerei, eine Spiegelmanufaktur, eine Kunstglaserei …
Wohl kaum eine dieser Firmen dürfte sich ins 21. Jahrhundert
hinübergerettet haben.

Aber auch wenn sich die Zeiten geändert haben, ist bereits aus diesem Vorwort ersichtlich, dass sich vor unseren Augen ein in der Geschichte verankerter Mikrokosmos auftut. Eine bunte Welt, die Bernd Noack eingefangen hat. Deren Zauber sich der Leser, egal aus welcher Gegend er stammt, schwerlich wird entziehen können.

# Ansichtskarten

Liebe Mama. Mir geht es gut, das Wetter ist schön. Viele Grüße …« – »Liebe Kollegen. Strand und Sonne – und Ihr müsst schwitzen. Es grüßt Euch bemitleidend …« – »Liebe Hedwig. Unser komfortables Quartier siehst du auf der Rückseite (Pfeil). Hubert hat sich beim Bergsteigen den Fuß verstaucht, sonst geht es mir gut. Es grüßt …«

So und ähnlich lauten die Botschaften, die in jeder Ferienzeit wieder massenhaft von hier nach dort, von der Ferne in die Heimat versendet werden. Sie taugen zur Freude und zum Neid, sie berichten von Belanglosigkeiten oder sind für manche ein schönes Zeichen dafür, dass man nicht vergessen ist. Ihr Informationsgehalt geht über den einer neumodernen SMS nicht weit hinaus, und doch haben sie nach wie vor den Charme einer scheinbar vergangenen Zeit. Dreht man die Karte nach der Lektüre um, dann findet man sich für einen Augenblick in einer anderen Welt wieder und taucht in den stets aufgehübschten Ausschnitt eines fremden Ortes, der einem nah wird, weil man dort gerade einen Freund, einen Bekannten weiß. Was wird er dort tun?

Selbst – oder gerade? – in Zeiten der unkontrollierten Bilderflut bleiben simple Ansichtskarten mit Motiven wie aus dem Prospekt eine kleine und gepflegte Besonderheit. Hinter – vielleicht gar: in – solch einer Karte steckt noch Hand- und Gedankenarbeit. Man sucht sie aus, man beschriftet sie sorgsam mit der Anschrift aus dem mitgeführten Adressbüchlein, man kaut am Stift – bis einem doch nur wieder die schon tausendfach verwendeten Floskeln vom Wetter, dem Essen und dem Heimweh einfallen. Und dennoch wird der bunte Pappdeckel eine Zeitlang bei dem, der ihn im Briefkasten findet, einen Ehrenplatz finden am Spiegel oder auf der Anrichte, wird herumgezeigt und immer wieder betrachtet. Das Gefühl, doch auch lieber dort zu sein, wo jetzt der Andere ist, streitet mit dem Geschmeicheltsein: Man ist dem Anderen etwas wert, das weit über den Wert der gekauften Briefmarke hinausgeht.

Mit solchen Gedanken mag man im Fürther Bahnhof vor dem Zeitschriftenladen stehen und den Ständer mit den Ansichtskarten drehen. Welche würde man nehmen, wenn man gerade auf Visite in Fürth ist und die Lieben daheim davon in Kenntnis setzen möchte? Die Entscheidung wird einem relativ einfach gemacht, denn die Auswahl ist sehr beschränkt. Hat man sich erst einmal durch die große Zahl mit Ansichten von Nürnberg geguckt und hält man sich auch nicht lange mit den Abbildungen alter Lokomotiven auf, dann stößt man gerade mal auf ein halbes Dutzend unterschiedlicher Motive, die Fürth von seiner besten Seite präsentieren.

Meist drängeln sich auf solch einer Karte ja die vorzeigbaren historischen und architektonischen Schmuckstücke einer Stadt fächerartig angeordnet in Briefmarkengröße, sodass man eine Lupe bräuchte, um bei dem ein oder anderen Blick ins Detail gehen zu können. So auch hier: acht Ansichten finden Platz auf dem Exemplar »Fürth im schönen Mittelfranken«. Gezeigt wird natürlich das Rathaus, das Theater, der Grüne Markt, der Centaurenbrunnen; dann aber auch noch die Stadthalle etwa oder der Paradiesbrunnen. Einen knappen Geschichtsabriss (»Die gemeinsame Herrschaft hatte jahrhundertelang Streitigkeiten zur Folge, was die Entwicklung des Ortes behinderte ...«) bietet eine Karte, auf der man hinter Bäumen versteckt unter anderem die Hornschuchpromenade und gar die Heilquelle (»Gaggerlasquelle«) sieht.

Gleich zweimal schafft es die Bezeichnung »Wissenschaftsstadt« auf Ansichtskarten, wobei als passende Illustration für diesen auf Innovation setzenden Stolz nicht etwa technische Produkte aus heimischer Produktion gezeigt werden – im Gegenteil. Auffallend romantisch und irgendwie kontraproduktiv gibt man sich im Zeichen des Fortschritts: ein Storch im Nest auf dem Schlot stakst da, wo doch eigentlich Hightech illustriert werden sollte; darunter ein selten gesehener Schwenk über den »Pappelsteg« im Stadtpark und ein wenig anheimelnder über den schiffsleeren Europakanal mit der exotischen Pyramide am Ende. Die andere Karte im Zeichen der Wissenschaft bietet einen umfassenden, nahezu idyllischen »Blick von der Alten Veste« auf einen scheinbar immergrünen Ort.

Es ist nicht ganz eindeutig zu erkennen, warum es welches Motiv gerade auf eine Karte schafft, während andere (z. B. der alte jüdische

Friedhof, die Architekturensembles) nie abgebildet werden. Auf einer Karte zum Beispiel nimmt eine blühende Wiese fast die gesamte Fläche ein und zeigt die Konturen der Stadt weit hinten, die auf die Größe eines friedlichen Dorfes in unzerstörter Landschaft zusammenschrumpft. Kleinteilig und wie aufgepappt wirken dazu noch Ansichten von dem schiefen Künstler-Turm vor dem Rathaus und – eine bislang schwer unterschätzte Sehenswürdigkeit! – vom sprudelnden Wehr an der Foerstermühle.

Schaut man in Kataloge mit alten Ansichtskarten, dann fällt auf, dass die Gestalter früher freilich auch nicht sehr viel einfallsreicher waren. Häufigstes Motiv um die Jahrhundertwende war der Centaurenbrunnen (»Kunstbrunnen«) mit dem Bahnhof, den man – im Gegensatz zu heute – tatsächlich und guten Gewissens noch als Schmuckstück vorzeigen und verschicken konnte. Beliebt war überhaupt die Eisenbahn und hier namentlich der längst eingemottete »Adler«, der dampfend über unzählige verschiedene Karten von vergangenem großen (hier nun wirklich) technischen Aufschwung zeugte.

Willkürlich aus dieser schwarz-weißen oder sepia-gedämpften Vergangenheit herausgegriffen hier noch ein paar andere und immer wiederkehrende Bildinhalte sowie Erinnerungen an besondere Ereignisse: das Berolzheimerianum, die Billinganlage als Verkehrs-knotenpunkt, »Blick auf das Städtische Krankenhaus«, der alte Ludwigsbahnhof, die Schwabacher Straße als Einkaufs-Eldorado, »Das neue Sanatorium im Stadtwalde«, der Eingang zum Stadtpark, »Fest-Vogel-Schießen 1901 zum 125-jährigen Jubiläum der k. Priv. Schützengesellschaft, festlicher Umzug«, Feuerwehrzentrale, das Logenhaus, die Kriegsgemälde im *Grünen Baum*, ein prächtiger Jugendstilbau in der Amalienstraße, der Hopfenpflückerbrunnen, die Kaserne in der Südstadt, »Kohlenmarkt mit Straßenbahn«, Kriegerdenkmal, Brunnen in Hülle und Fülle, die Ludwigsbrücke als neue Hochwasser überwindende Errungenschaft, Panorama (»Stadt der tausend Schlöte«), eine »Partie« – also ein Ausschnitt – mit Parkhotel oder Königstraße oder Hornschuchpromenade oder »an der elektrischen Schnellbahn«, der festlich geschmückte Geis-mannsaal, die Bahnunterführung mit dem »Arschbacken-Café«, eine stattliche Villa in der Lindenstraße …

Und Kurioses zwischendrin: etwa eine Karte von 1911 mit der »3. Fußball-Mannschaft F.C. Union Fürth«, auf der der Absender seiner »Lieben Schwester« nicht näher definierte »kolossale Neuigkeiten« ankündigt (Aufstieg?).

Irgendwann hat die aktuelle etwas müde Ansichtskarten-Auswahl die Fürther Designerin Ulrike Irrgang zunächst genervt und dann inspiriert. Und sie hat Alternativen auf den Markt gebracht, die Fürth vielleicht nicht von der Schokoladenseite zeigen, dafür aber ein atmosphärisch ehrliches und witziges Bild bieten. Es ist nicht alles schön darauf – und doch haben die Motive einen hohen Wiedererkennungswert. »A souvenir of Fürth« zum Beispiel zeigt eine Reihe von kleinen Bildchen, die sich liebevoll-kritisch den Niederungen des Alltags widmen: Kaugummiautomat und Hundehaufen, »Norma« und Döner, Bratwurst und Karpfen; auf »Green Village Fürth« sieht man Stadt-Ausschnitte, die der Farbe des Kleeblatts mehr als gerecht werden; auf »Some Faces of Fürth« muss es Ludwig Erhard geduldig neben einem Gartenzwerg aushalten.

»Dornröschen« heißt eine weitere Karte, auf der die graue Stadt, umrankt von wuchernden Rosen, auf den Prinzen wartet, der sie endlich mal wachküsst. Und warum die örtliche Tourismus-Behörde bislang diese zwei Werbe-Vorschläge von Irrgang noch nicht aufgegriffen und realisiert hat, bleibt schließlich ein Rätsel: die auf der Rednitz und an den Kißkalt-Häusern idyllisch entlang-schippernde venezianische Gondel und das Rathaus aus einem nie gesehenen Blickwinkel – als unglaublich schiefer Turm von Fürth.

# Beinamen

Auf über 30 gelben Schildern an über 30 Ortseingängen mit über 30 Haupteinfallstraßen ist es mittlerweile zu lesen: »Wissenschaftsstadt Fürth«. Die extreme Häufung des Buchstabens »s« in dem langen Wort lässt den von der Bayerischen Staatsregierung genehmigten Titel nicht eben flüssig über fränkische Lippen gehen, die ja bekanntlich bei der Überschreitung einer bestimmten Anzahl von Buchstaben in Zusammenarbeit mit Zunge und Maulfaulheit zum Nuscheln neigen: »fei« und »gell« geraten noch einwandfrei, was darüber hinausgeht, muss zumindest von Fremden geraten werden. Und jetzt fünfmal »s« in einem einzigen Wort, dem zudem weiche »b«-Laute völlig abgehen und das nur gegen Ende eine verschluckbare Doppel-»d«-Möglichkeit gestatten würde – am Stolz auf die bayernweit bislang einzigartige Klassifizierung können solch phonetische Stolpersteine freilich nicht kratzen.

Ohne unverwechselbaren Namen lässt sich nämlich seit geraumer Zeit im Orchester der großen Konkurrenten im Freistaat nicht mehr mitspielen: Universitätsstadt, Lebkuchen-Metropole, Mozartstadt, Lechkloake, Landeshauptstadt – da musste schon heftig gesucht werden, um auch Fürth würdig und vor allem unverwechselbar einzureihen.

Jetzt hat aber die *Süddeutsche Zeitung* kategorisch geurteilt, dass Beinamen für Städte generell als »dämlich« zu bezeichnen wären. Dass man selber in der selbst ernannten »Weltstadt mit Herz« sitzt, wurde nicht erwähnt, dafür aber einiges doch sehr Bedenkenswertes über die nicht nachlassende Sucht der Kommunen, sich mit seltsamen Bezeichnungen zu schmücken: »Die Städte wollen […] nicht mehr einfach so heißen, wie sie heißen. Sie geben sich vielmehr, zur Anpreisung ihres sogenannten Standortes, allerlei Beinamen, die angeblich Fremdenverkehr und Gewerbeansiedlung befördern sollen. Der Beiname soll, das ist die Idee des Stadtmarketings, das Alleinstellungsmerkmal des jeweiligen Ortes, seinen *unique selling point*, hervorheben. Auf diese Weise […] würden die vorhandenen Menschen stolzer auf ihre Stadt und zugleich die fehlenden Men-

schen ebendahin attrahiert.« Für alle Nichtakademiker: Das Wort
»attrahieren« kommt aus dem Lateinischen, das man im katho-
lischen München ja mehrheitlich fließend spricht, und bedeutet nix
anderes als »anziehen« bzw. »anlocken«.

Als Fürth nun vor geraumer Zeit (2006) zur dem Klang nach
vergleichbar ziemlich akademisch-abgehobenen »Wissenschaftsstadt« wurde, wies der Oberbürgermeister ganz entgegen solch gerade
zitierter feuilletonistischer Miesmacherei darauf hin, dass man sich
diesen werbewirksamen »Jingle« redlich verdient hätte. Zeige doch
die Entscheidung der Staatsregierung, »dass wir als Stadtverant-
wortliche mit der Entwicklung, vor allem auf dem ehemaligen
Grundig-Gelände an der Kurgartenstraße, auf dem richtigen Weg
sind. Das in der Uferstadt angesiedelte Zentralinstitut für Neue
Materialien und Prozesstechnik der Universität Erlangen-Nürnberg,
die Projektgruppe des Fraunhofer Instituts für Integrierte Schaltungen
und die Neue Materialien Fürth GmbH belegen eindrucksvoll, dass
Wissenschaft und Forschung nicht nur in den Universitätsstädten
wie Erlangen erfolgreich gedeihen, sondern gerade auch dort, wo die
enge Zusammenarbeit zwischen Forschungseinrichtungen und der
ortsansässigen Wirtschaft gute Früchte trägt.«

Die Stadt öffnet sich also schon länger für ein neues Image,
nachdem der Industrialisierungs- und Unternehmens-Boom
endgültig der Vergangenheit angehören. Man könnte auch sagen: Die
fetten Jahre sind vorbei. Die großen Konzerne, deren Namen jahrelang mit dem Fürths untrennbar verbunden waren, hatten mit der
Zeit neben dem Glanz auch Tausende von Arbeitsplätzen abgestoßen.
Mittlerweile gibt es beides, Ruhm und Arbeit, überhaupt nicht mehr.

»Fürth, die Stadt der Quelle«, das war einmal ein Klang, der
weit hinaus ins Land getragen wurde. Dass sich dahinter mehr als
Kittelschürzen und »Lavamat«-Waschautomaten verbargen, nämlich
auch die Schicksale ganz normaler Arbeiter und Angestellter, wurde
erst so richtig klar, als es zu Massenentlassungen beim wirtschaftlich
an die Wand und in die Pleite gefahrenen Konzern kam. Da drehten
sich Gustav und Grete Schickedanz in ihren Gräbern um, und die
»Quelle«-Familie trauerte noch einmal so heftig, als sei der eigene
Onkel verschieden. Der schmückende Beiname aber wurde flugs aus
dem Werbekatalog der Stadt genommen.

Wer nun diese Spur weiter zurückverfolgt, dem begegnen noch eine ganze Reihe weiterer Namen, mit denen Fürth einst bundeswenn nicht weltweit zu punkten gedachte. Da gab es schon mal die symbolstimmige »Kleeblattstadt«, und die ist so harmlos, dass sie immer noch in Ordnung geht. Oder die vom spät erst wieder ins Herz geschlossenen Schriftsteller Jakob Wassermann literarisch verschmähte »Stadt der tausend Schlöte«. Modernere Autoren wollten sich hier einschmeicheln, indem sie Fürth als »schönere, kleinere Schwester Nürnbergs« besangen. Das »Fränkische Jerusalem« ist allzu oft allzu unbedenklich von gutmeinenden Versöhnungswilligen gebraucht worden: bis man sich eingestand, dass das Verhältnis zu den Juden der Stadt vor allem im 20. Jahrhundert nicht unbedingt immer so ungetrübt war, als dass man sich einfach hinter einer wohlklingenden Verbrüderungsfloskel verstecken dürfte.

Dann gab es auch noch ein paar heute eher hilflos bis komisch anmutende Schmucknamen, die sich als nicht sehr haltbar über den Tag ihrer Erfindung hinaus erwiesen: die »Spiegelstadt« hatten wir – und verzichteten darauf, als in den Hinterhöfen ehemaliger Spiegelfabriken Quecksilber-Kontaminationen entdeckt wurden und die Kosten der Sanierung betroffener Anwesen die der Werbekampagne weit überstiegen; »Solarstadt« waren wir auch schon, aber als solche ist man ja längst nicht mehr allein in Deutschland, und ohnehin werden dauernd die staatlichen Zuschüsse gekappt; »Ankunftsstadt des Adlers« hielt sich nicht lange, weil man im selben Atemzug gerechterweise auch die Abfahrtsstadt mit erwähnen musste – und wer nimmt hier schon gerne Nürnberg in den Mund?

Auch die »Denkmalstadt«, an der man, aufgepinselt auf große, braune Schilder am Straßenrand, auf Autobahnen vorbeidüst, konnte sich nicht so recht durchsetzen, obwohl die nun wirklich der Wirklichkeit entsprechen würde. Und als aus dem »Bad« Fürth verständlicherweise nichts wurde (die Gaggerlasquelle sprudelt doch etwas dürftig und stark übelriechend), schwang sich ein begnadeter Wortschöpfer auf und gebar ein »Fürthermare«, wohinter sich nichts anderes als ein etwas aufgemotztes Hallenbad mit Whirlpool verbirgt.

»Die Städte und ihre Bürger setzten alles daran, an Macht, Schönheit und Prosperität vor den anderen zu liegen«, meint nochmals die *Süddeutsche* zu dem Phänomen der Beinamensgebung, das es übrigens bereits im alten Griechenland und auch in der Renaissance schon gab.»Viele, auch die fiesesten Mittel waren dazu recht. In der heutigen internationalen Konkurrenz um Kapital und Kreativität hingegen können die jüngsten Selbstumbenennungen durch das Stadtmarketing nicht als würdige Akte des Stolzes, sondern nur als unwürdige Akte der Verzweiflung gelten. Je eher eine Stadt den Namen ›Stadt‹ verdient, desto weniger braucht sie einen Beinamen.«

Trotz dieser klugen Mahnung wird es sie aber freilich weiterhin geben: die»Stadt der Moderne«, die»Stadt der Kinder«, die »Musikstadt«, die»Lichterstadt«, die»Stadt der Brunnen«, die »Sportstadt«, die»Stadt der Generationen«. Jede Kommune will unverwechselbar sein, dabei gibt es doch tatsächlich in jeder anderen Kommune auch Stadien, Brunnen und Licht, tummeln sich dort ebenso Kinder und andere Generationen, die ab und an sogar Musik hören.

Die»Wissenschaftsstadt«, um aufs Thema zurückzukommen, gibt es übrigens in der ganzen Republik gleich mehrfach: Ulm, Lübeck, Darmstadt, Mainz und sogar Berlin nennen sich so. Muss man also in Fürth schon wieder auf die Suche nach einem neuen Schlagwort gehen? Vorsorglich nehmen wir schon mal Titelschutz in Anspruch für nun wirklich einzigartige Beinamen:

»Stadt der 2. Bundesliga«,»Stadt der Einkaufszentren«,»Stadt der Kneipendichte«,»Stadt der Störche«,»Stadt der niedrigsten Kriminalität«,»Stadt des wechselnden Wochenmarktes«,»Stadt der Grüner-Bräu«,»Stadt der Handyläden und Optiker«,»Google-Streetview-freie Stadt«,»Döner-Zentrum Fürth«.

Entschieden verbitten möchten wir uns aber gleichzeitig rufschädigende Erfindungen wie»Stadt der versiegten Quelle« und »Stadt des Abstiegs«.

# Benario und Goldmann

Im Jahr 2007 wurde an der neu gestalteten Uferpromenade die Gedenktafel für die beiden im Konzentrationslager Dachau ermordeten Fürther Widerstandskämpfer Rudolf Benario und Ernst Goldmann aufgestellt. Dies war ein Kompromiss, denn 1986 und auch noch 2001 weigerte sich der Stadtrat, öffentlich an die beiden Männer zu erinnern: Straßennamen wollte man ihnen nicht zugestehen.

Rudolf Benario und Ernst Goldmann gehörten zu den ersten Opfern der Nationalsozialisten, zu den ersten ermordeten Juden im Dachauer Lager. Am 10. März 1933 wurden sie in Fürth von der SA verhaftet. Über die Festnahme Benarios berichtete der *Fürther Anzeiger*: Der »… sattsam bekannte kommunistische Winsler und Jude Benario [wurde] in Schutzhaft genommen«. Der Tod der beiden Männer nur zwei Tage später wurde ebenfalls vermeldet: sie seien »auf der Flucht erschossen« worden. Natürlich war es ganz anders.

Warum aber waren gerade diese beiden jungen Männer (beide Jahrgang 1908) unter den ersten Opfern in diesem KZ? Warum mussten sie am Anfang einer endlosen Liste mit Toten stehen? In Dachau kamen in den zwölf Jahren knapp 32.000 Häftlinge ums Leben, insgesamt 206.000 Menschen lieferten die Nazis in diesem Zeitraum in das Lager ein: Als das KZ 1945 befreit wurde, befanden sich in den katastrophal überfüllten Baracken mehr als 30.000 abgemagerte Überlebende aus 31 Nationen und noch mal ebenso viele Gefangene in den zu Dachau gehörenden Außenlagern.

Dr. Rudolf Benario und Ernst Goldmann waren in Fürth aktive Mitglieder in der »Kommunistischen Jugend Deutschlands«. Mitkämpfer aus der damaligen Zeit erinnern sich an die beiden als engagierte Nazi-Gegner, die bis zuletzt versuchten, vor allen Dingen Arbeiter über das drohende Unheil aufzuklären. Mit Arbeitslosen diskutierten sie unaufhörlich. Ihr weniges Geld verwendeten sie, um Flugblätter herzustellen. Besonders Benario soll die Entmutigten, die es selbst in den eigenen Reihen gab, immer wieder aufgebaut haben. Wurden die Mahnungen des jungen Doktors der Jurisprudenz auch in der Bevölkerung nur spärlich beachtet, die Nationalsozialisten in Fürth hatten auf ihn und ihre anderen Gegner längst ein Auge geworfen.

Willi Gesell, Funktionär der KPD in Nürnberg, hat einen ausführlichen Bericht über die Geschehnisse der Tage im April 1933 in seinem Buch »Das andere Nürnberg« abgegeben. Demnach waren Benario und Goldmann unter den Männern, die am 11. April mit dem ersten Transport Nürnberg-Fürther Gefangener nach Dachau eingeliefert wurden.

Gesell schreibt: »… [wir wurden] auf einen LKW der Landespolizei verladen. Das ging ohne Zwischenfälle. Die Begleitmannschaft erklärte uns, dass wir in das Konzentrationslager Dachau eingeliefert würden. Das schreckte uns nicht, denn wir hatten bis zu dieser Zeit über das KZ Dachau noch nichts gehört. Wir waren der erste Transport, der von Nürnberg nach Dachau ging.« Zu diesem Zeitpunkt herrschte unter den Gefangenen noch Zuversicht, sie verspürten zusammen wenig Angst: Die »Internationale« wurde gesungen, in Sprechchören riefen sie »Nieder mit der faschistischen Diktatur, es lebe die KPD!« Sie sangen Freiheitslieder und ließen sich auch von den Drohungen der Polizisten nicht schrecken, die prophezeiten, was für einige schon bald grausame Wirklichkeit werden sollte: »Ihr werdet euer blaues Wunder erleben, wenn ihr nach Dachau kommt.«

»Als wir in das Lager einfuhren«, schreibt Gesell weiter, »erhoben sich etwa 100 auf dem Boden herumlungernde Gestalten in grünem Drillich, mit Gewehren und Pistolen bewaffnet. Sie schlugen wahllos auf uns ein und forderten die Juden auf, herauszutreten. Diese wurden vor unseren Augen schwer misshandelt. Anschließend jagten sie uns im Trab ins eigentliche Lager.«

Nachts gegen drei Uhr wurden die Häftlinge geweckt. Vier betrunkene SS-Leute kamen unter Anführung des berüchtigten Scharführers Steinbrenner in die Baracke und jagten mehrere Pistolenschüsse in die Stube. Die Männer mussten daraufhin zum Zählappell draußen antreten und warten, bis sich die betrunkenen Nazis ausgetobt hatten.

Gesell wörtlich weiter: »Früh um sieben Uhr wurden die jüdischen Häftlinge Dr. Benario und Goldmann, zwei Jungkommunisten aus Fürth, und Arthur Kahn, ein Jungkommunist aus Nürnberg, herausgerufen, und Steinbrenner, dem ich bei der Einlieferung wahrscheinlich unliebsam aufgefallen war, stellte mich zu den dreien. Wir mussten eine riesige Trage von Unrat schaufeln und zur Kiesgrube tragen. Nur unter größter Anstrengung konnten wir die Last heben und einige Meter schleppen. Dabei wurden wir ständig mit Schlägen angetrieben. Um 12 Uhr waren wir fertig.

Da kam der SS-Sturmführer Erbsmeier, der Adjutant des Lagerkommandanten Eicke, und holte die drei und einen weiteren jüdischen Häftling, Strauß aus München, aus der Baracke. Sie wurden von mehreren SS-Posten abgeführt. Kurz darauf heulten die Sirenen, und wir mussten in die Baracken flüchten. Da hörten wir Gewehrschüsse – die vier Kameraden kamen nicht wieder. Am anderen Morgen sagte Scharführer Vogel, sie seien ›auf der Flucht erschossen worden‹.«

Warum aber musste es nach dem Krieg Jahrzehnte dauern, bis in Fürth an das Schicksal der beiden Männer erinnert werden konnte? Siegfried Imholz hat in einer Chronik für den Fürther Verein »Der Landbote« den langen, verworrenen Weg, der dann endlich doch noch zu der Gedenktafel an der Uferpromenade führte, einmal nachgezeichnet. Eine Spurensuche in eher peinlichem Terrain.

Demnach hatte sich 1983 der damalige Bürgermeister Heinrich Stranka (SPD) an das Fürther Stadtarchiv gewandt mit der Bitte, Informationen über das Schicksal von Benario und Goldmann in Erfahrung zu bringen. Anlass damals war sicher der anstehende 50. Jahrestag der Machtergreifung der Nationalsozialisten, nicht zuletzt aber auch die »wiederholte Initiative des DKP-Stadtrats Werner Riedel«: Der forderte unermüdlich, dass an die beiden ermordeten Antifaschisten in würdiger Form erinnert werden sollte. Die kurze und bündige Antwort aus dem Archiv: »… es ist praktisch aussichtslos, aufgrund unseres Materials Näheres über Dr. Rudolf Benario und Ernst Goldmann, die 1933 im KZ Dachau ›auf der Flucht erschossen wurden‹, herauszufinden.« Selbst 50 Jahre nach den schrecklichen Ereignissen hielt man im Archiv also die Lüge der Nazis noch immer für die Wahrheit, übernahm ungeniert die zynische Meldung aus alten Zeitungen.

Imholz hat herausgefunden, dass noch 1986 in einer Arbeit über die ersten Nachkriegsjahre in Franken die Verhaftungen mit keinem Wort erwähnt wurden. »Das wurde noch von einer eindeutig falschen Auskunft des Leiters des Fürther Stadtarchivs, Dr. Richter, überboten«, ergaben Imholz' Recherchen. »Auf die Anfrage eines Verwandten Ernst Goldmanns schrieb er noch am 7.12.1993: ›Heute können wir Ihnen mitteilen, dass Ernst Jakob Goldmann am 20.12.1908 in Fürth geboren wurde und am 23.06.1927 in Bad Kissingen verstorben ist …‹«

Es gab aber, so Siegfried Imholz, bereits 1983 »weit über 20 Quellen, Dokumente und Publikationen, die sich mit dem Mord an Goldmann und Benario befasst hatten […] Selbst in den eigenen Beständen wäre man, hätte man genauer hingeschaut, fündig geworden: Im Stadtarchiv befinden sich die Arisierungsakten der Familie Goldmann, Zeitungsmeldungen über die Verhaftung und Meldekarten mit den Todesumständen und -daten. Man wollte sich, wie schon in den Jahren zuvor, nicht erinnern und nahm die angeblich ›unzureichende Quellenlage‹ als Vorwand. Auch die zahlreichen Initiativen und Bemühungen der Freunde Benarios und Goldmanns, der Kommunistischen Partei und ehemaliger Widerstandskämpfer um eine angemessene Erinnerung an die Ermordeten stießen bei den Offiziellen der Stadt Fürth lange Jahre auf taube Ohren.«

Seit 2007 nun gibt es zumindest die Gedenktafel; eine Klasse der Hauptschule Soldnerstraße dokumentierte vor Jahren das Leben und Sterben der beiden Männer; der Infoladen »Benario« ist seit einiger Zeit Treff – und Infopunkt – für engagierte junge Antifaschisten der Stadt.

Die Geschichte der beiden Fürther Juden Benario und Goldmann aber bleibt ein Beispiel dafür, wie lange es auch in Fürth nach dem Krieg dauerte, bis eine wahrheitsgerechte Betrachtung der Vergangenheit möglich war. Da wurde zwar schon bald wieder stolz von der »sprichwörtlichen Toleranz« gegenüber der jüdischen Bevölkerung, gar vom »Fränkischen Jerusalem« gesprochen. Nur dass die ersten Opfer des sich ankündigenden Rassenwahns auch aus der eigenen Stadt kamen, wollte da wohl nicht so ganz ins retuschierte Bild passen. Eine Straße wartet noch immer auf ihre Namen …

# Bundespräsident

Es kommt nicht oft vor, dass Fürth in den Fokus der überregionalen Medien gerät. Als aber einmal der damals erst designierte Bundespräsident Joachim Gauck in der »Comödie« zu Gast war und aus seinem Buch *Winter im Sommer – Frühling im Herbst* vorlesen wollte, da reisten sie an, die Reporter, Kommentatoren und philosophierenden Feuilletonisten, um die rechten Worte zu finden für den feinen, lauteren, integren Staatsmann in spe, der doch so als Hoffnungsträger galt nach der Wulff'schen, irgendwie auch moralischen Pleite. Aber zunächst fragten sich all die Schreiber und Sprecher doch nur eines: Warum kommt der so kurz vor dem zu leistenden Amtseid (es war Gaucks letzter Termin als Privatperson) ausgerechnet und eigentlich nach Fürth?

Natürlich hatte kaum jemand erwartet, dass das künftige deutsche Staatsoberhaupt im Foyer der »Comödie«, die früher mal Berolzheimerianum hieß, von dem Fürther Witwen-Kommando Waltraud und Mariechen empfangen wird. Andererseits: Zuzutrauen wäre es den beiden gleichermaßen aufgedonnerten wie abgetakelten falschen Damen schon gewesen, die sich ja sonst auch in jeden Vordergrund drängen. Diese humoristische Peinlichkeit aber blieb Joachim Gauck erspart.

Lediglich die *Süddeutsche Zeitung* ging damals in ihrer Reportage vom Abend auf die wirkliche Bestimmung des Theaters ein, in dem eine politische Lesung wohl doch irgendwie so hätte wirken müssen wie ein Auftritt von Mario Barth im Bundestag.

»Auf dem Bildschirm in der Fürther ›Comödie‹ werden vor Lesungsbeginn noch einmal die wichtigsten Auftritte der kommenden Tage vorgestellt. ›Herbert und Schnipsi‹ werden zu sehen sein, eine Künstlerin wird ihr Programm ›Pussy Terror‹ vorstellen dürfen und die beiden Stammgäste des Hauses, die Fürther ›Waltraud und Mariechen‹, kommen natürlich auch. Die Lesung […] von Joachim Gauck wirkt zwischen all dem ein wenig gewöhnungsbedürftig. Aber möglicherweise nimmt man das jetzt verstärkt wahr, nachdem klar ist, dass dort der künftige Bundespräsident lesen wird.« In die

»Comödie« käme »am nächsten Tag der dicke Witzemacher Markus Maria Profitlich mit der Show ›Stehaufmännchen‹«, wusste darüber hinaus noch die *FAS*.

In der *Zeit* umschiffte man die lustige Tatsache, dass in diesem Theater sich ansonsten die Stars der leichten bis seichten Comedy-Branche die Klinke in die Hand geben, indem man es zur »Kleinkunstbühne« machte. Und die hatte nun mal »Glück« mit Gauck, der seinen Termin hier ausmachte, als er über seine Zukunft selber noch gar nicht Bescheid wusste. Draußen nahm der *Zeit*-Reporter allerdings schon den harten präsidialen Alltag wahr, in dem Joachim Gauck demnächst eingebunden sein würde: »Das Häuserviertel um das Kleinkunsttheater der fränkischen Stadt ist im Ausnahmezustand. Alle sind da, die künftig auch da sein werden – die Beamten des Bundeskriminalamts, die örtliche Polizei, die vielen Helfer. Die Dramaturgie ist exakt festgelegt« und nichts werde dem Zufall überlassen.

Die Frage, warum ausgerechnet Fürth, wurde auch hier gestellt: »Schon vor einem Jahr war der Termin vereinbart worden. ›Bis zur letzten Woche haben wir auf die Absage gewartet‹, sagt Theaterleiterin Eva Brütting. Aber sie kam nicht, stattdessen kam Gauck. Womöglich hat ihn seine Lebensgefährtin Daniela Schadt überzeugt, die Politikjournalistin aus dem nahen Nürnberg.«

Dass ausgerechnet eine Nürnbergerin jemanden davon überzeugen sollte, nach Fürth zu gehen, ist freilich so abwegig, dass es sich eigentlich auch schon bis nach Hamburg hätte herumgesprochen haben müssen …

Überhaupt die Hamburger. Auch die Kollegen vom *Abendblatt* konnten ihre Verwunderung über den Auftrittsort nicht bändigen: »Die Veranstalter platzten geradezu vor Stolz über den prominenten Gast und sprachen von einem ›historischen Moment‹ in der Geschichte der Fürther Comödie.« Der *Spiegel* ließ die Hausherrin schwärmen und ein wenig kokett tiefstapeln: »»Es ist tatsächlich so, dass wir nun Herrn Joachim Gauck, den Bundespräsidenten in spe, auf unseren bescheidenen ›Comödie‹-Brettern begrüßen dürfen‹, sagt die Theaterdirektorin auf der Bühne …«

Vor allem was vor dem Haus an diesem außergewöhnlichen Abend geschah, wurde von den Reportern eifrig notiert: »Alle anderen standen vor dem Eingang des kleinen Theaters, die meisten auf der gegenüberliegenden Straßenseite, um zumindest einen entfernten Blick auf ›ihren‹ vermutlich bald elften Bundespräsidenten werfen zu können. Doch sie bekommen Gauck nur kurz zu sehen«, bedauerte der Evangelische Pressedienst. Beim Bayerischen Fernsehen »stand« die Stadt zur gleichen Zeit dagegen schon richtig »Kopf«. Und die *Bild*-Zeitung wusste naturgemäß noch mehr: »Sogar einen Schwarzmarkt gibt es vor dem ausverkauften Theater ›Comödie‹ in Fürth – der doppelte Kartenpreis (regulär bis 24 Euro) wird geboten, um Gauck zu hören …«

Die *Welt* sah Gauck dann »auf der in kühles Blau getauchten Bühne«. Und im Saal durchwegs »betuchtes Publikum« in »nervöser Unruhe«. In der *Mittelbayerischen Zeitung* wurde noch mal die Diskrepanz zwischen Anlass und Ort hervorgehoben: »Ernst setzt sich Gauck auf den Holzstuhl auf der in dunklem Samt gehaltenen Bühne mit glitzernder Discokugel an der Decke.«

Breiten Raum in der Berichterstattung nahm Gaucks Lebensgefährtin Daniela Schadt ein, die es von einer politischen Redakteurin in Nürnberg nun bald zur First Lady bringen würde. Sie schultere »den Rummel um ihre Beziehung […] mit Humor. Dass sie bald beim Dinner mit Michelle Obama sitzen könnte, kommentierte sie trocken: ›Ich übe jetzt mal in Fürth, danach kann mich nichts mehr aus den Schuhen heben.‹« Etwas anders als in der evangelischen Presse, und nicht unbedingt schmeichelhaft, las sich das in der *SZ*: »Künftige Abendessen mit Michelle Obama? Wenn sie das hier in Fürth schaffe, schaffe sie es künftig überall, antwortet Schadt.« Fürth ist ein hartes Pflaster, das war bekannt …

Sehr viel Mühe gab sich der Reporter der *Frankfurter Allgemeinen Sonntagszeitung* mit seinen Betrachtungen über Gaucks wohl letzten großen Auftritt als Privatmann. Autor Alard von Kittlitz (Adelsexperte des Blattes?) nämlich beschränkte sich in seinem ganzseitigen Artikel keineswegs nur auf das Geschehen im Theater selbst; er erkundete vielmehr lustvoll und auf eigene Faust den Ort drumherum – und musste Schreckliches entdecken:

»Weiß er, wo er ist?«, fragt von Kittlitz und antwortet gleich selber: »Fürth: Quelle, Grundig, AEG, alle pleite, eine arm gewordene Arbeiterstadt, in deren Altstadt nur noch Normas und Backexpresse und Asia-Snacks geöffnet haben, in der die Kneipen bei Neonlicht gekachelt sind und leer und ohne Küche, in der es abends dunkel, tot und schwermütig ist.« Derartige Journalistenpoesie übertrifft sogar noch die melancholisch-garstigen Erinnerungen eines Jakob Wassermann (»Stadt der tausend Schlöte ...«).

Am Ende seines Berichts trägt von Kittlitz dann noch mal heftig auf: »Wenn die Leute die ›Comödie‹ verlassen, werden sie Fürth dann anders sehen? Werden sie sagen, pleite und trist und deprimierend, kalt und sinnlos vielleicht sogar, aber immerhin darf man es auch herausbrüllen, und immerhin sind die Grenzen ja auch offen? Verzaubert wirkt Fürth nach diesem Vortrag nicht.«

Trüb benebelt und sinnlos verwirrt aber beendeten wir seinerzeit diese Lektüre, hätten gerne »herausgebrüllt«, wie komisch wir diese einfühlsame Betrachtung unserer Stadt fanden – ließen es aber. Und waren nur froh, dass der Reporter nicht mitbekommen hatte, welch schönes Wortspiel an diesem Abend eigentlich so nahe lag. Denn »Freiheit« war schließlich das Thema, dem Gauck erneut breitesten Raum in seiner Lesung einräumte. Gar nicht auszudenken, was wir hätten lesen müssen, wenn der Journalist aus Frankfurt ein paar Meter weiter als nur bis zum Asia-Shop gelaufen und auf den großen freien Platz gekommen wäre! Stattdessen schrieb er nur diesen Satz und ließ die wahre Pointe sträflich verpuffen: »Trotzdem will er, dass alle das begreifen, was für ein immenses Gut diese Freiheit sei ...«

Die Weltpresse war da. Und da sei das letzte Zitat natürlich *Bild* vorbehalten. Nach dem Auftritt von Joachim Gauck ausgerechnet in Fürth schrieb das Blatt gewohnt kurz und knackig: »Es wird ein Mann Bundespräsident, der Deutschland erlebt und erlitten hat.«

# Theater
# in Czernowitz

Natürlich reibt man sich erst einmal die Augen, wenn man vom Ringplatz kommt, durch die Tempelgasse geht, dann links abbiegt und schließlich auf dem Elisabethplatz steht. Lindgrün angestrichen erhebt es sich da in seiner ganzen Pracht vor einem – das Fürther Theater. Aber natürlich weiß man auch sofort, dass das keine optische Täuschung oder sonst ein verwirrender Streich ist, der einem da gespielt wird. Man befindet sich in Czernowitz, und wenn man bislang überhaupt etwas von dieser Stadt im äußersten Eck der Ukraine wusste, dann war es dies: Die Wiener Architekten Fellner und Helmer haben es sich vor mehr als hundert Jahren sehr einfach gemacht, haben ohne große Skrupel ihre Baupläne des Musentempels in Fürth hergenommen und ein ziemlich identisches Gebäude in der damals österreichisch-ungarischen Stadt verwirklicht.

Das heißt, ganz so einfach war es nicht. Zuerst hatten nämlich die Czernowitzer bei den seinerzeit begehrtesten Theaterbauern Europas ein Theater in Auftrag gegeben. Dann gingen ihnen aber kurzfristig die Mittel aus, und der Bau musste zurückgestellt werden. Die Pläne lagen herum im Büro der Wiener Architekten, als Fürth mit dem Ansinnen an sie herantrat, endlich eine neue und solide Bühne zu bekommen.

Fellner und Helmer griffen in die Schublade (»Da hatten wir doch noch was …«) und machten den Franken den Czernowitzer Entwurf schmackhaft. 1902 erstrahlte das Haus neubarock und üppig dekoriert gleich neben der Geismann-Brauerei in der Innenstadt. Mittlerweile saß weit entfernt in der Bukowina aber die Krone, sprich: das Geld wieder lockerer und man kam erneut auf die Baumeister aus der Residenzstadt zurück. Sei es, weil sie gerade zu viel zu tun hatten (immerhin 40 Theater bauten sie in 40 Jahren!), sei es, weil die in Czernowitz auf dem ersten Entwurf beharrten und dabei von dessen bereits erfolgter Verwirklichung in Fürth überhaupt nichts wussten: 1905 konnten sie ihre Bühne festlich eröffnen. Fortan gab es also diesen Modelltyp zweimal.

Wir sitzen im Büro des Czernowitzer Theaterdirektors und fragen ihn, der schon einmal in Fürth zu Besuch war, ob es denn tatsächlich keine baulichen Unterschiede zwischen den beiden Häusern gäbe. Er denkt nach und lacht: »Vielleicht haben wir hier etwas dünneres Blattgold, weil, wir sind nicht so reich.« Tatsächlich muss er in Czernowitz das Geld für notwendige Renovierungen und Ausbesserungen findig zusammenkratzen. Gerade konnte er für eine Million Euro das Wasserleitungssystem, das schon sehr marode war, erneuern; irgendwann ist vielleicht wieder eine kleinere Spende zu erwarten, dann will man endlich den Bühnenvorhang auswechseln. Aber man sieht das hier nicht so dramatisch, hat sich eingerichtet mit den Mängeln, ist erfindungsreich. Auf den ersten Blick wirkt denn das Theater auch wie in einem soliden Zustand.

Und der hat hier anheimelnd viel mit der guten alten Zeit zu tun, die noch in allen Ecken und Winkeln, in den Gängen und Räumen zu herrschen scheint. Die Dielen knarzen, Türen quietschen, die Farbe blättert hier und da von den Wänden. Betritt man das Haus durch den Bühneneingang, kommt man zunächst in ein winziges Foyer: rechts eine Portiersloge, so gemütlich wie ein Alkoven; ein kleiner Aufenthaltsraum, in dem eine Glühbirne spärlich Licht spendet. Überhaupt ist es hinter der Bühne fast ein wenig geheimnisvoll, etwas düster und eng, verstaubt und unmodern. Würden einem plötzlich ein Herr im Gehrock, eine Dame mit rauschenden Kleidern begegnen, man wäre kaum erstaunt und hielte sie nicht für Bühnenfiguren, sondern für ganz normale Bürger. Wie aus der Gegenwart gefallen und zeitversetzt fühlt man sich in dieser zwischen Glanz und Untergang angehaltenen Atmosphäre.

Drinnen, im Foyer und im Theatersaal, verwischen sich die Unterschiede zwischen Fürth und Czernowitz. Sicher, auch hier gibt sich das ukrainische Haus in vielen Details noch authentischer und erinnert noch mehr an den Urzustand von vor über hundert Jahren. Hier wurde nicht mit allzu deutscher Gründlichkeit und Finanzkraft restauriert, Modernisierungen, wie etwa bei den Garderoben, gab es nicht. Man händigt seinen Mantel noch immer der freundlichen Garderobiere gleich neben dem Eingang zum Parkett oder oben zum Rang aus. Auffallend auch der Mittelgang, der in Fürth beim letzten Umbau verschwand; das Klappgestühl ist längst nicht so üppig gepolstert, dafür werden bei Vorstellungsbeginn noch die

Samtvorhänge vor die Türen gezogen. Und wenn man die Ansage in Ukrainisch recht verstanden hat, dann wird der Hinweis, das Handy während der Aufführung doch bitte abzuschalten, von der Firma »Vodafone« gesponsert …

Dann sitzt man in Reihe sechs rechts, Platz fünf, und schaut in den Theaterhimmel und zu den Rängen: Auch hier, wie in Fürth, schweben die nackten Engelchen am Plafond, die Ornamente winden sich um die Balkone, der mächtige Lüster hängt bedrohlich von der hohen Decke herab, Gold und Rot dominieren – nur das grüne Kleeblatt oben genau in der Mitte über der Bühne fehlt natürlich, das Stuck-Oval ist leer.

Die größten Unterschiede zwischen Fürth und Czernowitz aber entdeckt man draußen. Der schon erwähnte lindgrüne Anstrich ist gewöhnungsbedürftig, aber, so der Direktor, laut Denkmalschutz Original Fellner und Helmer. Es gibt hier auch noch die elegante Auffahrt, die in Fürth dem Stufen-Halbrund zum Opfer fiel. Außerdem scheint sich in den drei Jahren, die zwischen den beiden Bauten liegen, der Kunstgeschmack ein wenig verändert zu haben: Viele Details in Czernowitz verraten bereits den Einfluss des Jugendstils – ein Nacheifern der damals angesagten Wiener Moderne, die in dieser zwar fernen, dennoch durch und durch habsburgischen Stadt an so vielen Orten auch in unseren Tagen noch sicht- und sogar spürbar ist.

Vor allem, wenn man sich die Umgebung des Theaters ansieht. Während in Fürth damals direkt neben eine profane Brauerei gebaut wurde, findet man sich in der Bukowina inmitten eines einzigartig noblen architektonischen Ambientes wieder. Ein Ensemble, das großstädtisches Flair ausstrahlt, ehemaligen Reichtum und den Ehrgeiz der einzelnen Bauherrn, den jeweiligen Nachbarn an Glanz und Gloria zu übertreffen. Auf der einen Seite schon allein der mächtige Bau des Jüdischen Hauses mit steinernen Figurengruppen, die den gesamten Platz im kritischen Blick haben. Ringsum dann weitere mächtige Gebäude (in einem residierte früher das *Czernowitzer Tagblatt*, eine von mindestens fünf deutschsprachigen Zeitungen am Ort) mit stuckverzierten Fassaden, Türmchen und imposanten Eingängen: Durch das Glas der Tore geht der Blick in Treppenhäuser aus Marmor, die für großspurige Auftritte, fürs Repräsentieren geschaffen waren. Es ist irgendwie so, als würde das Theater daheim in Fürth auf der Freifläche zwischen Hornschuchpromenade und Königswarterstraße stehen ...

Einst gab es in Czernowitz ein Schiller-Denkmal vor dem Musentempel, die Verbundenheit mit der deutschsprachigen Kultur beschwörend, die hier in diesem »Halb-Asien«, wie es der Czernowitzer Schriftsteller Karl Emil Franzos einmal durchaus liebevoll nannte, vor und auch noch nach dem Ersten Weltkrieg gesellschaftstonangebend gewesen ist. Heute sieht man an gleicher Stelle die Statue der ukrainischen Nationaldichterin Olga Kobylanska, nach der auch das Theater mittlerweile benannt ist. Das Gebäude auf jeden Fall hat die wechselvolle Geschichte der Stadt relativ unbeschadet und ungebrochen stolz überdauert: den ersten großen Krieg, das Ende der Monarchie, das politische Diktat der Rumänen, der Nazis, später das der Sowjetunion – und jetzt, in der Selbstständigkeit der Ukraine, darf es auch getrost den Namen einer populären einheimischen Schriftstellerin tragen. Dass es aus einer vermeintlich gemütlichen Zeit unter dem Schutz des Doppeladlers stammt, kann und will es dabei keineswegs verleugnen. Als hier das 80-jährige Bestehen des eigenen Ensembles mit einem großen Bühnenfest gefeiert wurde, da standen ganz selbstverständlich die Namen der beiden Wiener Architekten im Mittelpunkt einer bunten revueartigen Hommage.

Ganz genau genommen gibt es dieses Theater übrigens nicht nur zwei- sondern sogar dreimal auf der Welt. Zu Ehren des aus Czernowitz stammenden Schriftstellers und Theaterkritikers Georg Drozdowski (1899–1987; er gehörte zu den Förderern des Dichters Paul Celan, der ja auch in Czernowitz geboren wurde), der sich nach dem Krieg in Kärnten niederließ, hat die Stadt Klagenfurt in ihrem Freizeitpark »Minimundus« exakt dieses Gebäude im Maßstab 1:25 nachbauen lassen. Dort steht es nun zwischen Eiffelturm und Petersdom, zwischen Neuschwanstein und Wiener Riesenrad. Ob auch auf den – jetzt muss man wohl sagen: »Drillingsbau« – in Fürth hingewiesen wird, ist leider nicht bekannt.

# Das Jahr 1945

Das Militärtribunal gegen 24 Nazi-Größen in Nürnberg ist 1945 am benachbarten Fürth relativ spurlos vorbeigegangen. Das heißt: Der Name war eigentlich immer präsent, denn zur genauen Lokalisierung wurde in internationalen Presseberichten und Dokumentationen stets das Justizgebäude »an der Fürther Straße« genannt. Ansonsten taucht in den Berichten der Journalisten Fürth nur sehr am Rande auf. Wenn sie nicht im Saal 600 den Prozess verfolgten, streiften sie durch das völlig ausgebombte Nürnberg und kabelten an ihre Redaktionen in New York oder London, Moskau oder Paris Eindrücke von einem (moralisch am Boden) zerstörten Land.

Eine Ausnahme ist James Stern, der 1945 für die amerikanische Regierung nach Deutschland kam mit dem Auftrag, den Effekt der alliierten Luftangriffe auf die Bevölkerung zu untersuchen. Er schrieb in seinen vielbeachteten Reise-Reportagen *Die unsichtbaren Trümmer*: »Fürth ist ein Vorort von Nürnberg und bekannt für zweierlei: für die fünf Meilen lange Eisenbahnverbindung zur Stadt [...] und wegen des weitaus wichtigeren Umstands, daß es im Krieg kaum beschädigt wurde.«

Immerhin gehörte James Stern zu den wenigen Beobachtern, die damals überhaupt die Stadtgrenze überschritten haben – wenngleich er dann auch nicht die besten Erinnerungen aus Fürth mitnahm. Er war hier an einem Sonntagmorgen in einen Gottesdienst mehr geraten als freiwillig gegangen: »Die häßliche Kirche aus roten Ziegeln war umgeben von Jeeps, Lastwagen und Hunderten von blonden deutschen Kindern ...« Stern meint hier wohl die Kirche St. Michael in der Altstadt, wo er sich unwohl fühlte in dem Gedränge. Unangenehme Kindheitserlebnisse kamen dem damals 40-Jährigen in den Sinn, die Situation in der Kirche erlebte er als »Demütigung«: »Umgeben von einigen hundert fremden Männern in Uniform, eingeklemmt zwischen zwei baumlangen GIs, die nicht verstehen, warum du nicht mitbetest und singst, das Warten auf das Ende des Gottesdienstes, das Gefühl, den einzigen Freund beim Hineingehen

in der Menge verloren zu haben und in dem düster stickigen Raum kein Zeichen zu sehen, wie du dem entrinnen könntest – das war erst recht schrecklich.«

Als nicht weniger unangenehm empfanden Kollegen und Landsleute von Stern dann im November einen ganz anderen Ort im Landkreis Fürth: das Steiner Schloss. Dort, in dem unzerstörten repräsentativen Gebäude, war das Pressecamp eingerichtet worden, da es in Nürnberg selber ja nur mehr wenige intakte Häuser dieser Größenordnung gab. Vielleicht glaubte man auch, den Gästen aus aller Welt angesichts ihres kaum erfreulichen Auftrags und inmitten der Ruinenlandschaft wenigstens abends und nachts eine etwas heimelige und entfernt an endgültig vergangene deutsche Romantik und Gemütlichkeit erinnernde Atmosphäre bieten zu müssen. Aber die Damen und Herren dankten diese Mühe nicht.

Die amerikanische Journalistin Nora Walm etwa schrieb vom »häßlichen Schloß des Bleistiftkönigs Faber«, und der Romancier John Dos Passos vom »unmöglichen Schloß, das die Familie Eberhard Fabers sich aus Bleistiftprofiten und Prunkerei in Stein [...] baute und das die Besatzungsmächte übernommen haben.« Widerwillig stieg er »in dem riesigen und pompösen marmornen Treppenhaus nach oben [und] sah auf die roten Teppiche und die grellen Mosaike und die Leuchter und die Skulpturen, die aussahen, als wären sie aus Seife geschnitten.« Die russisch-französische Schriftstellerin (und Ehefrau von Louis Aragon) Elsa Triolet fragte sich inmitten der »altertümlichen Imitation« gar: »Wieviele Bleistifte waren nötig, um den Fabers die Möglichkeit zu geben, solch ein durch und durch häßliches Schloß zu bauen?«

Es gab damals freilich eine Person, die hatte noch eine ganz andere, eine besondere Beziehung zur Nachbarstadt Fürth und spielte später bei den Nürnberger Prozessen sogar eine Art »Hauptrolle«: Hermann Göring. Dass sich in Fürth einmal sein Lebenskreis schließen würde, wäre dem Herrn Reichsmarschall und designiertem Hitler-Nachfolger zeitlebens wohl kaum in den Sinn gekommen. Aber auf Fürther Boden führte ihn 1945 sein letzter Flug, und exakt dort hatte knapp ein halbes Jahrhundert zuvor auch sein schnell unrühmlich werdender Lebensweg begonnen.

Mehrmals wohnte der kleine, 1893 in Rosenheim geborene Hermann, weggegeben von seiner Mutter, nämlich als Kind bei

Pflegeeltern in Fürth. Mit drei Monaten bereits kam er zu einer befreundeten Familie in der Karolinenstraße; 1900 ist er wieder hier, diesmal in der Obhut eines Lehrers aus der Hirschenstraße, und besucht als ABC-Schütze eine Privatschule, in der er auf Mitschüler trifft, deren Leben ihm später als »unwert« erscheinen sollte: auf Fürther Juden mit Namen Heymann oder Gundelfinger oder Bendit …

Von 1902 bis 1904 besucht Göring, den nochmals ein anderes Fürther Ehepaar in der Ottostraße aufgenommen hatte, das humanistische Schliemann Gymnasium – mit mäßigem Erfolg und negativ auffällig im Umgang mit Mitmenschen schon damals. Abgemeldet wurde der spätere radikale Antisemit Göring, der groteskerweise aufgrund eines jüdischen Patenonkels oft Ärger mit nationalistisch gesinnten Kumpeln bekam, Ende Oktober 1905.

Göring wird Fürth einmal im Rückblick eine »verjudete Stadt« nennen, wird sie gleichwohl mehrmals noch besuchen: ohne größere Reminiszenzen an seine Kinderzeit, mehr in seiner Eigenschaft als Reichsluftfahrtminister mit Interesse an den Flugzeugwerken auf der heutigen Hardhöhe.

Dann, am Nachmittag des 12. August 1945, landet eine DC3 auf dem Fürther Flugplatz. An Bord Göring und sechs weitere gefangene ranghohe Nationalsozialisten. Von seiner »alten Heimat« bekommt der Gefangene nicht viel mit, es geht direkt mit Autos zum Gefängnis nahe der Stadtgrenze. Zwei Monate später und nach endlosen Verhandlungen vor dem Tribunal entzieht sich Göring der Verantwortung und dem Leben und schluckt Zyankali.

In Fürth – oder sonstwo auf der Welt – weint ihm da keiner mehr eine Träne nach. Die Straße zum Flugplatz hinaus aber, die der Magistrat nach 1933 in stolzem Gedenken an die Fürther Kinder- und Schultage des prominenten Nazis zur Hermann-Göring-Straße gemacht hatte, wird rasch in Vacher Straße umbenannt.

# Dürer

Nein, es gibt wirklich nicht den Funken einer Chance: Fürth kann leider nicht an dem Hype rund um den aus Nürnberg stammenden Maler Albrecht Dürer partizipieren. Auch wenn man noch so intensiv nach Spuren sucht – der Künstler aus der Nachbarstadt hat hier keine hinterlassen.

Die Pressesprecherin des Germanischen Nationalmuseums lacht am Telefon, denn solch eine kunsthistorisch völlig irrelevante Frage hat sie selten gehört im Zusammenhang mit dem Superstar aus der Noris: »War Dürer mal in Fürth?« Oder hat er, vielleicht auch nur aus Versehen bei einem Blick über die Stadtgrenze hinaus, Fürth sogar einmal gezeichnet, gemalt? Sie wolle sich gleichwohl bei den Fachleuten im Museum kundig machen, meint Frau Doktor Mißfeld. Und wenig später kommt auch schon die Mail:

»Lieber Herr Noack, so, nun habe ich hier im Hause ein wenig herumgefragt, ob Dürer jemals in Fürth gewesen ist. Durchaus wahrscheinlich ist es, aber niemandem hier ist dafür ein Beleg/eine Notiz bekannt. Wir können es daher weder mit Sicherheit verneinen noch bejahen – tut mir leid. Trotzdem viele Grüße ...«

»Trotzdem ...«, das klingt schon sehr mitleidig. Aber man muss sich damit abfinden, dass der große Dürer zwar bis nach Italien reiste, aber wohl nie ins benachbarte Fürth (Parallelen zu Goethe lassen sich da ohne Not ziehen). Möglicherweise stand er ja dann und wann oben auf dem Burgberg und schaute in die Richtung; als Motiv aber verwarf er gleich die ferne Silhouette mit dem zu seinen Lebzeiten schon existenten markanten Turm der Michelskirche. Es ist demnach auch auszuschließen, dass das Gebäude auf dem Stich *Melencolia I*, das zu der Stadt im Hintergrund gehört, irgendwo auf dem Gänsberg verortet werden kann. Und ob der legendäre Hase aus Richtung Poppenreuth gen Nürnberg hoppelte, lässt sich heute natürlich am allerwenigsten nachprüfen.

Und dennoch gibt es in Fürth Orte, die mit dem Namen Albrecht Dürer enger verbunden sind, als man vorderhand annehmen möchte. Zunächst einmal ist da die Albrecht-Dürer-Straße im Eigenen

Heim (nebenbei: auch Zirndorf, Oberasbach, Veitsbronn oder Langenzenn haben durchaus einen Weg nach dem Maler benannt). Sie heißt freilich nur zufällig so und liegt eingebettet zwischen anderen Straßen, die nach Malern getauft wurden, die ihrerseits auch nie in Fürth waren: Lukas Cranach etwa oder Tilman Riemenschneider. Gemeinsam sind den drei Herren lediglich ihre nachweisbaren Wurzeln im Fränkischen.

In der Fürther Dürer-Straße, die ganz genau genommen zur früher mal eher schlecht beleumundeten »Schwand« gehört, wächst auf vielen Grünflächen Rasen, der bisweilen sehr an das berühmte »Stück« des Meisters aus Nürnberg erinnert. Die Straße beginnt aber mit einem architektonischen Paukenschlag, der es einem nicht leicht macht, den Ort schön zu finden: Ein Hochhaus reckt sich über die Bäume und lässt fast den ganzen Rest des kurzen Wegstücks im Schatten stehen. Gegenüber glotzt zudem ein hässlicher Flachbau leer; was es hinter den riesigen Schaufensterscheiben einmal zu sehen und kaufen gab, bleibt unerfindlich. Ein paar angerissene Plakate, die für längst vergangene Vergnügungen werben, kleben hartnäckig an den Scheiben.

Dennoch, in der Dürer-Straße gibt es sogar noch eine richtige Postfiliale, eine radiologische Praxis und ein zukunftsweisendes »Niedrigenergiehaus« der WBG. Eine Lotto-Annahmestelle findet man und einen Friseursalon – dürftige Grundversorgung für eine ganze Menge Menschen, die hier in den eng Seite an Seite stehenden Wohnblöcken leben.

Die Straße selbst ist da vergleichsweise kurz und verliert sich nach einem leichten Knick schon in einer sauber aufgeräumten Reihenhaussiedlungs-»Melencolia« (würde Dürer sie malen, er würde ihr die Nummer III geben müssen), wo sich Tauben(-weg) und Finken(-schlag) Gute Nacht sagen. Im Winter früh, im Sommer freilich erst, wenn die wie eine Dunstglocke über dem Ort liegenden Grilldüfte sich verzogen haben.

Gleich um die Ecke fand man übrigens einmal bei Bauarbeiten eine 300-Kilo-Bombe aus dem Zweiten Weltkrieg, die seinerzeit natürlich nicht gezielt auf diese idyllische Gegend abgeworfen, sondern einfach fallen gelassen wurde, um Ballast loszuwerden. Dass sie nicht explodierte, ist ein Glück, denn sonst hätte man hier vielleicht nie eine Straße anlegen können. Nach Dürer wurde die Wohnstraße erst 1964 benannt.

Alles gleichwohl ziemlich unspektakulär und vor allem für die Erforschung des frühen, mittleren oder späten Dürer völlig ohne Belang. Wäre da nicht etwas, das es im Zusammenhang mit dem fränkischen »Ziselierkünstler«, wie ihn der Dichter Thomas Bernhard einmal abfällig nannte, nicht einmal in Nürnberg gibt: die »Dürer-Apotheke«!

Warum sie in einem Haus nebenan in der Riemenschneiderstraße untergebracht ist, lässt sich nicht mehr herausfinden, warum sie so heißt aber doch. Dr. Friedrich Honecker ist der Apotheker, der das Geschäft von seinem Vater übernommen hat und jetzt weiterführt. Dieser Vater nun hat am selben Tag wie Albrecht Dürer Geburtstag, am 21. Mai. Seine Apotheke eröffnete er just im »Dürerjahr« 1972. Honecker senior sammelte zudem Stiche von Dürer, und im Besitz der Familie befindet sich einer der zehn ersten grünen Plastikhasen des Nürnberger Künstlers Ottmar Hörl, der ja bekanntlich dann über 7000 davon produzieren ließ und den Nürnberger Hauptmarkt damit pflasterte.

Seit 40 Jahren gibt es also die »Dürer-Apotheke« in Fürth nun schon, und das Jubiläum hat der Herr Honecker mit einer Sonderdekoration seiner Schaufenster gefeiert, die großen Schauen, etwa im Germanischen Nationalmuseum, in fast nichts nachstehen sollte. Allergie-Medikamente für alle, die es schon beim Anblick des blühenden Rasenstücks in der Nase juckt …

»›Trotzdem‹ viele Grüße …«, schrieb dennoch – so muss man nach der mühseligen Recherche leider zugeben – aus gutem Grund anteilnehmend die Pressesprecherin aus Nürnberg: Die Ausbeute, was den Bezug des genialen Künstlers zur Nachbarstadt anbelangt, ist kläglich. Darüber hinaus kann Fürth selbst auch keinen Maler vorweisen, der nur annähernd so genial war und so viel Ruhm erlangte wie jener »AD« (wobei das Bild *Stadt der tausend Schlöte* oder die dem Feldherrn Gustav Adolf huldigenden Wandmalereien im *Grünen Baum* von der Fachwelt bis heute sträflich unterschätzt werden!). Und die »Fürther Stücke«, die im Germanischen Nationalmuseum lagern, sind dem Thema Dürer auch nicht eben dienlich, wie man bei einer Besichtigung des Bestandes rasch und zermürbt feststellen kann: die Jagdflinte des Johann Carl Möth etwa oder die Stockuhr des Christian Heinrich Hähnel …

Vielleicht aber noch ein Trost am Ende: Irgendwann mal war das Volk aufgerufen worden, den »größten Franken« zu wählen. Natürlich siegte dieser Dürer. Aber schon an dritter Stelle fand sich ein Fürther: Ludwig Erhard – von dem gibt es eine schöne Büste vor der Kunstgalerie. Und ob die der Dürer so hingekriegt hätte, soll hier doch einmal bezweifelt werden …

# Rudolf Feistmann

Geboren wurde er am 28. Januar 1908 in der Königswarter-straße 10. Das Haus steht heute nicht mehr: Es fiel zusammen mit dem verschachtelten Warenhaus-Komplex und der seltsam anheimelnden Bierschwemme an der Fürther Freiheit, um Platz zu schaffen für einen klotzigen Neubau. Nichts also erinnert hier an Rudolf Feistmann, nichts an seine Fürther Familie, alteingesessen und jüdisch. Und nichts demnach an eine Figur, deren Schicksal so abenteuerlich und aufsehenerregend, deren Tod so absurd wie tragisch war.

Vielleicht mag man diesen Rudolf Feistmann – aber das ist ja wohl noch unwahrscheinlicher – unter einem anderen Namen, einem Pseudonym kennen? Rudolf Fürth. So nannte sich der Widerstandskämpfer auf der Flucht vor den Nazis in seinem Exil in Mexiko. Mit diesem Namen unterschrieb er seine politischen Artikel, die in Publikationen wie *Die neue Weltbühne* oder *Freies Deutschland* neben denen von Egon Erwin Kisch erschienen. Kisch war einer der letzten und guten Freunde, die Feistmann noch hatte; als der »rasende Reporter« 1948 in Prag starb, war der Fürther Fürth bei der Beerdigung dabei. Und es sieht ganz danach aus, dass ihm gerade das zum Verhängnis wurde. Aber der Reihe nach.

Die Feistmanns sind in Fürth über viele Generationen hinweg nachweisbar. Wir treffen sie um die Jahrhundertwende mitten in der Innenstadt: Gleich hinter dem ehemaligen Ludwigsbahnhof auf der heutigen Fürther Freiheit stand seinerzeit noch eine ganze Reihe auffällig prächtiger Bauten, wie sie die Königswarterstraße weiter oben, parallel zur Hornschuchpromenade, heute noch aufweist. Im Hinterhof von Haus Nummer 10 war Wilhelm Eugen Feistmann (verheiratet mit Luise Merzbacher) beteiligt an einer Fabrik zur Verarbeitung von Zichorien, aus denen einst »falscher Kaffee« hergestellt wurde. 1908 kam Rudolf zur Welt, ein Jahr später Eugen (die Schwester des Vaters, Luise, war übrigens unter dem Namen Erdmann ab 1919 Stadträtin in Fürth und floh 1939 nach England). Wilhelm Eugen Feistmann zog mit seiner Familie nach Berlin, wo Rudolf die Schule besuchte und das Abitur machte.

Danach studierte er Rechtswissenschaften, sein Interesse und Engagement galt aber schon bald nach dem Ende des Ersten Weltkriegs der Politik: Er kam in Kontakt mit Kommunisten. Feistmann war »entsetzt über die Forderungen nach einer Revision des Versailler Friedensvertrages«, schreibt der Historiker und Politikwissenschaftler Martin Jander in einem biografischen Artikel. »Als Gegner einer Wiederaufrüstung Deutschlands trat er 1929 in die KPD ein.«

1933 gelang es Feistmann zu emigrieren. In Frankreich wurde er Chefredakteur der KPD-Zeitung *Unsere Zeit* und arbeitete an der Herausgabe des *Braunbuches über den Reichstagsbrand* mit. Aber auch von dort musste er fliehen. Vorläufige Endstation wurde Mexiko. Hier änderte er, um vor möglichen Verfolgungen durch die Nationalsozialisten »sicher« zu sein, seinen Namen. Feistmann hieß nun Fürth. Interessant ist, dass er die schlichte Stadtbezeichnung wählte und nicht – wie sonst bei Juden üblich, die aus ihrem Heimatort fortgegangen waren – dem Ort ein »er« anhängte, Fürther also.

Als Rudolf Fürth schrieb er in verschiedenen Exil-Zeitschriften, unter anderem eben in der 1905 (noch als *Schaubühne*) von Siegfried Jacobsohn gegründeten, von Kurt Tucholsky übernommenen *Weltbühne*, die als Exilperiodikum ein »Neue« vorgeschaltet bekam. Fürth galt als Experte für deutsche Militärtheorie und Geopolitik »und als ein wandelndes Lexikon«, wie Jander meint. 1945 publizierte er ein Buch über Kriegsverbrecher, das in Mexiko unter dem Titel *Criminales de Guerra* erschien.

Hier gehörte Fürth dem von deutschen Emigranten gegründeten »Heinrich-Heine-Klub« an, in dem sich ebenfalls von den Nazis vertriebene Intellektuelle wie Egon Erwin Kisch, Bodo Uhse, Paul Westheim, Bruno Frei, Leo Katz, Kurt Stern oder Lenka Reinerova trafen. Es existiert eine Fotografie aus dieser Zeit, die all die Schriftsteller kostümiert zeigt: Man spielte ein von Kischs Recherchen inspiriertes Stück über den österreichischen »Oberst Redl« – in der hinteren Reihe streckt Fürth seinen Kopf hoch, in der vorderen aber sieht man Anna Seghers ...

1947 kehrte Rudolf Fürth nach Deutschland zurück und nannte sich in der – vermeintlich – sicheren DDR nun wieder Feistmann. Er

trat in die SED ein und stieg schnell auf, kam in die Chefredaktion
der Parteizeitung *Neues Deutschland*, wo er für die Außenpolitik
verantwortlich zeichnete. Wirklich »gerettet« freilich war
Feistmann nicht. Er gehörte dem Freundeskreis um Paul Merker und
Otto Katz an, die mit ihm in Mexiko im Exil gewesen waren. Dort
hatten sie Verbindungen mit dem US-amerikanischen Diplomaten
und Kommunisten Noel Field, den man 1949 in Ungarn der Spionage
bezichtigt hatte. Im Rahmen einer stalinistischen Säuberungswelle
wurden Merker und Katz, die Juden waren wie Feistmann, angeklagt;
Katz wurde 1952 hingerichtet, Merker als »zionistischer Agent« 1955
zu acht Jahren Zuchthaus verurteilt.

Bei Feistmann tat man sich schwerer. Eine Sonderkommission
suchte nach möglichen Verbindungen zu Field, konnte aber keine
nachweisen. »Schließlich fand man das Indiz«, schreibt Martin
Jander in einer Publikation über »Antisemitismus in der DDR«.
Feistmann hatte am 5. April 1948 an der Beerdigung von Egon
Erwin Kisch in Prag teilgenommen: »Nach der Beerdigung gaben
ihm Freunde Briefe mit, die er nach Berlin bringen sollte. Ohne die
Briefe anzusehen, hatte Feistmann sie übermittelt.« Unter diesen
Briefen, so wurde von Parteiseite behauptet, seien auch solche an
Field gewesen.

Am 1. Juni wurde Feistmann vorgeladen, man machte ihm
Vorhaltungen wegen der Briefe. Der Beschuldigte konnte sich jedoch
nicht an die Adressaten erinnern. »Er wurde daraufhin aufgefordert,
seine gesamte Parteikorrespondenz auszuhändigen […] Binnen
einer Woche sollte er einen ausführlichen Bericht über seine Biografie und mögliche Verstöße gegen die Prinzipien kommunistischer
Politik verfassen.« Zu einem weiteren Verhör kam es aber nicht.

Am 7. Juni 1950 wurde Rudolf Feistmann, Widerstandskämpfer,
Exilant, überzeugter Kommunist und Jude, in seiner Wohnung tot
aufgefunden. »Offiziell verbreitete das *Neue Deutschland* am 8. Juni,
Feistmann sei an den ›Folgen einer schweren Fleischvergiftung‹
gestorben‹.« An dieser Version wurde immer wieder gezweifelt.
»Es lag auf der Hand«, so Jander, »dass Rudolf Feistmann sich aus
Verzweiflung darüber, dass seine Genossen ihn verdächtigten und
aus ihrer Mitte ausstießen, selbst getötet hat. Dies in Erwägung
zu ziehen, hätte jedoch eine Reflexion der Kampagne und eine
Empathie mit den Betroffenen vorausgesetzt.«

Es gibt Dokumente, aus denen hervorgeht, dass selbst nahe Verwandte Feistmanns alles versuchten, um zu vertuschen, dass es sich bei dem Tod um eine Verzweiflungstat gehandelt haben könnte. So soll Feistmanns Schwester (Leni wahrscheinlich) an höchster Parteistelle nachgefragt haben, wie sie sich denn nun verhalten solle, nachdem ihr zu Ohren gekommen war, dass die offizielle Version wohl eher falsch sei.

Martin Jander spricht in diesem Zusammenhang deutlich von einer »antisemitischen Kampagne« in der DDR, die vor allem Auswirkungen auf den Alltag von Menschen hatte, die nur wenige Jahre zuvor von den Nazis verfolgt worden waren. »Sie hatten mit dem Staat DDR oft die Hoffnung verbunden, dass eine staatliche Verfolgung im sozialistischen Staat auszuschließen sei. Der Selbstmord Rudolf Feistmanns blieb in der DDR ein Tabu.« Der *Spiegel* schrieb 1953: »Zwei Jahre später starb [...] Rudolf Feistmann, außenpolitischer Chef des SED-Zentralorgans *Neues Deutschland*, an einer seltsamen Fleischvergiftung, nachdem die Ulbricht & Co. entdeckt hatten, daß seine alte Mutter in Washington D. C. lebte und mit Seife handelte ...«

In welche Gegenden es die Angehörigen der jüdischen Familie Feistmann aus Fürth während der Nazi-Zeit und nach dem Krieg tatsächlich verschlagen hat, wohin sie flüchteten und wo sie sich endlich in Ruhe niederlassen durften, kann heute nicht mehr lückenlos erforscht werden. Rudolfs Bruder soll 1935 in Bern geheiratet haben, was aus Leni wurde, ist nicht bekannt, ob die Mutter, wie der *Spiegel* behauptete, wirklich in die USA ging, ebenso wenig.

Tatsache bleibt, dass Rudolf Feistmann, der sich in Erinnerung an seine Geburtsstadt im Exil aus Sicherheitsgründen mit dem Namen Fürth tarnte, im vergangenen Jahrhundert ein Opfer gleich zweier Ideologien geworden ist. Dort aber, wo er geboren wurde, erinnert heute gar nichts mehr an ihn und sein Schicksal.

# Fürther Freiheit

Wo keine Freiheit ist, wird jede Lust getötet«, schrieb Goethe einmal. Und meinte doch mit Sicherheit nicht die markante große freie Fläche im Herzen der Innenstadt.

Der Platz also, er hat bessere Zeiten gesehen. Stürmischere, belebtere, sehnsüchtigere, freudigere. Aber es gab auch schon schlimmere Jahre. Braune, ängstliche, unmenschliche, fanatische.

Heute steht man dort wie auf einem öden, flachen Feld, inmitten der Stadt, die hier ein großes Loch hat. Immerhin 150 Schritte sind es, kreuzt man den Platz diagonal. Und dann steuert man vielleicht direkt auf die Reklameuhr an einer seiner Ecken zu: Hier verabredete man sich als Teenager. Unbeobachtet war man da nie, auf dem Präsentierteller stand man sich die Beine in den Bauch. Und die lähmenden Bewegungen der Zeiger auf der Armbanduhr wurden sekündlich mit denen auf dem riesigen Zifferblatt hoch überm Kopf verglichen. Verfehlen konnte man sich hier nicht, verstecken, falls man doch noch kalte Füße bekam vor dem Rendezvous, ebenso wenig. Und oft genug kam die Ersehnte zu spät. Manchmal gar nicht. Der Platz gähnte einen dann mit seinem traurigen Gesicht an, das so leer war wie das eigene. So hatte man sie eigentlich nicht gewollt und sich so nicht vorgestellt – die Freiheit.

Wenn es einen Ort in der Stadt gibt, der die Jahrzehnte nach dem Krieg ohne größere bauliche Eingriffe unbeschadet überstanden hat, dann ist es die Fürther Freiheit. Man kennt sie nur als weites Feld, als gepflastertes Areal in bester City-Lage, auf dem sich noch nie ein Baumeister austoben durfte. Dieser Platz war und ist ein Sakrileg. Trotz der augenscheinlichen Tristesse, die die Freiheit die meiste Zeit im Jahr trotzig verbreitet, rückte man ihr nie mit Unverrückbarem auf den nackten Leib. Alle Versuche, die Brache gestalterisch aufzuwerten, zielten hier buchstäblich ins, besser: in die Leere. Mochten drumherum auch kapitale architektonische Scheußlichkeiten entstehen, der Platz hielt das wacker aus und wehrte sich seinerseits mit aller Kraft gegen die Umgestaltung der eigenen Ausdruckslosigkeit. Auch die letzten

Anstrengungen, die Mitte der Stadt attraktiver zu machen, gingen an der Freiheit spurlos vorbei.

Natürlich weiß man, dass das hier alles einmal ganz anders war und ausgesehen hat. Als der alte Ludwigsbahnhof noch an Ort und Stelle stand, schnauften die Dampflokomotiven dort nach der kurzen Fahrt von Nürnberg her prustend aus. Eine kleine Lokalstation, gewiss, aber irgendwo doch auch ein wenig der »große Bahnhof«, den man da machte, mit dem Treiben der Ankommenden und Abfahrenden, mit Schalter und Dienstmann, mit Buchhandlung und Erfrischungen. Schräg gegenüber das verhalten mondäne Hotel National, wo man noch »absteigen« konnte, auf der anderen Straßenseite die englische Anlage, in der man sich erging und die Wartezeit auf den nächsten Zug vertrieb.

Der fuhr dann gemächlich aus dem Kopfbahnhof hinaus, und auf der Trasse ging es vorbei an den prachtvollen Jugendstil- und Gründerzeitbauten der Hornschuchpromenade und Königswarterstraße, wo das gehobene Bürgertum residierte hinter reich verzierten Fassaden und verschnörkelten Steinornamenten. In diesem Viertel hatte Fürth Flair, da wurde promeniert und flaniert, in den verträumten Anlagen zogen die Herren die Zylinder, und die jungen Damen erröteten unter breitkrempigen Hüten. Und irgendwie war der Bahnhof ja doch so eine Art Tor zur Welt: Hier begannen selbst die weitesten Reisen, hier kam man wieder nach Hause nach langer oder nur kurzer Abwesenheit. Das hatte viel mit Freiheit zu tun, auch wenn der Platz da noch lange nicht so hieß.

Als 1938 das Eisenbahngebäude abgerissen wurde, erhielt die Fläche das ihr bis heute gebliebene Aussehen. Die Nationalsozialisten vereinnahmten das Gelände, dessen ausdruckslose Erscheinung ziemlich gut zu ihren hohlen Phrasen passte, als Aufmarschgelände: Nirgendwo sonst in der zum Teil reichlich verwinkelten Stadt hätten sie sich so massiv und unübersehbar in Formationen breit machen können. Also musste der Ort ihrer penetranten und volkreichen Präsenz auch einen passend völkischen Namen erhalten: nach Albert Leo Schlageter wurde er benannt, einem strammen Angehörigen verschiedener Freikorps, der es bei den Nazis zur Kultfigur brachte, nachdem er in den 20er-Jahren als militanter Aktivist wegen Spionage und mehrerer Sprengstoffanschläge von einem französischen Militärgericht zum Tode verurteilt und hingerichtet worden war. Die braune Propaganda sah in ihm den »ersten Soldaten des Dritten Reiches«, und das war in Fürth wohl mehr als ausreichend, ihm einen langweiligen, leeren Platz zu widmen.

Es wird freilich berichtet, dass auf dem Schlageter-Platz nur wenige Monate nach dem Abriss des Bahnhofs in der Pogromnacht vom 9. November 1938 eine große Zahl Fürther Juden zusammengetrieben und öffentlich gedemütigt und misshandelt wurde. Und so hatte der Ort seine Unschuld verloren.

Der Platz aber hatte für die Machthaber schon bald noch eine weitere Funktion: für einen möglichen und freilich schon frühzeitig einkalkulierten Luftkrieg brauchte man eine Freifläche, auf der Flak-Geschütze aufgestellt werden konnten; unterirdisch wurde ein Löschwasserteich angelegt. Und im Geschichtslexikon ist dann weiter nachzulesen: »Ab 1943 war der Platz einer der Fürther Aufnahmeräume, auf den sich Bewohner aus den brennenden Straßenzügen retten sollten. Außerhalb des Trümmerkegels [...] befand sich der Eingang zum öffentlichen Luftschutzraum.«

Nach dem Krieg und weitaus weniger Bomben-Schäden als befürchtet musste sich das weite Areal namentlich kurz die Erinnerung an Hindenburg gefallen lassen, bis es 1946 endgültig auf Fürther Freiheit getauft wurde – »nomen est omen«, wie wir später im Lateinunterricht lernten: »Frei« blieb er fortan tatsächlich. Und zu groß für jegliche attraktive Belebung, wie sich bald zeigen sollte. Zwar konnte sich einmal im Jahr die Kirchweih großzügig hier austoben mit Riesenrädern und anderen schwungvollen Fahrgeschäften, die restliche Zeit aber blieb sich der Platz in seiner Eintönigkeit selbst überlassen. Dafür sorgte nicht zuletzt die Lobby der Vergnügungsunternehmer, die mit dem Pochen auf die für 14 (von 365) Tage traditionell benötigte Standfläche jede Diskussion über eine architektonische Aufwertung der Freiheit stets im Keim zu ersticken wusste.

Parkplätze für Autos auf der einen Seite, ein paar sich im Endlosen verlierende Marktstände auf der anderen: Mehr war hier über Jahrzehnte hinweg nicht möglich. Wie zu erwarten, wurden dann auch noch die Obst- und Gemüseverkäufer vertrieben: Sie waren es leid, ständig auszuweichen und umzuziehen, weil auch in Fürth die Sucht nach Großveranstaltungen unter freiem Himmel immer bedrohlichere Züge angenommen hatte und sie deswegen andauernd störten. Konzertbühnen, unüberblickbare Biertisch-Formationen, Fisch-, Garten-, Weihnachts-, Oster-, Mittelalter- und Stoffmärkte, Volleyballer auf angekarrten Sandhaufen, Zieleinläufer nach schweißtreibenden Marathons und was nicht noch alles für Freizeitvergnügungen mehr dürfen sich seitdem ungestört breit machen. Die »richtigen« Marktleute aber sind derweil weitergezogen, verdrängt und ausquartiert. Und auch der »Luggi« mit seinen falschen Thüringern hat aufgegeben …

Einmal wurde für ein paar Wochen der etwas windanfällige Versuch der Rekonstruktion des Ludwigsbahnhofs anhand bedruckter Planen realisiert, und man bekam eine kleine Ahnung, wie das Leben exakt am selben Ort um die Jahrhundertwende gepulst haben mag, wie geschlossen sich die Stadt in ihrer alten Mitte präsentiert haben muss. Solche Spielereien wagt man in anderen Städten nur, wenn der Attrappe auch tatsächlich ein neuer Bau folgt (Berliner Stadtschloss zum Beispiel). In Fürth aber reichte es nur für eine nostalgische Reminiszenz, und als die Planen eingerollt waren, gähnte es einem hier wieder wie längst gewohnt entgegen.

Dann aber hat man endlich Nägel mit Köpfen gemacht: Die Parkfläche für Autos wurde erheblich erweitert, sodass nur mehr ein Drittel der Freiheit ungenutzt bleibt. Ganz nah, bedrohlich nah ist somit der »stehende Verkehr« an die noch immer am Eck tickende Reklameuhr herangerückt. Dort aber sah man schon lange keinen jungen Mann mehr stehen und auf seine Angebetete warten.

Und schaut man nochmals bei Goethe nach, dann könnte man glatt meinen, er wäre doch einmal in (oder gar nach?) seinem Leben in Fürth gewesen: »Ich habe die Tage der Freiheit gekannt; ich habe sie Tage der Leiden genannt.«

# Friseure

Früher hieß der Friseur noch Friseur und wurde allenthalben zur Aussprachehilfe mit einem »ö« geschrieben. Nur die Alten sagten vielleicht »Bader« zu ihm, wobei in den nordbayerischen Breitengraden das »a« natürlich zu einem lang gedehnten, gutturalen und spreizfränkischen »o« geriet. Da erinnere ich mich an das kleine Häuschen in Stadeln an der Erlanger Straße: In einem Gärtlein stand es und enthielt einen streng getrennten zweizimmrigen »Salon«: links die Herren, rechts die Damen, zwei Stühle insgesamt nur vor hohen Spiegeln. Der Betreiber wurde seltsamerweise »Texas-Bader« genannt. Warum nur? Trug er bisweilen einen Cowboyhut, oder lag sein Laden einsam wie eine Ranch in der seinerzeit noch unbebauten präriegleichen Landschaft vor den Toren der Stadt?

Noch so ein Haarkünstler kommt mir da in den Sinn: Im Hauptbahnhof – als er, was die Infrastruktur betrifft, noch einer war – gab es auf Gleis 1 ja auch mal einen Friseur für eilige Damen und Herren. Der Meister freilich war öfter, als er Fasson schnitt und ondulierte, mit leerem, respektive vollem Bierglas auf dem Weg zur respektive von der Bahnhofgastwirtschaft 2. Klasse zu seinem Salon zu beobachten (ja, es existierte in der Tat auch eine geräumige 1. Klasse, wo man einen hervorragenden Zwiebelrostbraten bekam, aber das wäre eine andere Geschichte). Schauergeschichten von im Tran abgeschnittenen Ohren kursierten …

Aber ich schweife ab. Der Friseur – nicht als aktiver – ist ausgestorben. Er möchte nicht mehr so heißen, wie er tut, und hat sich daher mit viel Mühe und einem erstaunlichen Drang zur werbewirksamen Originalität umbenannt. Kaum ein anderer Berufszweig – den Hausmeister vielleicht mal ausgenommen, der als neuerdings »Facility Manager« eigentlich unschlagbar ist – scheint mit seinem angestammten Namen soviel Probleme zu haben wie der jener Menschen, die mit Schere und Kamm fremder Menschen Aussehen bearbeiten. Man muss gar nicht die Anglizismen zitieren, die aus einem stinknormalen Salon gleich eine hippe und weltläufige

Schönheitsfarm machen sollen: »Crazy Hair« oder »Hairdesign« oder gleich »Hair.Style.Factory«.

Auch mit der eigenen deutschen Sprache lässt sich da mächtig schwadronieren und Schindluder treiben. Legendär ist schon der Besitzer eines Ladens in der Königstraße, der seinen eigenen Nachnamen verwendet, um sich und seine Kunst als »bieberschnittig« anzupreisen, wobei dann genau genommen nicht klar ist, was eigentlich die Frisur eines baumnagenden Säugetiers wirklich aus- und nachahmenswert machen könnte. Hingegen bei »Abschnitt« wird unmissverständlich deutlich, worauf man sich einlässt. Wer ganz sicher gehen will, geht zum »Friseur für Haare« und weiß, dass ihm hier nicht auch noch die Fußnägel gekürzt werden.

Was man unter »Haare und mehr« zu verstehen hat, ist nicht ganz klar, denn eigentlich besucht man doch einen Friseur, damit die Haare weniger werden. Beim »Haar-Treff« fühlen sich die Locken unter ihresgleichen wie die Mütter im Müttertreff, und beim »Hairkiller« wird es wohl ähnlich wüst zugehen wie ehedem beim Texas-Bader: Der Figaro pustet die Mähne mit seiner Smith & Wesson einfach weg.

An die lange geführte Diskussion um das Aussehen der Fürther Innenstadt fühlt man sich gleich bei zwei Salons erinnert: Einmal weckt »Haar Vision« Hoffnungen, dass es noch eine wie auch immer geartete Zukunft gibt, zum anderen ist der »Salon der Mitte« ein schönes Beispiel dafür, dass das neue Zentrum auf und in den Köpfen angekommen ist. Dummerweise liegt dieser Laden allerdings draußen in Stadeln …

Einen »Haar-Treffpunkt« gibt es auch, womöglich werden dort die ganzen abgeschnittenen Zotteln gesammelt. Bei »Haarscharf« wirkt beruhigend, dass nicht mit stumpfem Werkzeug hantiert wird, und unter »Haarstudio« tut es heute kaum jemand mehr aus der weiteren Konkurrenz. Einer, dem der »Styling point« doch etwas zu weit geht, hat sich auf alte Zeiten besonnen und nennt sich dialektperfekt »Boderslädla«, was besonders lustig klingt, wenn ein Preuße danach fragt. Aus dem »Royal AfroCenter« kommt man wohl raus wie weiland Angela Davis, und beim »HaarSpitzenTeam« wirkt das geschickt eingebaute Eigenlob irgendwie beruhigend. Und bei »Haarmonie« geht es zwischen Waschen und Legen mit Sicherheit kuschelig und richtig nett zu.

Nun sollte man meinen, auf dem flachen Land, wo an Hauswänden nicht selten noch die nostalgischen »Wella«-Leuchtreklamen und »Drei-Wetter-Taft«-Versprechen mit dem einfachen Namen des Betreibers hängen und von solidem Stufenschnitt künden – im weiten Landkreis also sei die Zeit eher stehen geblieben. Weit gefehlt. Gerade dort, wo sich in jedem zweiten aufgelassenen Hühnerstall längst ein »Nail-Studio« befindet, ist der Erfindungsreichtum der Meister des Scheitels am größten.

Ein vermeintlich italienischer Figaro aus Oberasbach, der auf »Capelli belli« gekommen ist, mag ja noch angehen. Aber was bitte treibt den bodenständigen Bader dazu, seinen Laden »Hair Lounge« zu taufen? In Roßtal entdeckten wir (neben »Grosskopf« oder »Helmreich«, was berufsbezogen und unfreiwillig immerhin sehr komisch klingt) »Haargenau«, was wir ja eigentlich von allen Kollegen und immer erwarten. Die »Hairforce« geht gnadenlos in Stein auf Streife, bei »frontlook« hingegen weiß man nicht so recht, ob auch hinten alles korrekt gekürzt wird. Sehr gut gefallen hat uns in Tuchenbach die »Glückssträhne« (freilich nur, wenn sie nicht abgeschnitten wird) und in Wilhermsdorf »Golden Hair«, was uns ein wenig an die Betonfrisuren der entsprechenden »Girls« aus dem Fernsehen erinnerte. Im »Salon Locke« in Oberasbach braucht wohl Mann mit Glatze gar nicht erst vorbeischauen.

In Zirndorf macht sich ein Bader mit »Art of Hair« zum Kulturträger, ein anderer ist schlichtweg »Creativ«, der nächste blitzschnell (»Hair Express«) und schließlich gibt es da noch einen, da fallen einem nun ob des extravaganten Erfindungsreichtums tatsächlich die Schuppen von den Schultern: »SpektaCoolHair«. Sollten Friseure wirklich solch ein Minderwertigkeitsgefühl haben, dass sie sich bei der Namensgebung für keinen – ja, dieses Wortspiel muss nun endlich erlaubt sein – für keinen *haarsträubenden* Einfall zu schade sind?

Wohl dem, der da noch einen Termin im guten alten »Salon Uschi« (Oberasbach) bekommt. Da weiß man, was man hat und wo man ist.

# Frühling

Nein, es nützt überhaupt nichts, wenn man an einem kalten und regnerischen Maitag in Fürth in die Frühlingstraße geht. Auch wenn man sich sehnsüchtig unter das Straßenschild stellt: Es bleibt kalt und regnerisch.

Interessant ist es ja schon, dass es in Fürth zwar eine »Frühlingstraße« und auch eine »Sommerstraße« gibt, dem Herbst oder Winter dagegen nicht mal eine kleine Sackgasse gewidmet ist. Wer möchte da auch schon wohnen, wo es sowieso nach ungemütlich und trüb klingt? Und so hat sich der Mensch, also auch der Fürther, bei der Namensgebung seiner jeweiligen Heimat für das Positive entschieden. Wer könnte es ihm verdenken?

Der alphabetischen Reihe nach hören sich dann die Straßenbezeichnungen an wie Versprechen nie endender Idyllen: »Am Grasgarten« etwa, »Am Grünerpark«, »Am Himmelsweiher«, »Am Sonnenhof«, »An der Waldlust«, »Anemonenweg«, »Blumen-« und »Blütenstraße«, »Dahlienstraße«, »Enzianweg«, »Federgrasweg«, »Gartenstraße«, »Grüntalstraße«, »Hermann-Löns-Straße« (ja, auch der gehört hier rein), »Irisweg«, »Jasminweg«, »Kleeweg«, »Kornblumenstraße«, »Lilienstraße«, »Mohnweg«, »Orchideenstraße«, »Parkstraße«, »Quittenweg«, »Rosenstockweg«, »Seerosenstraße«, »Teichstraße«, »Ulmenstraße«, »Veilchenweg«, »Wickenstraße« usw. Wer hier wohnen darf, der wacht auch bei Schmuddelwetter mit einem naturfrischen Lächeln auf, und kein Tief kann ihm die Laune verhageln.

Grenzwertig, weil die Natur eben auch ihre Launen haben kann und der Mensch es nicht immer gut mit ihr meint, sind dagegen so Wohnorte wie »Am Boxwald«, »Am Lehmacker«, »Distelweg«, »Friedhofweg«, »Hornackerweg«, »Plattenweg«, »Wespenstraße« oder »Zur Kühschanze«. Oder möchte man wirklich seinen Lebensabend im »Geierweg« verbringen? Dann doch lieber »Am Altengraben«. Da weiß man, wo man hingehört.

Aber im Ernst: Der Mensch, also auch der Fürther, scheint abhängig zu sein allein von dem Gefühl, das ein hell und heiter klingender Name ganz automatisch verspricht. Auch wenn sich in den positiv benamsten Straßen dann eher öde Reihenhaussiedlungen der immer gleichen architektonischen Einfallslosigkeit befinden mögen – oder gerade deshalb? Es kann schon sein, dass eine zumindest schön klingende Adresse ein wenig ablenkt von der tatsächlichen Tristesse. Das kleine Glück in den eng bemessenen und uniformen vier Wänden lässt sich womöglich am besten ertragen, wenn es »Am Sonnenhof« oder gar »Am Sonnenhügel« sprießt.

Kein Wunder, dass sich die auch in Fürth höchst umtriebige Immobilienbranche so etwas nicht zweimal sagen lässt. Wenn man sich einige Bauvorhaben einmal ansieht oder zumindest einmal die bunten Bautafeln liest, die sich über gähnenden Baugruben werbend erheben, dann scheinen wir hier bald den Himmel auf Erden zu haben. Denn ohne das Anpreisen einer in Grün und Ruhe strahlenden Zukunft geht gar nichts mehr. Hier werden nicht einfach Wohnblöcke in die Baulücken gemauert, hier geht es nicht um schnöde Siedlungen oder raumsparende Hochhäuser: Hier wird an alle noch vorhandenen menschlichen Sinne appelliert, auf dass der Käufer oder Mieter gar nicht mehr anders will und kann, als sich in die blühenden Träume einzufinanzieren.

Zum Beispiel: Auf dem Tuchergelände, wo man den alten Baumbestand mit rücksichtsloser Härte entfernt hat, entsteht nicht etwa – wie man angesichts des vorangegangenen Naturfrevels vermuten könnte – ein radikales Betonghetto. Nein: Ein »Wohnpalais Klassikgärten« soll es gleich sein, ein aus dem malträtierten Boden gestampftes Paradies, bei dem schon der Name allein so wohlig sich ins Ohr schmiegt, dass alle vorherigen Untaten und Fällaktionen schnell vergessen werden. »Eingebettet in eine repräsentative Parkanlage, die an das Grün der Rednitzauen grenzt ...«, frohlocken die Bauherren und kombinieren die »klassische Stadtwohnung« wie selbstverständlich mit der Versicherung, dass »ausladende Terrassen und Loggien [...] den Bezug zur Parkanlage« herstellen und »zum Verweilen« einladen.

Mit »Gärten und Balkonen, die nach Süden gerichtet sind«, lockt das Projekt »Am Wolfsgarten«. An der »Herrenstraße« entsteht ein Mammutwohnblock, dessen Name derart die schönsten Sehnsüchte ankitzelt, dass es einem ganz japanisch zumute werden könnte: Auf dem ehemaligen Gelände der Kunstanstalt Krugmann wird es nicht etwa nur profane »Herrnhöfe« geben, es werden vielmehr »Kirschblütenhöfe« entstehen, deren filigraner Duft sich über die gesamte Südstadt betörend ausbreiten wird. Überhaupt: Es geht nicht mehr ohne Landschaft im Urbanen. Dem legendären Hersteller elektronischer Unterhaltungsmedien wird mit dem »Max-Grundig-Park« ein naturverbundenes Wohn-Denkmal gesetzt; wo einst Panzer kurvten und militärischer Drill herrschte, ergeht man sich längst im »Südstadtpark«. Im »grünen Herzen« von Fürth werden »Logen Gärten« gebaut – und sind doch nur ganz normale Eigentumswohnungen.

In Burgfarrnbach tut man es nicht unter einem »Wohnpark Am Feld«, in Oberfürberg errichtet man »Stadtwald Gärten«. Im Eigenen Heim wird ebenso ein »Wohnpark« angekündigt, wie in der Südstadt die »Fichtenhöfe in Verbindung mit viel Grün und Natur« für gutes Wohngewissen sorgen. An der Alten Reutstraße kann man sich glücklich fühlen, weil sie »vor den Toren des Knoblauchslandes« liegt. Anderswo heißen die Zauberwörter »naturnahe Premiumlage« (klingt nach Bierwerbung) oder »Sommerlofts« (wohin im Winter?), »Lindengärten« oder »Park Carrée« oder »Auengarten«. Und wer in den »Ufer-Terrassen« am Wiesengrund lebt, der lebt in »Genusslage« in Fürth.

Wohl gemerkt: Nur einige wenige dieser Projekte befinden sich dort, wo die ungestörte Natur zu Hause ist: vor den Toren der Stadt. Die weitaus größere Zahl breitet sich mitten in, zumindest am unmittelbaren Rand der City aus und suggeriert, dass eine irgendwie ökologisch angehauchte Lebensweise auch dort möglich ist, wo Fürth eigentlich nur aus Häusern und asphaltierten oder gepflasterten Straßen besteht, die nur ein paar dreckresistente Bäumchen zieren. Der Drang danach, alles auf einmal haben zu können, treibt dann so werbewirksame Stilblüten, wie sie sich in einem Slogan zusammenfassen lassen: »Idyllische und prächtige Blütenoase in immer sommerhaftem Flair mit garantierter Parkruhe, Gartenpracht und täglich frischem Tannenduft, nur wenige Autominuten von der nächsten Schnellstraßenauffahrt entfernt. Tiefgarage und Innenstadtlage!« Meist freilich stellen sich diese Versprechen dann als so haltbar heraus wie immerwährende Wonne in der »Frühlingstraße« …

Einst schnatterten auf dem »Gänsberg« die Gänse. Am »Obstmarkt« gab es Obst. Im »Stillen Winkel« war das Altenheim. Die »Forsthausstraße« lag im Wald, und »An der Waldschänke« gab es schattig was zu Trinken. Den »Heckenweg« säumten Hecken und in der »Industriestraße« wollte man nicht wohnen. Am »Kohlenmarkt« gab es Kohlen, und der »Löwenplatz« hieß nicht etwa so, weil sich da ein zoologischer Garten befand, sondern weil es dort ein *Wirtshaus Zum goldenen Löwen* gab. Die zwei »Fischer«-Straßen befanden sich in Flussnähe, und am »Schießplatz« krachten die Büchsen. Am »Waagplatz« wurde gewogen, und in der »Theaterstraße« früher mal Komödie gespielt. Irgendwie wusste man damals besser, wo man sich befand, wenn man das Straßenschild las oder die Bezeichnung studierte: Niemand anders als die Frau Catharina van Lierd wohnte im »Fravelierhof« und der Schröder im »Schrödershof«.

Freilich: In der dunklen Blumenstraße auf ein paar Blüten zu treffen, war nicht ganz einfach. Und im »Pfarrgarten« verkehrte schon lange kein Priester mehr. Aber im Vorfrühling (ja, den gab es da noch) im »Zaunkönigweg« – da war vielleicht ein »Vogelsang«!

Und heute? Da warten wir in unseren dunklen Hinterhöfen auf die Kirschblüte …

# Walter Fürth

Unter Franz Kafkas Briefen findet sich im Februar 1918 eine merkwürdige Zeile:»Lieber Felix, besten Dank Dir, und Fürth natürlich auch.«

Der Brief ging an Kafkas Freund Felix Weltsch. Wen oder was aber hat der Prager Dichter mit»Fürth« gemeint? Dankt er etwa der Stadt? War er hier und wurde gut aufgenommen, sodass er nun seiner Freude darüber in einem Gruß an alle Fürther Ausdruck verleihen möchte? Hat man ihm hier geholfen, gesundheitlich gar, was den schwer Lungenkranken beglückte?

Nein, Kafka war niemals in Fürth. Wenngleich Prag gar nicht so weit entfernt liegt, hierher führten ihn seine ohnehin nicht zahlreichen Reisen nicht. Und mit Fürth, so lässt sich im Register des Brief-Bandes schnell herausfinden, ist auch nicht die fränkische Stadt gemeint, vielmehr eine Person, die sich als ein Walter entpuppt, der – warum auch immer – den Nachnamen Fürth trug.

Aus dem tschechischen Nationalarchiv in Prag ist über diese Person dann tatsächlich Einiges zu erfahren:»Im Bestand der Polizeidirektion Praha-Evidenz der Bevölkerung Prag gibt es eine Anmeldungskarte Walter Fürth, geboren in Praha am 17.2.1896, jüdischer Herkunft, Jura-Student, später Schriftsteller und Journalist. Sein Vater war Arthur Fürth, geboren am 4.3.1858 in Praha, Handschuhefabrikant, gestorben 11.12.1930, die Mutter Augusta geborene Porges, geboren am 23.7.1866 in Praha. Es gelang ihm im Jahre 1940 aus dem Protektorat zu emigrieren, nach dem Krieg ist er ja wieder am 6.5.1946 aus einem unlesbaren Ort in der Nähe von Tel Aviv, Palästina, in Praha angemeldet. Es gibt auch einen Akt von Walter Fürth im Bestand der Polizeidirektion Praha von 1941 bis 1950, mit einigen Fotos, Reisepass-Ansuchen, handschriftlichen Empfehlungen von Otto Pick, J. S. Machar und Antonin Macek. Es gibt hier ein Protokoll über den Tod Walter Fürths durch Herzschlag am 7.10.1946 in Praha. In der Evidenz der Prager Bevölkerung gibt es mehrere Personen namens Fürth, manche aus Strakonice oder Susice stammten. Arthur und Walter Fürth sind aber in Prag geboren.«

Das sind äußerst karge und nüchterne Angaben, sagen noch rein gar nichts über die Persönlichkeit des Walter Fürth aus; aber eine solche muss er gewesen sein, denn der menschenscheue Franz Kafka suchte sich die Personen, zu denen er eine gewisse Zuneigung zu hegen bereit war, sehr genau aus. Dass er sich seiner erinnerte und ihn auch dankend grüßen ließ, ist schon ein sehr konkreter Hinweis darauf, dass der Herr Fürth ein Besonderer gewesen sein muss.

Fündig wird man bei dem Prager Dichter Johannes Urzidil, dem ein wundervolles Porträt des Walter Fürth zu verdanken ist: so ziemlich das einzige überlieferte Lebenszeichen (ein Foto von ihm ist bislang nicht aufgetaucht), mithin ein Denkmal für ein Unikum, das auf den Namen Fürth hörte. Und dieser Name war mal in aller Intellektuellen Munde: Fürth gehörte zu den Randfiguren des berühmten Prager Kreises, der sich zwischen 1910 und 1938 um die Literaten Max Brod, Franz Werfel, Oskar Baum, Egon Erwin Kisch und Franz Kafka schloss und der im legendären *Café Arco* anzutreffen war. Urzidil schreibt unter anderem:

»Die skurrilste Gestalt unter den Prager Literaten ohne Literatur war aber zweifellos Walter Fürth. Er war zwei oder drei Jahre jünger als ich, aber er kaptivierte mich durch seine Art oder vielmehr Unart so sehr, daß ich den damals (etwa 1918) in Prag lebenden ausgezeichneten Maler Egon Adler bat, dieses Original für mich zu porträtieren [...]

Fürth sah darauf aus, wie er wirklich war, äußerlich und innerlich, bekrönt mit einem Riesenschopf wild-wirrer gekräuselter Haare, wie zahllose durch- und gegeneinander laufende haargespaltene philosophische Argumente, die alle zusammen das Gegenteil eines Systems ergaben, eine kompakte nihilistische Gesamtheit, unter der ein knopfnasiges Sokrates-Gesicht dialogbegierig und sarkastisch glänzte. Man las darinnen immer eins: ›Aus dem Gespräch mit dir wird ja doch nichts herauskommen‹, eine mißtrauisch-verächtliche Grundgesinnung gegenüber fast allen Menschen. Ich sage: fast. Denn ob ich ihn schon nahezu alle Menschen kritisieren hörte, mit denen ich ihn je beisammen sah, es mochten nun Schriftsteller, Rabbiner, Kaufleute oder seine eigenen Eltern sein, Kafka wurde von ihm nie angetastet. Fürths Geradheit grenzte oft an Unverschämtheit, ging aber daraus hervor, daß er mit unbetrügbar scharfem Auge die schwachen Stellen eines Gesprächspartners sogleich aufspürte

und ihm nun erbarmungslos eine Maske nach der anderen abriß.
Er ging nicht darauf aus, den anderen in Verlegenheit zu versetzen,
als vielmehr darauf, die Verlegenheit, die dieser mit Schilden von
scheinbarer Sicherheit verdeckte, bloßzustellen […] Er verstand es
meisterlich, jeden in die Enge zu treiben […] Nicht aber Kafka.

Seiner Haartracht entsprechend hegte Fürth in sich das unkoor-
dinierteste Durcheinander. Er war gleichzeitig Anhänger Hegels wie
Schopenhauers, Spinozist und Neochrist, plädierte für Weininger
und propagierte Selbstmord, um beizeiten der Ekelhaftigkeit,
Flachheit, Schalheit und Unersprießlichkeit dieses völlig sinnlosen
Lebens zu entkommen. Es blieb jedoch bei der Propaganda. Er lebte
vom Tod, den er in allen Arten pries und feierte […] Vielleicht war
Fürth die burleskeste lebendige Kafkafigur, die in Prag herumlief
[…] Diesem mußte Kafka unvermeidlich überall in der Stadt
begegnen, nicht nur im Café, das ja Kafka nicht gerade häufig
besuchte, sondern auf allen Straßen, Gassen und Plätzen. Er war
überall und – in einer bizarren Art – scheinbar überall gleichzeitig.
Diese Simultaneität war ein absonderliches, verschiedenen Prager
Figuren eignendes Phänomen, oder vielleicht verfügten manche
von uns über eine multiplizierende Sehkraft […] Man mochte ihn
indiskret und zudringlich und überdies physisch unangenehm
empfinden, aber er blieb ein amüsantes Enfant Terrible, das mit
seinen ungenierten geistigen Kapriolen jeden beschäftigte und
keinen langweilte.

Auch Kafkas guten Freund Oskar Baum besuchte er oft und
übernahm es – ebenso wie ich – den lieben, wunderbaren blinden
Mann gelegentlich in den Straßen spazieren zu führen, um die
schwerbeschäftigte Frau Baum ein wenig zu entlasten. Da verlor
Fürth freilich allen Zynismus. ›Nie sehe ich so viel wie bei den
Spaziergängen mit Baum‹, sagte er. Und es war wahr. Der Blinde
konnte im Gespräch die weitesten Perspektiven eröffnen. Wir
liebten ihn innig. Von allen Menschen aus der Umgebung Kafkas war
er es, der am heitersten und positivsten erschien, den schönsten
Lebensglauben hatte. Vielleicht war gerade dies der Grund, warum
der notorische Negativist Fürth sich zu ihm hingezogen fühlte.
Aber, wenn er sonstwem begegnete, wurde er alsbald wieder der
Geist, der stets verneint, und führte seine üblichen Tiraden über
die unvermeidlich zugrunde gehende Menschheit, den Widersinn

jeglichen Bestrebens, die Menschen zu bessern und zu bekehren, die nur noch in seltenen Einzelfällen erträglich, alle zusammen jedoch ein Gesindel seien, das sein Schicksal verdiene.

Fürth, der ahasverische Wanderer, war bei all seinem Nihilismus immer mit der Gründung und Vorbereitung imaginärer Zeitschriften befaßt, die die Aufgabe haben sollten, die Welt auf dem Wege der Literatur zu retten, die sich aber niemals realisierten.

Kurz nach dem Ende des Zweiten Weltkriegs starb Fürth. Aber er hatte mir vorher noch ein Paket nach New York zugesandt. Der Postbote brachte es in dem Augenblick, als ich gerade im Begriff war, zu übersiedeln und vor dem vollgepackten Möbelwagen stand. Ich riß es auf und sah jedenfalls, daß es ein Manuskript enthielt. Außerstande, mich damit in diesem ambivalenten Augenblick zu beschäftigen, legte ich es zu unseren Besitzstücken in den Möbelwagen. Beim Auspacken aber war es nicht mehr zu finden. Sicher enthielt es den endlich abgeschlossenen Roman, der dreißig Jahre zuvor im *Café Arco* mit dem Satz begonnen worden war: ›Walter F. hatte von seinem Vater nichts geerbt, als den Fluch, zu leben.‹«

Wer nun dieser Vater war? Es ist ziemlich wahrscheinlich, dass die Vorfahren Walter Fürths aus der jüdischen Familie stammen, die im 18. Jahrhundert von Fürth nach Böhmen ausgewandert ist und sich dort, auf dem Gebiet des heutigen Tschechiens und später auch in Österreich verzweigt und angesiedelt hat. Auf »Fürths« jedenfalls stößt man in zahlreichen tschechischen Melderegistern, Gräber mit dem Namen findet man noch auf den kleinsten jüdischen Friedhöfen. Nur das von Walter Fürth, dem literarischen Wanderer zwischen allen Welten und Konventionen, dem Dichter ohne Dichtung, dem Freund Kafkas – dieses Grab findet man leider nicht …

# Gassen

Die Gassen? Sie sind verschwunden. Sie haben sich nicht gerade über Nacht, aber doch irgendwie konsequent und unwiederbringlich vom Stadtplan gemacht. Sie haben das Feld geräumt für Straßen, denen sie nicht selten ihren altbekannten Namen überließen, womit sie gleichzeitig aber auch ihr ursprüngliches Aussehen, ihre typischen Merkmale und ihre Atmosphäre (aus-) verkauften.

Eine Gasse? Das war früher ein kurzes Stückchen Stadt oder Dorf, eng und begrenzt von überschaubarer Bebauung oder von verschachtelt einander bedrängenden Gebäuden; bisweilen auch gerade mal der Wurmfortsatz eines breiteren Weges; schlaglöchrig, kotig und ohne Befestigung oder irgendwann doch gepflastert, dann mit holprigen steinernen Katzenköpfen; muffig und schmutzig und bedrückend; schwach und geheimnisvoll beleuchtet in der Nacht, in ein verwunschenes Abseits oder gar in einen dunklen, unbekannten Hof führend. Und doch das alles auf eine eigentümliche Art gemütlich – heimelig? Warum nicht?

Auf einem Fürther Stadtplan von 1819 wimmelt es nur so von ihnen: Rosen-, Schrot-, Heiligen-, Fischer-, Neue-, Alexander-, Sternbecken-, Vordere und Hintere Wasser-, Markgräfische-, Schinder- oder Schlehengasse heißen sie. Eine andere war wohl noch unscheinbarer als bedeutungslos und hieß nur Helmplatten-*gässlein*; zur Königstraße führte bis zum Abriss des alten Gänsbergs von der längst planierten Bergstraße eine Art Schleichweg durch düsteres Terrain und wurde trotzdem von den Fürthern liebevoll Perlmuttergässchen genannt. Die heutige Gustavstraße, bevor sie für lange Zeit verkehrstosende Bundesstraße wurde und dann kneipenbeunruhigte Vergnügungsmeile, war einst die Bauerngasse: ein paar dörfliche hundert Meter inmitten der Stadt, nicht nur dem Namen nach.

Die Gasse hatte eine ganz andere Funktion als die ungleich größere, bedeutendere Straße, die von weit her übers Land kam, in die Mitte der Stadt führte und ebenso schnurstracks wieder hinaus;

wo sich Geschäfte und Herbergen ansiedelten, wo man flanierte und hastete, wo eine strikte Ordnung herrschte und überwachend hergestellt wurde, wo man flüchten und entdeckt werden konnte.

Die Gasse dagegen blieb in ihrem begrenzten Areal, strebte nicht über Grenzen hinaus, wand sich vielmehr nicht selten um sich selbst. Und war doch unberechenbarer als die gerade, glatte Straße. In der Gasse spielte sich Leben ab, sie war ein unkontrollierter, ausschweifender, niemandsländischer Ort irgendwo zwischen Zuhause und Öffentlichkeit. Man ging ja auch »auf« die Gasse, hinaus also auf den Präsentierteller: Hier blieb nichts verborgen, alles war den neugierigen Blicken und offenen Ohren preisgegeben. Die Gasse war ein großes (Wohn-)Zimmer für die Anwohner, die in ihren oft düsteren und winzigen Wohnungen nie über ausreichend Raum und Luft verfügten. Und selber so schmal war die Gasse manchmal, dass man sich über sie hinweg von der einen Behausung zur gegenüberliegenden die Hand reichen konnte. Oder streiten, dass es keinem verborgen blieb.

Hätte es woanders den Gassenjungen geben können, der nur im Schutz des Labyrinths aus Höfen und verwirrenden Abzweigungen den Mut zu seinem Unwesen und Schabernack fand? Der Gassenhauer, ehedem ein stegreifkomponiertes und getextetes Spottlied, lebte auch am Gänsberg von der Intimität des Gebietes, wo jeder jeden kannte und sich jeder über jeden das Maul zerriss. Die Gassenschänke erreichte man in Hausschlappen, hieß sie nun *Kaltes Loch*, *Letzter Heller* oder *Goldene Hacke*. Das kleine Schiebefensterchen zum Hausgang, durch das man das Bier im mitgebrachten Krug zurückgereicht bekam, gab von außen den Blick frei hinein in die Wirtschaft, die auch nichts anderes war als ein Wohnzimmer. Und was wäre denn der Hansdampf, der stets ungebeten überall auftauchte, ohne die kurzen Wege all der Gassen gewesen?

Als man da, wo der Gänsberg einst war, wieder neu baute, versuchte man in etwa die alte Topografie des Geländes zu bewahren, mit dem Löwenplatz in der Mitte und den von der Königstraße ausgehenden – ja: tatsächlich Gassen. Man ließ ihnen nostalgisch gesinnt und vielleicht auch wegen eines leicht schlechten Gewissens die alten Namen. Und so führen heute noch tatsächlich Geleitsgasse oder Markgrafengasse durch die moderne Architektur. Aber ihr Aussehen hat mit ihren Vorgängern nichts mehr gemein: Sie sind viel zu breit für eine echte Gasse, sind unbefahren und lärmabweisend, werden jäh und unerwartet zu Plätzen, gar zu Grünflächen, wo früher doch nur das Grau vorherrschte, haben den geleckten Charme von leergefegten Fußgängerzonen, in die kein Leben und Treiben aus den Häusern ringsum mehr schwappt. Und tatsächlich sitzt da niemand mehr, streitet und versteckt sich keiner, spielen Kinder nur auf gekennzeichneten und eingezäunten Plätzen.

So trifft man nur mehr in den Vororten, in Burgfarrnbach, Poppenreuth oder Stadeln, auf wirkliche Gassen, die immer noch Hirten oder gar dem Schnee gewidmet sind; in der Innenstadt dagegen haben sich neben dem Namen allein die Pfarrgasse und die Schindelgasse den Charme erhalten dürfen, der zu ihrer alten Ortsbezeichnung passt. Und ein Unikum bleibt die Waagstraße, die so hartnäckig und gar nicht katasterkonform Waaggasse genannt wird wie der Marktplatz weiter unten unbeirrt Grüner Markt.

Ach ja: Die Hunde, von denen es in der Fürther Altstadt bekanntlich mehr als genug gibt, werden morgens und abends übrigens immer noch »Gassi« geführt. Klingt halt bei aller Veränderung doch irgendwie vertrauter, als wenn man sagen würde: »Ich geh noch mal schnell mit Waldi Straßi ...«

# Gaststätte Gaulstall

Der *Gaulstall* in der vorzüglich glanzlosen Blumenstraße war eines der letzten Altstadtgasthäuser, in denen es noch so aussah und zuging wie vor hundert Jahren. Irgendwie urgemütlich und irgendwie furchtbar miefig: eine gefährlich heimelige Atmosphäre zwischen einer die Luft zum Atmen nehmenden Vertrautheit und oft lauernder, nicht zu unterschätzender, schneidender Ablehnung. Ein Dorfwirtshaus mitten in der Stadt. Am Nachmittag saßen die vergessenen Stammgäste vor großen Biergläsern in fränkischer Ordnung herum – an jedem Tisch immer einer nur. Sie grüßten sich wortlos mit einem Nicken, dem Klopfen auf den Resopaltisch und respektierten wie kontrakt-besiegelt gegenseitig ihre stundenlangen, stummen Abwesenheiten von Zeit und Sinn.

Aus der Musikbox schepperte uralte Neue Deutsche Welle. War vielleicht Februar, dann klebten die Luftschlangen an den tief hängenden Rustikallampen und verbreiteten mühselig eine abgestandene, traurige Heiterkeit: »Kappenabend!« stand wie zum Antreten schroff befehlend mit Ausrufezeichen auf kleinen, selbst gemalten Plakaten, festgemacht mit Reißnägeln an den Wänden. Man stelle sich dann die angestrengt bunt dekorierte Gesellschaft schweigender Menschen, die sich wohl nachlässig farbige Spuren fremden Frohsinns in die stoischen Gesichter gezeichnet hat, nur einmal vor …

Die Louis' war die Wirtin und zapfte dann noch ein Bier. Das dauerte. Ein Schnaps nebenher. Das ging schnell. Und wenn dieser eine Gast, der da hinten stumm in der Ecke saß, endlich ging, blickte sie ihm kaum wohlwollend hinterher. Das war ein Fremder, so etwas sah man hier nicht allzu gern.

Die Louis', die den *Gaulstall* Jahrzehnte resolut und mit einem unvergleichlichen und sehr gewöhnungsbedürftigen Altstadtcharme führte, machte nie viel Aufhebens um die Besonderheit ihrer Wirtschaft und um das Haus, in dem sie sich befand. Sprach man sie darauf an, bekam man ein knappes »Was willst' denn scho widder wiss'n?« zu hören, wie überhaupt meist nur eine fragmentarische

Antwort, die gerade mal aus zwei, drei Fakten bestand und einer zufriedenstellenden Auskunft nicht sehr nahe kam. Tiefer ließ die Louis' keinen blicken – und gar einen Blick in Haus und Hinterhof werfen schon gleich gar nicht. Da sei das »Quecksilber« drin, herrschte sie scharf. Das hatte ihr irgendjemand mal eingeredet, und nun durfte niemand mehr an der Stichhaltigkeit dieses Warnhinweises zweifeln.

Aber dann erzählte sie wieder von den Freunden, die so einfach und ohne eine Warnung gestorben waren in den letzten paar Monaten. Ob man die noch gekannt habe? Sie machte den *Gaulstall* (warum hieß die Wirtschaft, in deren Hof hinten kein einzelnes Pferd Platz gehabt hätte, sich auch nur umzudrehen, eigentlich so?) bald nur noch zu »Bedarfszeiten« auf, kam niemand mehr, sperrte sie einfach zu. Das passierte immer öfter. Dann sah man auch von außen, dass der *Gaulstall* irgendwie längst ein aus der Mode gekommenes und aus dieser Gegenwart und Welt gefallenes Lokal war: Mitten am Tag waren die Fensterläden verrammelt.

Saß man aber zu den von der Louis' gnädig gewährten spärlichen Öffnungszeiten in der Gaststube, dann konnte man manchmal durch die Scheibengardinen draußen auf der Straße Besuchergruppen beobachten, die vor dem Anwesen haltmachten: Die Fremden verrenkten ihre Köpfe und blickten stumm aufs Haus. Was gab es da zu sehen? Nur dreckig blinde Scheiben im ersten und zweiten Stockwerk, unbewohnte Wohnungen – an der Fassade kein Hinweis auf irgendwas.

»Die Familie Ratgeber wohnte im ersten Stock eines Hauses, in dessen Erdgeschoß sich eine Wirtschaft befand. Jede Nacht drang großes Lärmen herauf, in jeder Sonntagsnacht kam es zu einer Schlägerei, und ein Gestochener brüllte alle schlafenden Bewohner wach. Schlimmer war aber für Engelhart das allwöchentliche Schweineschlachten. Das Todesgeschrei schnitt ihm furchtbar durch die Brust, seine Phantasie war damit belastet, sein Denken wurde verdunkelt, und wenn das Tier unter dem letzten Messerstich ersterbend wimmerte, schlich Engelhart totenbleich in die Kleiderkammer, riß eine Schranktür auf und steckte den Kopf zwischen die hängenden Gewänder, um nichts zu hören. Es war ein Glück, daß seine Eltern, kurz nachdem er fünf Jahre alt geworden war, in die nahe gelegene Theatergasse verzogen …«

Die Louis' kannte dieses Zitat gut, sie wusste auch, dass sich im Hinterhof noch immer diese ominösen Haken an der Wand befanden, an die man früher eben jene erwähnten Schweine zum Ausbluten hängte, von denen der Autor der dunklen und trüben Kindheitserinnerungen schrieb: Jakob Wassermann, Fürths Vorzeigeliterat, nach dem gar ein anerkannter Literaturpreis benannt ist, der wuchs hier auf und erlebte hier erste Jahre, deren negative, finstere Prägung er nie vergessen sollte.

Die Wohnung über dem *Gaulstall* war von 1873 bis 1878 weniger Heimat für das Kind als ein Ort der Angst und der Verunsicherung, die Gegend rund um die Theaterstraße war ihm verhasst: »… viel Werktätigkeit und Hastigkeit war in allen Straßen der Nähe, und spielende, schlecht gekleidete Kinder schrien und lärmten in allen Höfen.« Er wird sich einmal sogar an eine »Sphäre dämonischen Kleinbürgertums« erinnern.

Doch trotz dieser konsequenten, nichts beschönigenden Aburteilungen: Das Haus, an dessen Wand der gold-verblasste Schriftzug *Gaulstall* prangt, bleibt die authentischste Stätte in Fürth, die noch an den »großen Sohn«, wie man in solchen Fällen wohl gerne sagt (auch wenn er ein eher undankbarer war), denken lassen kann. Das Geburtshaus in der Alexanderstraße ist längst abgerissen: Dort klebt nur ein gut übersehbares Gedenkschild auf schmutziger Sandsteinplatte, viel zu weit oben, als dass man es registrieren könnte; begraben ist Wassermann zudem auch nicht auf dem jüdischen Friedhof seiner Heimatstadt, sondern in seiner – wie er selbst sagte – wirklichen späteren Heimat, im österreichischen Altaussee, wo er seine letzten Lebensjahre verbrachte.

Doch dann war eines Tages der *Gaulstall* wirklich geschlossen geblieben. Tage-, bald wochenlang wurden die Fensterläden nicht mehr geöffnet. Man hörte: Von gestern auf heute war die Louis' gestorben. Ohne zuvor viel Wind um ihre Gesundheit oder gar Krankheit gemacht zu haben. Wie es eben so ihre Art war, wenn es um sie selber ging. Manchmal stand noch ein Stammgast verloren vor der verriegelten Tür, zog ziellos wieder ab. Und die Erikapflanzen auf den Fensterbrettern goss keiner mehr; Friedhofsblumen, sagt man wohl. Die Louis' war tot, und da konnte sie nicht mehr zapfen und belfern, niemandem mehr erzählen, von dem Quecksilber und den Metzgerhaken im Hinterhof, vom berühmt gewordenen

Kind Jakob, das vor über einem Jahrhundert durch den Hausgang geschlichen war und doch nichts als den Weg ins Freie suchte.

Gut, wirklich erzählt hat die Louis' ja nun nie so richtig. Aber ein wenig fühlte sie sich schon wie die Museumswärterin einer in den bröckelnden Mauern festgesetzten Vergangenheit. Und bei ihr konnte man bei einem Bier auf den Holzbänken einen Augenblick hocken (in Gedanken »aus-rasten«, wie man das in Wassermanns steirischem Exil nennt, wenn man ganz bewusst nichts Nützliches tut), einen der autobiografisch durchsetzten Romane des Autors vor sich, und man tauchte ein in die vergangene Atmosphäre, hatte alles so nah vor Augen, als wäre nie Zeit verstrichen.

Und wenn man heute um die Ecke in die Theaterstraße geht, ins Haus Nummer 17, dann fragt man sich, wo da eigentlich eine »Verbesserung« in der Wohnsituation stattgefunden haben, was das für ein »Glück« gewesen sein soll, das die Familie empfunden hat, als sie vom *Gaulstall* damals dorthin zog. Auch dies – heute noch – ein dunkler Mietsbau mit steilem, stets schlecht riechendem Stiegenhaus, ein enger Hof mit Schuppen und einer Tür zum separaten Klo. Im ersten Stock die dünne Pressholzwand der ehemaligen Wassermann-Wohnung mit gardinenverhangenen Fenstern zum Gang, durch die wohl jede Stimme und jeder Streit drang und im ganzen Haus zu hören war – ein »schwerflüssiger Ort« auch hier in der ungeliebten Geburtsstadt, der damals dem ungeliebten jüdischen Kind Jakob wohl gerade noch Platz für Träume ließ; und selbst die waren dann nicht selten beängstigend …

(Das Haus in der Blumenstraße ist mittlerweile restauriert, an der Fassade ist eine Gedenktafel für Jakob Wassermann angebracht; der *Gaulstall* aber existiert nur mehr als Schriftzug über der ehemaligen Wirtschaft, die nun keine mehr ist.)

# Geschäfte

In seinem Roman *Eine Straße in Franken* beschreibt der in Erlangen lebende Autor Marius Prévot seine Kinder- und Jugendzeit in einer kleinen und sehr überschaubaren Welt, die man unschwer als ein Stückchen Hirschenstraße wiedererkennen kann. Dieses ohnehin lesenswerte Buch – eine fein gesponnene literarische Rückreise zu den Erlebnissen, Gefühlen, Gerüchen, zu der Atmosphäre, den Menschen und Häusern, Zimmern und Hinterhöfen eines Stadtviertels – ist vor allem aus einem Grund interessant: Prévot erzählt leidenschaftlich und liebevoll von der untergegangenen Welt der kleinen Läden und Geschäfte, der Handwerksbetriebe und Kontore, die es mitten in Fürth vor und auch noch lange Zeit nach dem Krieg gab, und die so typisch waren für ein kleinstädtisches Flair.

Damals (das Buch spielt unmittelbar nach 1945) machte man sich noch keine Gedanken, ob man in einer »Einkaufsstadt« wohnte, man sprach nicht über Kaufkraft oder Standortanalyse, man schielte nicht nach exklusiven Auslagen, und potente Investoren verirrten sich sowieso nicht hierher. Und trotzdem stimmte die Struktur, wie man heute sagen würde: Alles war von der Wohnung aus und »auf einen Sprung« problemlos erreichbar. Bäcker, Metzger und Friseur lagen um die Ecke, ein Lebensmittelladen nicht weit weg, eine Werkstatt (wofür auch immer) gleich nebenan, das Wannenbad ein paar Meter entfernt, Schrauben gab es beim »Eisen-*Dingsda*«. Und dazwischen immer wieder Läden, die Dinge des Alltags anboten, von denen man nie wirklich wusste, ob man sie auch braucht.

An die Hutmacherin zum Beispiel erinnert sich Prévot, an den Buchhändler, der mehr Geduld als Geschäftssinn hatte, oder an einen, den besonders die Kinder in ihr Herz geschlossen hatten: den »Inhaber eines Spielwarengeschäftes gegenüber der Sparkasse, eines großen Eckladens an der Straßenkreuzung mit angegliederter Kinderwagenabteilung, die mit der Zeit noch einige zusätzliche Schaufenster entlang unserer Straße beanspruchte; über dem von einer Eisensäule abgestützten Vordach (hinter dem

sich zurückgesetzt der im Dunkel liegende Eingang befand) der von weitem sichtbare Schriftzug KORB WELLER, er direkt darunter in bekannter Pose, Ausschau haltend nach Kunden, dabei rasch auflösenden Rauch in den trägen Nachmittag blasend, an dem niemand etwas kaufen wollte … und man sich geehrt fühlen konnte, wenn er einen grüßte, dabei mit Zeige- und Mittelfinger kurz den Rand seines Hutes antippend, indes sich der Stumpen in seinem zahnlosen Mund (wie es schien) kurz hin- und herbewegte.«

Zu diesen Läden, oft verwinkelt und mit Hinterzimmern, die, nur über Stufen erreichbar, privat und gemütlich wie Wohnräume eingerichtet waren, gehörten Typen wie eben der Herr Weller, der Herr Meyer, der Herr Walter, der Herr Schöll. Man kannte auch den Wirt von der Eckkneipe ebenso seit Jahrzehnten und mit Namen wie den Friseur, vor dessen Geschäft der silberne Teller im Wind schaukelte. Man vermisste die Näherin, die gestern ihre Stube mit dem einen dürftig dekorierten Schaufenster dicht machte, und begrüßte freudig die Nachfolgerin, die sich schon heute mit einem Zigarettenladen an gleicher Stelle neu einrichtete. Und diese persönliche Bindung, neben der Vielfalt, dem selbstverständlichen Miteinander der unterschiedlichsten Waren und Dienstleistungen, machte das Lebens- und Liebenswerte (wohl auch in Zeiten, die es noch an Leichtigkeit gehörig fehlen ließen) einer kleinen Stadt aus, die sich nicht aufmanteln wollte zu einem marktanalytisch perfekt durchdachten Einkaufsparadies. Sie war perfekt und nützlich zugleich. Und fast aus reinem Zufall.

Man liest Prévot mit Genuss und denkt an die alten Ladenfassaden, »betont durch vorgebaute, mit feinem Zierat versehene Reliefs aus Holz, mit Ölfarbe gestrichen«, während in der Öffentlichkeit unendlich und unermüdlich über City-Center und Innenstadtumbau, leere Läden und beschämendes Angebot gestritten und berichtet wird. Dabei geht es gar nicht um den nostalgisch verklärten Blick in eine auch nur bedingt gute alte Zeit; aber man sucht Spuren und macht sich seine Gedanken darüber, warum das alles verschwunden ist. Und man geht durch die unzerstörte alte Stadt und findet sie immer noch, die Gerippe der aufgelassenen Läden: An manchen Fassaden liest man noch Schriften, hinter manchen verhangenen Scheiben vermutet man Restbestände, irgendwo steht auch noch ein in die Jahre gekommener Besitzer herum, rein aus Gewohnheit, und wartet auf Kundschaft, der er längst nichts mehr zu bieten hat.

Man nehme sich nur einmal ein altes Adressbuch vor. Hier liegt eines von 1931, und wir wollen unseren Spaziergang durch die unergründliche Konsumwelt im alten Fürth irgendwo beginnen. Nicht direkt im Zentrum, wo sich die Geschäfte sowieso aneinanderreihten (mit einer Auswahl, von der man dort heute nur träumen kann ...), lieber ein wenig abseits, wo man wohnte und lebte, schnell mal was besorgen musste – sagen wir: in der Blumenstraße. Die Hausnummern, Inhabernamen und die Straßenseiten tun hier nichts zur Sache, es wird nur aufgezählt, es werden nacheinander die Branchen bestaunt, wie sie in dem dicken Wälzer auf vergilbtem Papier dokumentiert sind.

Von der Schwabacher Straße aus bis hinunter zum alten jüdischen Friedhof gab es: Lichtspielhaus, Installations- und Radiogeschäft, Konfitürengeschäft, Fisch- und Feinkosthandlung, Musikalienhandlung, Gold-, Silber- und Altertümerverkauf, Hosenträgerfabrik, Lebensmittelgroßhandlung, Stickereigeschäft, Kurz- und Wollwarengroßhandlung und Versandhaus, Milchhändler, Staatsbank, Uhren- und Goldwaren, Schuhwarenhandlung, Buchdruckerei, Molkereiprodukte, Papierhandlung, Fabrik pharmazeutischer Spezialitäten, Brillenfabrik, Eisengießer, Molkereiproduktenhandlung, Öle- und Fetthandlung, Fahrradhandlung und Reparaturwerkstätte, Spiegelmanufaktur, Lederzurichter, Wirtschaft, Kanzlei, Kunstglaserei, Gastwirtschaft, Bäckerei, Schuhmacher, Metzgerei, Holzausschneider, Wirtschaft, fürs Seelenheil: Methodistenkirche und Israelitische Kultusgemeinde, Konfitürengeschäft, Kolonialwarenhandel, Weiß- und Schnittwarengeschäft, Schreinerei, Spiegelrahmenschreinerei, Musikinstitut, Dekor-Malergeschäft, Vertretung und Fabrikation von Christbaumschmuck, Handel mit Wäsche und Berufskleidung, Drechsler, Friseur, Metzgerei, Fabrikation von Spiel- und Metallwaren ...

Gehen wir zurück und in die Theaterstraße, von der Nummer 1 bis zur Nummer 58: Huf- und Wagenschmiedgeschäft, Kolonialwarenhandlung, Kurz- und Schnittwarenhandlung, Tanzlehrinstitut und Saalrestauration *Weißengarten*, Glasgroßhändler, Arbeitsamt und Sterbekasse, Rind- und Schweinemetzgerei, Lebensmittelgeschäft, Schlosser, Barbiergeschäft, Obsthandlung,

Spezereihandlung, Kohlenhändler, Totenschmuckgeschäft, Sackgroßhändler, Wohlfahrtsamt, Metzgereigeschäft, Bäckerei, Lebensmittelgroßhandlung, Färber, Gemischtwarenladen, Verkauf von Molkereiprodukten und Obst, Schirmfabrik mit Laden, Handel mit Baumaterialien, Kupferschmiedegeschäft, Konditorei, Jagd- und Hundedresseur, Zuschneider, Holz- und Kohlenhändler, Elektriker, Landesproduktenhandel, Schuhmacher, Spiegelfabrik, Spezereihandlung, Bäcker, Delikatessengeschäft, Schutzbrillenfabrik …

Bleiben wir in dem Areal, das man gut zu Fuß durchmessen kann, wo jede Querstraße noch zur Nachbarschaft gehört. Die Mathildenstraße: Bankgeschäft, Damenfriseur, Anstreicher, Schneider, Handel mit Tabakwaren, Wirtschaft, Zigarrenhandlung en gros, Herrenschneider, Drogerie, Vergolderei, Handel mit Möbelbeschlägen, Arzt, Friseur, Möbelschreinerei, Apotheke, Holz- und Kohlenhandlung, Metzgerei, Bäckerei, Milchhandel, Kaffeesurrogat-Fabrik, Dentist, Tapeziergeschäft …

Und noch ein Abstecher in die Hirschenstraße, wo ja unsere ganze Geschichte begann? Lebensmittelgeschäft, Seifengeschäft, Spiegelfabrik, Tabakwarenladen, Medizinaldrogerie, Arzt, Wirtschaft, Landesproduktenhandel, Metzgerei, Maler und Tüncher, Kolonialwarengeschäft, Wirtschaft, Möbelfabrik, Lebensmittelgeschäft, Zigarrengeschäft, Ledergeschäft, Kleinhandel und Schuhwaren, Sparkasse, Ausstellungslokal des Kunstvereins, Holzwarenfabrikation, Zahnarzt, Volksbad, Konfitürengeschäft, Schreibwarengeschäft, Blechspielwarengeschäft, Schokolade- und Zuckerwarengeschäft, Käsehändler, Lebensmittelhandlung …

Eine gesunde, gewachsene Infrastruktur würde man das heute nennen. Und man würde Kopfstände machen, um auch nur annähernd eine derartig bunte Angebots-, Waren- und Dienstleistungsmischung zu bekommen. Vor ein paar Jahrzehnten noch aber war das ganz einfach nur normal und beruhigend selbstverständlich.

# Grüner Baum

Wir schreiben das Jahr 1604. Fürth hatte eine noch recht überschaubare Größe – aber bereits 35 Bier- und Weinwirte und neun Bierbrauereien. Man machte sich einen holprigen Reim darauf: »Es hatte damals zu Fürth / fünf und dreißig Wein- und Bierwirt / - - - - und neun Bierbräu, / die alle treiben ihre Hantierung frei.«

Zu singen war dieses Gstanzl so richtig einwandfrei wahrscheinlich erst zu vorgerückter und hopfengetrübter Stunde. Da saßen sie dann, die alten Fürther, von denen es weiland in dem »Flecken« am Zusammenfluss von Pegnitz und Rednitz erst so ungefähr 3000 gab, und tranken ihr »rotes« oder auch »weißes« Bier. Manch einer sprach womöglich gar dem guten Tropfen »Hardhöhe Südhang« zu, denn tatsächlich wurde an manchen hügeligen Stellen noch Wein angebaut im 17. Jahrhundert; im Eigenen Heim zeugt heute noch die Weinbergstraße davon. Es war freilich ein saurer Tropfen, wie enttäuschte Genießer überliefert haben.

Also bleiben wir beim Bier, das zu den Hauptnahrungsmitteln der Fürther gehörte. Der Chronist erzählt, dass sich besonders das »weiße« Bier großer Beliebtheit erfreute, sein Konsum jedoch so überhandnahm, »daß die Fürther Gebietsherren, der Markgraf von Ansbach, wie auch der Nürnberger Rat, in zahlreichen Verordnungen sich gegen das Brauen von Weißbier wandten, indem dadurch nicht allein das liebe Getreide sehr schädlich mißbraucht und überflüssig verderbet, sondern auch ein Vorrat an Holz in großen Aufschlag gebracht würde, auch viele Untertanen darüber in Abwesen kämen.« Was immer das auch geheißen haben mag, den Fürthern wurde auf jeden Fall anempfohlen, beim »roten« Bier zu bleiben, »damit sowohl dem Reichen wie dem Armen sein Pfennig mit gutem, gerechtem Getränk verglichen würde.« Gerechtes Getränk hin oder her: Die Fürther Trinker ließen sich natürlich nicht vorschreiben, welche Farbe ihnen in den Krug kam.

Hauptsache, das Bier hatte Kraft, süßen Geschmack und einen »öligen Fluss«. Und so wurde es ausgeschenkt in Wirtschaften, deren Namen heute noch einen Klang, mancher sogar noch Bestand hat: *Rotes Rößlein*, *Blauer Schlüssel*, *Grüner Kranz*, *Goldner Schwan*, *Zum Storchen*, *Zum Hirschen*, *Zur Goldnen Krone*, *Zum Weißen Engel*, *Zum Wilden Mann*, *Zum Lamb*, *Zu den drei Rosen*, *Zum Goldnen Herz* – oder auch: *Grüner Baum*.

Der gehört zu den bekanntesten bestehenden Fürther Gasthäusern und ist annähernd 400 Jahre alt. Eng verknüpft mit der Historie des stattlichen Hauses in der Gustavstraße ist der Dreißigjährige Krieg – und kaum eine Stadtführung, die nicht hier Halt macht, um den staunenden Fremden die eingebürgerte Legende vom König Gustav Adolf zu erzählen, der hier »gewohnt« haben soll und nach dem im Verlauf der Zeit sogar die ehemalige Bauerngasse benannt wurde. Aber der Reihe nach:

Zum 300-jährigen Bestehen des *Grünen Baums* erschien im Jahr 1932 eine historische Würdigung von einem gewissen J. K. Hohenberger, in der es hieß: »Die Durchmärsche und Einquartierungen des Dreißigjährigen Krieges brachten der Fürther Einwohnerschaft unsagbare Drangsale. Nicht zum wenigsten den Wirtschaften, die stets die Hauptlasten bei Einquartierungen zu tragen hatten. So lagen 1622 beim *Roten-Rößlein*-Wirt Arnold Hanemann allein 300 Reiter im Quartiere, die Fenster, Öfen und Einrichtungsgegenstände zerschlugen, Kisten und Keller öffneten und den Wirt schließlich aus dem eigenen Hause verjagten.«

Während sich an der Alten Veste die Soldaten von Gustav Adolf und von Wallenstein darauf vorbereiteten, in den nächsten drei Monaten die Köpfe für die Interessen ihrer Landesherren hinzuhalten und sich einzuschlagen, suchte der Schwedenkönig ein kommodes Plätzchen, wo er sein wiederum kostbares, heiles Haupt betten konnte, bis man sein Feldlager irgendwo bei Zirndorf ordentlich hergerichtet hatte. Dass er im *Grünen Baum* logierte, wie das jedem Fremden stolz erzählt wird, ist dabei aber keineswegs hundertprozentig gesichert.

Die Chronisten beziehen sich seit alters her auf zwei urkundliche Berichte. Aus denen geht allerdings nur einwandfrei hervor, was der Herr König zu speisen wünschte (»gefliegel sampt den Pasteten«), und dass alles »in den Pfarrhof nacher Fürth« zu schaffen sei, damit die ganze Kriegskommando-Bagage »solches nach ihrer Gelegenheit daselbsten verzehren« möge.

Dass das Büffet »in den Pfarrhof« verbracht wurde, »läßt darauf schließen«, so der Chronist Hohenberger, »daß Gustav Adolf dort wohnte oder in einem benachbarten Hause. Wäre Gustav Adolf im Pfarrhause abgestiegen und dort verpflegt worden, dann hätten die Aufwendungen des Pfarrers […] für den König und sein Gefolge zweifellos mehr als 9 Gulden betragen (der Betrag geht aus einem anderen Dokument hervor, Anm. BN), um deren Rückersetzung er 4 Wochen später gebeten hat.«

Nun folgt festgeschrieben die Vermutung, die diesen Ort mitten in der Fürther Altstadt zu einer kleinen Touristenattraktion macht: »Was liegt nun näher als anzunehmen, daß der König mit seinem Gefolge im benachbarten *Gasthof zum Grünen Baum* untergebracht war?« Und darauf stützt sich nicht zuletzt auch der Text der Gedenktafel …

Ob's näher oder ferner liegt: Jeder Wirt wäre ein schlechter, wenn er sich derartige Legenden, deren absolute Richtigkeit niemand mehr beweisen oder anzweifeln kann, nicht zunutze machte. Der *Grüne Baum* auf jeden Fall ist ein wahres kleines Museum der Ereignisse im 17. Jahrhundert: allerdings erst seit 1932. Damals ließ der Hauseigentümer, die Grüner Brauerei, den Hauseingang, das sogenannte »Gustav-Adolf-Zimmer« und den Saal durch den wohl nicht ganz zu Unrecht vergessenen »Kunstmaler K. Hemmerlein« mit Fresko-Gemälden in naiv-kitschigem Stil schmücken, die Szenen aus dem Dreißigjährigen Krieg beinhalten.

Dabei bräuchte eines der größten und schönsten Fürther Wirtshäuser diese Erinnerungen an mörderische Schlachten und kraftstrotzende Kriegsherren eigentlich gar nicht. Denn der *Grüne Baum* hat von sich aus eine ganz eigene und stolze Historie vorzuweisen. Über 150 Jahre war er im Besitz der Wirtsfamilie Löhe (auch Leh oder Löh) – aus ihr stammt auch der bekannte Pfarrer – und ging dann über auf verschiedene Pächter, bis ihn 1887 die Grüner Brauerei erwarb. Immer wieder wurde das Haus an der Ecke von (ehemaliger) Bauerngasse und Fischerberg umgebaut, erweitert, renoviert. Im 19. Jahrhundert kam im zweiten Stock eines Neubaus ein »Tanzsaal« dazu, Wohnungen wurden angebaut, im Hinterhof eine Remise und Stallungen errichtet, aus einer Bierhalle wurden auf einmal Unterkünfte, Säle wurden vergrößert, Ventilatoren, Pissoirs und Beleuchtung stets auf den neuesten Stand gebracht.

Eine wichtige Funktion für das Handwerk hatte der *Grüne Baum* seit der Mitte des 19. Jahrhunderts. Am 16. Juli 1847 nämlich zogen »sämtliche Meister und Gesellen des ›Buchbinderhandwerks‹ in feierlichem Zuge und unter Musikbegleitung in ihre neue Zunftherberge zum *Grünen Baum*. Vorher waren sie im *Gasthaus zur Weißen Lilie*. Im *Grünen Baum* angekommen, brachten sie ihr Zunftschild an und überreichten dem Gastwirt Johann Leonhard Löhe ein prächtiges Punschservice als Geschenk.« Drei Jahre später zog auch die Schreinerzunft vom *Goldenen Schwan* ein paar Häuser weiter: wieder Musikkapellen an der Spitze; die Meister mit Zunftzeichen und »dem Zeichen ihrer Würde, dem Maßstab«, in der Hand machten derartige Ereignisse zu üppigen Festen, an denen die gesamte Öffentlichkeit teilnehmen konnte. Schließlich kamen auch noch die Goldschläger und die Büttner: Der *Grüne Baum* war fortan eine stark frequentierte Zunftherberge, in der regelmäßig Handwerksburschen auf der Walz ihr Quartier bezogen. So blieb es, und erst die letzten Jahrzehnte brachten Veränderungen, die gelegentlich auch für Verwirrung sorgten.

Es soll ortsunkundige Menschen geben, die immer noch nach der »Kartoffel« fragen, wenn sie den *Grünen Baum* meinen; diese Zeiten, als die zu Recht legendäre Wirtin Heidi Sänger hier residierte und (nachhaltig – für manche zu heftig) zur Attraktivitätssteigerung der Gustavstraße beitrug, sind allerdings vorbei. Es handelt sich längst wieder um ein ordentliches, historisches fränkisches Wirtshaus, in dem wie ehedem getrunken, gegessen und gefeiert wird, in der Wirtsstube, im Hof, im Wirtsgarten vor dem Haus und im stilecht grün-weiß renovierten großen Saal.

Dass es aber gar nicht so selbstverständlich ist, ein derartig großes Anwesen mit derartig geschichtlicher Hypothek zu erhalten und ordentlich zu führen, kommt einem immer wieder schlagartig und betrüblich in den Sinn, wenn man am Grünen Markt vor dem einst nicht weniger imposanten *Goldenen Schwan* steht. Dass hier seit Jahren nichts geschieht, ist schlichtweg – wie der Zustand des Hauses selber – eine Schande.

# Grüner Markt

So wirklich grün war es auf dem Grünen Markt eigentlich nie.
Im Gegenteil, für üppigen Naturschmuck hatte man hier
wenig Sinn – und auch gar keinen Platz für ein schattiges Bäumchen
oder eine lauschige Laube. Hier wurde gearbeitet, hier brauste der
Verkehr, hier wimmelte es von Menschen, für die sich Freizeit wie
ein schlechter Witz anhörte. Wer heute über den verkehrsberuhigten
Altstadtplatz geht, bekommt ein völlig falsches Bild von ihm. Seine
Bestimmung war nicht die Muße, sondern das Müssen: vorankom-
men, handeln, Geschäfte abschließen. Hektik, Verkäufergeschrei,
und abends lag der Platz dunkel und entvölkert da, keineswegs hell
angestrahlt, romantisch aufgemotzt oder zum Verweilen oder zur
Einkehr einladend.

Man muss schon sehr alte Stiche hervorkramen, um dem Sinn
des Namens auf die Spur zu kommen. Hier ist einer von 1702. Vor
dem Eckhaus Marktplatz-Angerstraße stehen auf dem ungepflas-
terten Platz zahlreiche Bauern herum, die in großen Weidenkörben
ihre Waren feilbieten. Es werden Produkte aus dem nahe liegenden
Knoblauchsland sein, Gemüse, Kartoffeln – grüne Lebensmittel
eben. Die Legende nennt noch den Namen »Hof-Markt« und man
kann sich das Angebot vorstellen, das man heute auch in den Hof-
läden findet. Vor dem Engelwirth, eines von einigen Wirtshäusern
an diesem Ort, wird eine Herde Schweine vorangetrieben, ein paar
Honoratioren stehen und plauschen miteinander. Vielleicht haben
sie Mittagspause und arbeiten am anderen Ende des Platzes im
mächtigen Geleitshaus in der Verwaltung.

Ein Wagen mit Ross und zwei geladenen Bierfässern kreuzt quer
über den Markt, vor dem anderen Amtshaus am Eck zur Gustavstraße steht ein Holzhäuschen, das wie eine öffentliche Bedürfnis-
anlage ausschaut. Die Namen der einzelnen Fachwerkhäuser sind
extra vermerkt, und da wohnten ein Leickam, ein Stauber, da gab es
einen Metzger und »Bermans Juden«, Naglschmidt … Dass der Jude
extra vermerkt ist, mutet ungewöhnlich an, schließlich befand sich
der Marktplatz nur wenige Schritte vom jüdischen Zentrum über die

Königstraße hinweg entfernt, mit Synagoge, Schulen und anderen Einrichtungen.

Grün war der Markt also nur temporär und fleckenweise – immer dann, wenn Markttag war, wurde es bunt in der Altstadt. Von einem Baum oder Gebüsch dagegen keine Spur in der Innenstadt, wo allein mächtige und verwinkelte Fachwerkhäuser das doch einigermaßen harmonische, geschlossene Bild bestimmten. Die unterschiedlichen Produkte für den täglichen Bedarf übrigens waren auch in Fürth an verschiedenen Orten zu finden. Es gab den Holz- und Kohlenmarkt, den Obstmarkt, 1934 lässt sich gar ein Viktualienmarkt in der Mohrenstraße (mit lebenden und schlachtfertigen Tieren) finden. Der eigentliche Fürther Markt war stets der Grüne Markt, auch wenn er offiziell nie so hieß, und bis heute wird bei der Anschrift der Markt sowohl mit als auch ohne »grün« angegeben. Der echte Fürther weiß Bescheid, der Fremde ist verwirrt.

Ein Zeitsprung aus dem 18. Jahrhundert in unseres ist – man wundert sich – dagegen gar nicht so abenteuerlich wie die Namensgebung. So gut wie alle Fachwerkhäuser sind erhalten geblieben, das mittelalterliche Bild hat fast keinen Schaden genommen. Es gibt keine modernen Bausünden. Die renovierten, an den Fassaden meist von roten Holzbalken geprägten Altbauten verfügen über idyllische, vom Platz her fast nicht einsehbare Hinterhöfe. Prächtige barocke Giebel, putzige Erker, mächtige Torbögen, kleine Fenster: die Fürther Altstadt ist hier noch am besten erhalten und bietet ein authentisches Beispiel für die Stadt, wie sie einmal zumindest in dieser Gegend war. Der Rest dieses Viertels gegenüber dem Grünen Markt, der alte Gänsberg, wurde ja in einer Tabula-rasa-Renovierung komplett abgerissen und durch architektonisch zweifelhafte Häuserzeilen ersetzt, die mehr an eine langweilige Vorstadt und weniger an ein harmonisch gewachsenes Quartier erinnern.

Da spielte sich das Leben auf der Gasse und den Plätzen ab, in den Höfen und den zahlreichen Wirtschaften, da lebte man eng auf eng, es gab lautstarke Streitigkeiten und alltägliche Existenzsorgen der Arbeiter und Handwerker, die hier jahrhundertelang siedelten.

Heute ist der Grüne Markt schön. Punkt. Man kann und darf es nicht anders sagen. Es donnern längst keine Busse und Lastwagen und massenhaft Pkw mehr über das Kopfsteinpflaster und sorgen für Lärm, Gestank und Gefahr. Dort, wo früher der berühmte »Goldene

Schwan« residierte, hatte auch eine der größten Fürther Speditionen ihren Standort: durch den Torbogen fuhren einst mächtige Fuhrwerke ins Depot, später waren es ellenlange Sattelschlepper, die rückwärts in den schmalen Hof rangiert wurden, was oft so lange dauerte, dass es regelmäßig zu einem gigantischen Stau am Grünen Markt kam. Worunter auch die Pünktlichkeit der Straßenbahn litt, die auf der Königstraße in Richtung Innenstadt bzw. Billinganlage fuhr und hier einen Haltepunkt hatte.

Nichts dergleichen heute mehr. Der Marktplatz ist für den Verkehr gesperrt und ist eine freie Fläche für Flaneure und ihr Vergnügen. Zahlreiche Wirtschaften stellen im Sommer ihre Tische und Stühle auf den Platz, süße Geruchsfahnen wehen von einem Shisha-Café herüber, eine Eisdiele zieht vor allem Mütter mit ihren Kindern an, die oft weniger an der Süßigkeit als an den Spielmöglichkeiten rundherum interessiert sind. Der Gauklerbrunnen hat es ihnen angetan, in dem geplanscht und gelärmt werden kann. Dass hier früher allerdings tatsächlich Gaukler, Artisten, Musikanten und Spielleut zuhauf auftraten, kann bezweifelt werden. Zu unserem romantisierenden Bild von mittelalterlicher Atmosphäre scheint die über den ganzen Platz verteilte Figurengruppe aber zu passen.

Immer wieder wurde versucht, in dem einen oder anderen Haus auch Kunst zu präsentieren. Lange Jahre gab es eine Galerie in der ehemaligen Apotheke, in der Ballettmeister Ernst Tenbrink residierte, dann ein kleines sympathisches Kabuff neben dem Secondhandladen als eine Art Hosentaschenmuseum, schließlich konnten durch die großen Schaufenster des ehemaligen Musikladens – gleich neben dem früheren Amtshaus und heutigen Supermarkt – Werke unterschiedlichster fränkischer Künstler vom Platz aus betrachtet werden. Hier ist nun der ars vivendi verlag mit einem Concept-Store eingezogen und bietet Bücher und Kultur an – auch ein Schritt, den Grünen Markt noch attraktiver zu machen, als er es ohnehin schon ist.

Ruhe findet man hier eigentlich die meiste Zeit des Jahres. Atmosphärisch ist er unschlagbar. An lauen Sommerabenden lärmt man hier nicht, man genießt, speist, trinkt im Freien, unterhält sich. Vielleicht steht mal ein Straßenmusiker vor den Tischen, vielleicht fliegt klappernd ein Storch durch die Luft – und vielleicht ist auch mal richtig Sommer hier. Gemeint ist nicht die Jahreszeit,

die sich hier aushalten lässt, sondern die Dame Sommer. Elke mit Vornamen. Unser Fotograf Andreas Riedel, wahrhaft kein Paparazzo, entdeckte die weltberühmte Schauspielerin eines schönes Abends ungestört heiter in gemütlicher Runde – bis nach Hollywood, zumindest Erlangen hat sich also herumgesprochen, dass am Grünen Markt in Fürth gut sein ist. (Suchbild ohne Gewinngarantie: Wer findet die Diva auf dem Foto?)

Der Platz liegt eben um die Ecke, sodass ihm die Kneipenmeile Gustavstraße nicht ins Gehege kommt. Nur an manchen Tagen, den Grafflmärkten etwa, ist er hoffnungslos verstopft und hat sich keck auch etwas einfallen lassen, um dem großen Nachbarn Nürnberg die Stirn zu bieten. Mögen die dort in riesigem Ausmaß ihre Blaue Nacht feiern und beleuchten, in Fürth geht's eine Nummer kleiner und gemütlicher zu: die Grüne Nacht taucht den Ort in jene Farbe und Stimmung, die ihm im Volksmund den Namen gab. Aus der alten Handelsstraße ist so wieder ein Stück Alt-Fürth geworden, das sich jeglicher Modernisierungswut bewusst und erfolgreich widersetzt. Und dass selbst die Straßenschilder und Bushaltestellen nicht genau wissen, ob das hier nun Marktplatz oder Grüner Markt heißt, macht die ganze Sache noch mal ein Stück sympathischer.

# Gustavstraße

E s vergehe kaum eine Nacht, wetterte aufgebracht Stadtrat M., in der es nicht zu Exzessen und Ausschreitungen komme. Die Bewohner der Gustavstraße und ihrer Umgebung seien nicht nur in ihrer Ruhe gestört, sondern auch in ihrer Sicherheit erheblich bedroht.

In der Fürther Altstadt ist allabendlich der Teufel los. Vor allem in der Gustavstraße kriegen die Anwohner nachts kein Auge mehr zu. Grölende Zecher ziehen bis in die Morgenstunden umher, in den Wirtschaften dudelt laute Musik und auf den Gehsteigen führen sich die Gäste auf, als wären sie auf dem Volksfest. Den anständigen Fürthern sind diese Zustände schon lange ein Dorn im Auge. Sie fordern mehr Engagement seitens des Stadtrats und werfen dem Oberbürgermeister Untätigkeit vor. Eine Verlängerung der Sperrzeiten müsse her. Dagegen aber wehren sich die Wirte, die die Beliebtheit des Vergnügungsviertels und somit ihre Umsätze gefährdet sehen. In Leserbriefen der örtlichen Zeitung streiten Bürger mit unterschiedlichen Interessen munter miteinander.

Nein, die Zu- und Umstände sind nicht zu vergleichen. Mag in diesen Berichten auch manches entfernt an die Diskussion erinnern, die in Fürth unermüdlich über die »Kneipenmeile« geführt wird, so stellte sich die Lage kurz nach dem Zweiten Weltkrieg, von der eingangs die Rede war, doch absolut anders dar. Eines freilich ist unleugbar: Eine ruhige Gegend – das wusste jeder, der dort wohnte oder freiwillig hinzog – war die Fürther Altstadt noch nie. Doch es ist auch sicher: Sie hat schon weitaus heißere Zeiten erlebt als gegenwärtig ...

An allem waren damals nach 1945 die amerikanischen Soldaten schuld, die als Vertreter der beschützenden Besatzungsmacht massenhaft in den Kasernen in und um Fürth wohnten und abends gerne dem Militäralltag entfliehen wollten. Und rund um die Gustavstraße gab es bald eine für die meist sehr jungen Männer höchst attraktive Mischung aus Wirtschaften, Kneipen, Tanzcafés und Bars. Für die zahlungskräftigen GIs wurde die Gegend zum

Anziehungspunkt – sehr zur Freude der Wirte. Und freilich zum Beispiel auch zum Pläsier für Vertreterinnen eines anderen Gewerbes, das vornehmlich horizontal ausgeübt wird. Im Dunstkreis der Amerikaner kamen Prostituierte, Zuhälter. Die Folgen: Bald gab es öffentliche Auseinandersetzungen um Frauen, Liebeslohn oder auch verlorenes Spielgeld. Im alkoholisierten Zustand wurden Streitereien angezettelt, Schlägereien gehörten zur nächtlichen Unordnung.

»Nahkampf mit Bierflaschen« hieß dann zum Beispiel anderntags die übliche Zeitungsmeldung über die Vorkommnisse in der Gustavstraße, der Schindel- oder Fischergasse: Da stürmten schon mal 20 GIs eine Kneipe und mischten das Stammpublikum auf; und nach Mitternacht war noch lange nicht Schluss. Da wurden die Bewohner »erneut aus dem Schlaf gerissen, weil die amerikanischen Soldaten wieder in Gruppen von 20 bis 30 Mann die ganze Gegend unsicher machten. Sie grölten und johlten in einem Maße, dass die Anwohner mit Recht ihrer Empörung in lauten Worten Luft machten. Die Soldaten ließen sich dadurch aber in keiner Weise von ihrem wüsten Treiben abhalten, zumal weder die deutsche Polizei noch die MP gegen den Unfug einschritten. Lediglich einige sinnlos Betrunkene wurden schließlich mit Taxis ›abtransportiert‹, soweit die Fahrzeuge nicht in ›wilden Schlachten‹ von den Soldaten ›besetzt‹ wurden …«

»Wildwestiade« sagte man seinerzeit zunächst noch sarkastisch und etwas hilflos dazu, konnte aber bald schon nicht mehr darüber lachen. Nicht nur Vereine wie »Treu Fürth« oder auch Kirchen etwa wiesen immer wieder darauf hin, dass die mehr und mehr sich öffentlich zeigende Prostitution zum endgültigen Sittenverfall führen würde. Tatsächlich häuften sich damals in der Zeitung Polizeimeldungen über Vergewaltigungen und Unzucht mit Minderjährigen in dieser Gegend alarmierend. Und die Polizei verzeichnete einen Anstieg der Fälle von »Geschlechtskrankheiten, Kuppelei-, Gewerbeunzuchts- und Schwarzhandelsfällen im Zentrum der Gustavstrassen-Gegend«. Eine »Brutstätte der Unmoral«!

Gleichwohl sah der damalige Fürther Polizeidirektor Dr. Kaltenhäuser die ganze Sache nur halb so dramatisch: Die Lage beruhige sich schon irgendwie immer wieder von selber. »Lebhafter Betrieb« in den Bordellbetten »herrsche nur acht Tage nach dem Zahltag oder nach längerer Abwesenheit der Soldaten in Manövern«.

Doch am 6. November 1954 zogen schließlich die Verantwortlichen dann doch die Notbremse. Zwar fand sich im Fürther Stadtrat bis dahin keine Mehrheit für drastische Maßnahmen gegen die »Verrohung« der Fürther Altstadt (vor allem übrigens der Vertreter der KPD, jener schon erwähnte Stadtrat M., machte sich stark für ein hartes Eingreifen – freilich mit eher antiimperialistischen Hintergedanken! –, wohingegen die Vertreter der bürgerlichen Parteien herumdrucksten und wohl vor allem die starke Lobby der Wirte fürchteten), Oberbürgermeister Bornkessel jedoch wagte trotzdem zusammen mit der US-Militärbehörde (nur sie war für die Truppen weisungsberechtigt) den von den Anwohnern lange erwarteten Schritt: Die gesamte Altstadt wurde kurzerhand und rigoros zum »Off limits«-Gebiet für Angehörige der amerikanischen Armee erklärt. Sie durften die Gegend nur mehr mit dem Auto oder der Straßenbahn »durchfahren«, das Aussteigen und der Aufenthalt war ihnen zwischen 17 Uhr und sechs Uhr früh verboten. Darüber wachten nun deutsche und US-Polizisten.

So sehr die Maßnahme, Menschen das Betreten gewisser öffentlicher Orte zu verbieten, auch manche Bürger an Methoden aus der gerade vergangenen Nazi-Zeit erinnerte – sie schien sich zu bewähren. Schon nach dem ersten Wochenende hieß es in den *Fürther Nachrichten*: »Die Gustavstraße selbst bot am ersten Abend und in der ersten Nacht ein völlig ruhiges Bild. Großen Teilen der Bevölkerung fiel tatsächlich ›ein Stein vom Herzen‹, denn es waren nicht nur die lärmenden Soldaten aus dem Straßenbild verschwunden, sondern auch die ›Ami-Mädchen‹ und der lichtscheue Troß der Zuhälter und Schlepper.«

Der Schaden für die betroffenen Gastwirte war freilich unbestreitbar. »Einige, die sich bisher in der Hauptsache auf Ami-Kundschaft eingestellt hatten, waren sogar gezwungen, am Samstagabend frühzeitig ihre Pforten zu schließen. Hier liegt schließlich der Kernpunkt des Streites um das ›Off limits‹-Gebot: Was wiegt schwerer, der geschäftliche Schaden einiger Gastwirte oder das Fortbestehen der ständigen Störung der öffentlichen Sicherheit, Ordnung und Moral in diesem Gebiet?«

Und Gastwirte und Taxifahrer protestierten umgehend. Der örtliche Gaststättenverband warf dem OB vor, er hätte es sich mit der »Lösung des Problems« sehr einfach gemacht. Eine Reihe von

»Vergnügungsbetrieben« sei nun »dem Ruin ausgeliefert«, und überhaupt hätten nicht die Wirte die Pflicht gehabt, für Ruhe und Ordnung »vor« ihren Lokalen zu sorgen. Dies sei Sache der Stadt, vor allem der Polizei, die sich jedoch als unfähig erwiesen hätte. Abgestraft würden nun die Gastwirte, über die man »die Todesstrafe verhängt«.

Grabesruhe in der Gustavstraße auf einmal. In Leserbriefen bedankten sich die anständigen Bürger erleichtert: »Die ganze Stadt freut sich.« – »Daß die Zustände in der Gustavstraße auf Dauer unerträglich waren, muß jedem vernünftigen Menschen klar sein.« – »Stellen Sie sich doch auf Deutsche um! Wenn Sie Ihr Geschäft anständig führen, werden Sie ebenfalls leben können.« – »Hoffentlich findet die großzügige Lösung nicht doch irgendeinen kleinlichen oder engherzigen Stadtrat, der diesen Beschluß zugunsten einiger Wirte wieder zu Fall bringen möchte.« – »Es war höchste Zeit, diesem Unwesen ein Ende zu machen. Dirnen und Zuhälter, schwarze und weiße Soldaten mit Umgangsformen gegenüber der Bevölkerung, die man als skandalös bezeichnen muß – das war alles, was man in der Gustavstraße antreffen konnte. Wenn sich heute unsere Gastwirte so für dieses Treiben einsetzen, so glaube ich sagen zu müssen, daß man das nur als skrupellose Profitgier bezeichnen kann.«

Rückblickend freilich kann man nur froh sein und von Glück sagen, dass das »Off limits« für die amerikanischen Soldaten (das im Lauf der Jahre aufweichte und – genau kann das heute nicht mal mehr das Ordnungsamt sagen – irgendwann ganz verschwand) erst 1954 kam. Wäre es drei Jahre früher schon in Kraft getreten, dann wäre es nie zum Auftritt (und nachfolgend zur steilen Karriere) von Freddy Quinn im *Gelben Löwen* gekommen. Der selbsternannte Seemann und Hillbilly-Rocker war schließlich vor allem wegen des US-Publikums engagiert worden …

# Elie Halévy

In der Mitte des 18. Jahrhunderts – das genaue Jahr, der Tag und der Monat sind nicht bekannt – wurde in Fürth – eine exakte Adresse ist nicht überliefert – Elias Jakob Chalfan Levi geboren.

Ja, so faktenarm kann eine Geschichte beginnen, an deren Ende dann das aus vielen Puzzlestücken zusammengesetzte Porträt eines heute vergessenen Mannes steht, der einmal zu den schillerndsten und eigentümlichsten jüdischen Persönlichkeiten gehörte, die je Fürth verlassen und es in der Fremde zu einigem Ruhm und Ansehen gebracht haben.

Denken kann man sich, dass der kleine Elias etwa 1760 in Fürth in eine Welt geboren wurde, die wegen der zahlreichen Synagogen, Bethäuser und pädagogischen Einrichtungen, koscheren Lebensmittelgeschäfte und Wirtschaften tatsächlich eine Art jüdisches Viertel war, wenngleich es hier, am Rande des Gänsbergs zwischen Löwenplatz und Königstraße, nie ein ausgesprochenes Getto gab wie in vielen anderen deutschen Städten.

Elias wurde eine strenge Erziehung und eine umfassende Einweisung in die Notwendigkeiten und Geheimnisse der Religion zuteil. Einer seiner Lehrer soll der geachtete Rabbi Jossef Steinhardt gewesen sein, der zwischen 1764 und 1766 der großen und bedeutenden jüdischen Gemeinde in Fürth vorstand und hier eine in ganz Europa bekannte und gerühmte Talmud-Hochschule, eine sogenannte Jeschiwah, leitete. Elias erwarb nicht nur eingehende Kenntnisse des traditionellen jüdischen Schrifttums, sondern auch der hebräischen Sprache und ihrer Sprachlehre – was ihm schon bald zugute kommen sollte.

Zwar war das jüdische Fürth mit seinen Hochschulen und den weit über die Grenzen hinaus berühmten und bewunderten Lehrern im 18. Jahrhundert alles andere als tiefste Provinz, einen wissbegierigen jungen Mann, wie Elias einer gewesen sein muss, zog es jedoch hinaus in die Welt, von der man auch in Franken Hochinteressantes und Befremdliches hörte: Nicht zuletzt die Französische Revolution

mit ihren verkündeten Idealen machte die angehenden jungen Intellektuellen neugierig. Paris – und dort die Möglichkeiten der Bildung und des Disputes – zog sie wie ein Magnet an.

Elias also verlässt das Haus seines Vaters Jakob Chalfan Levi und seiner Mutter Gela und reist aus diesem »fränkischen Jerusalem« ab. Für ein paar Jahre verliert sich seine Spur, aber er muss – wo auch immer – weiterstudiert haben: den Talmud und Sprachen, unter anderem auch Arabisch. Über Metz, soviel ist ab diesem Zeitpunkt verbürgt, führt ihn dann sein Weg – Elias ist da schon über 30 Jahre alt und wird sich jetzt in Frankreich Elie Halévy nennen – endlich nach Paris. Dort kommt er mit wenigen Habseligkeiten im Gepäck 1795 an: Er ist bereits ein ausgewiesener und hervorragender Spezialist auf dem Gebiet der hebräischen Sprachlehre, hat Erfahrungen als Lehrer in jüdischen Fächern und Synagogalmusik (Chasanuth).

Elie assimiliert sich in Paris leicht, fühlt sich bald als echter Franzose. Beruflich versucht er sich zunächst als Kaufmann, muss um das Jahr 1802 herum aber schon Konkurs anmelden, wird dann Angestellter der wachsenden jüdischen Kultusgemeinde, arbeitet als Übersetzer und Lehrer für hebräische Sprache, ist Chefredakteur der ersten jüdischen Zeitung in Paris (*L'Israélite français*, die ab 1817 erscheint) und Autor zahlreicher Bücher, darunter eines *Lehrbuchs für die israelitische Jugend*, einer Religions- und Morallehre und eines hebräisch-französischen Wörterbuchs (das unveröffentlicht bleibt). Keineswegs aber bewegt sich Halévy in seinem Denken und Schreiben allein in starren religiösen Grenzen: Seine Zeitschrift wird vielmehr zu einer gefragten Plattform für den philosophischen Dialog; er selbst setzt sich mit Sokrates und Spinoza auseinander, untersucht und interpretiert die Aesopischen Fabeln – und er ist vor allem ein leidenschaftlicher Verteidiger der revolutionären französischen Gedanken.

In Napoleon sah Halévy eine Art Lichtgestalt, und nach dem Frieden von Amiens war er von den politischen Entwicklungen und Veränderungen so begeistert, dass er »in hebräischer Sprache ein schwungvolles Meisterlied auf den Frieden und auf Bonaparte dichtete, das am 17. Brumaire (8. November) 1801 im Rahmen einer großen Feier in der Pariser Synagoge gesungen wurde« (Bato). Das Gedicht hieß *Haschalom*, als Autor aber zeichnete:

»Elijahu Halevi mi-Fjorda« – und Fjorda ist der hebräische Name für Fürth.

In seiner *Geschichte der Juden* würdigt der Historiker Heinrich Graetz ausführlich und durchaus enthusiastisch die Dichtkunst Halévys: »Es ist echte, goldene Poesie. Man weiß nicht, was mehr an diesem Gedichte [...] zu bewundern ist, die Bildersprache, die lebhafte, hinreißende und zugleich wahre Schilderung der wunderbaren Taten der Französischen Revolution und Bonapartes, die klangvollen Verse oder die glanzvolle urhebräische Sprache, allenfalls die Farbenglut und der Bilderreichtum darin hebräisch sind; alles übrige aber, Inhalt und Gedankengang, sind durchaus neu, eigenartig, selbständig, keinem Muster nachgebildet. Es glüht darin ein schwärmerischer französischer Patriotismus ...«

Am 5. November 1826 stirbt Halévy, der seine Heimatstadt »Fjorda«, wie er einmal unter ein Gedicht schrieb, wohl nie recht vergessen konnte und wollte. Er hinterlässt fünf Söhne – und an einigen von ihnen ist es nun, dem Familiennamen einen noch größeren Glanz zu geben.

Zum Beispiel Fromental Halévy, Komponist und Schöpfer der bis heute enorm erfolgreichen Oper *Die Jüdin*. In ihr verarbeitet der Sohn Elies typische Szenen aus dem Leben jüdischer Bürger in einer Stadt, die diese nicht an den Rand drängte, sondern sie aufnahm in ihre Mitte. Das Wissen darüber konnte der in Paris geborene Fromental nur von seinem Vater haben, und auch wenn der Name Fürth nicht genannt wird in dem Werk, lässt sich der Ort ziemlich genau lokalisieren – was in jüngster Zeit auch Musikwissenschaftler bestätigt haben.

Zwar spielt die Oper in Konstanz, aber, wie Hans Ulrich Becker in einem Beitrag im Programmheft zur Wiener Neuinszenierung im Jahr 1999 schreibt, der Schauplatz von *La Juive* »trägt auch Züge der Stadt Fürth [...] Praktisch nur dort, wo es kein Ghetto gab, konnte ein Jude in der Nachbarschaft der Christen leben und arbeiten [...] Der Vorwurf einiger Kritiker, die Arbeit des jüdischen Juweliers Eléazar *(die Hauptfigur der Oper, Anm. BN)* neben einer Kirche sei undenkbar, geht ins Leere: statt fehlender Authentizität zeigt *La Juive* – auf Fürth bezogen – gerade eine authentische couleur locale: dort wohnte u. a. der Juwelier Zacharias Gumperz neben anderen jüdischen Juwelieren in christlicher Umgebung.«

Für Becker ist eindeutig, dass der komponierende Sohn, der sich bei dieser Arbeit zudem lebhaft an der Endfassung des Librettos beteiligte, nur von seinem Vater Details und Alltäglichkeiten des jüdischen Lebens in einer deutschen Stadt erfahren haben konnte und sie dann in seiner Oper verwendete. Gleiches lässt sich wohl auch über traditionelle musikalische Elemente sagen, die Fromental kunstvoll – besonders beim »Pessachmahl« im zweiten Aufzug – in seine Komposition verwoben hat; und Elie Halévy war bekanntlich auch ein Fachmann für synagogale Musik.

Aber die Fürther Wurzeln, die Stadt selber und der gedankliche Einfluss des Vaters lassen sich laut Becker noch an anderen Stellen in der Oper verorten. Abgesehen von der Topografie führen auch inhaltliche Komponenten zurück nach Franken und zu Elie, der hier die Basis für seine Bildung legte. Er stand auf dem liberalen Standpunkt, dass es »mehrere Religionen, aber nur eine Menschheit« gebe, und bewegte sich damit sehr nahe an der Position Lessings im *Nathan*, der zu seiner Handbibliothek gehört haben muss. Zudem wusste er von Prozessen gegen Juden wegen Gotteslästerung auch in Fürth und wird mit Sicherheit seinen Kindern davon und von der literarischen Aufarbeitung des Themas früh schon erzählt haben. In *La Juive* lassen sich denn auch unschwer Motive und ganze Passagen aus dem *Nathan* nachweisen.

Ein Halévy-Biograf geht schließlich sogar so weit, dass er sagt, in der Oper würden »die uralten, geheiligten Niggunim (*synagogale Gesänge, Anm. BN*) der Kehila Kedoscha (*Gemeinde, Anm. BN.*) Fürth immer von neuem erklingen«.

Dass allerdings ein paar seiner Kinder und Kindeskinder (der Enkel Ludovic wurde zum genialen Textdichter von Jacques Offenbach; die Familie wird außerdem Philosophen, Historiker, Politiker und gar ein Mitglied der Académie Français hervorbringen …) einmal Einzug in eines der größten Werke der Weltliteratur finden würden, das hätte sich jener bescheidene Elias aus Fjorda, dessen Großvater Juda Löb noch ein einfacher Synagogen-Vorsänger war, kaum träumen lassen.

»Wenige Jahre nach der Uraufführung der *Contes (Hoffmanns Erzählungen, Anm. BN.)* beginnen am Pariser Lycée Condorcet Jacques Bizet (Enkel Fromentals), Daniel Halévy und Marcel Proust ihre gemeinsame schulische Laufbahn«, hat Hans Ulrich Becker herausgefunden. »Proust, der Geneviève Bizet-Halévy aus diesem Clan in freundschaftlicher Verehrung verbunden ist, läßt in *A la recherche du temps perdu* verfremdete Bruchstücke aus der Realität der Familie Halévy einfließen: Madame Swann und die Herzogin de Guermantes tragen Züge der Tochter des Komponisten der *Jüdin*, Swann wiederum solche des zweiten Ehemanns der Witwe Bizet. Marcel Prousts Romanzyklus, Fiktion mit authentischen (Halévy-) Elementen, erscheint ein Dreivierteljahrhundert nachdem Halévy in *La Juive* ein Stück der eigenen Geschichte nicht nur gesucht, sondern auch wiedergefunden hat.«

Und hier schließt sich nun der Kreis: Dieses kleine Stück einer verlorenen und wiedergefundenen Zeit ist unzweifelhaft auch ein Stück aus Fürth.

# Internet

Die Münchner Kommunikationssoziologin (ja, solche Berufe gibt es wirklich …) Maren Hartmann hat irgendwann einmal den Begriff des »Cyberflanierens« in die Welt gesetzt. Nun hat die Welt keineswegs auf diese Wortschöpfung ungeduldig gewartet, aber Hartmann war trotzdem hartnäckig der Meinung, dass man so, wie man früher ziellos und schauend durch Städte schweifte, heute den gleichen Erlebnis-Effekt auch zu Hause am Schreibtisch vor dem Bildschirm erzielen könnte. Überhaupt sei »die Flanerie« (was für ein schönes altes Wort nun wiederum dieses) auf Tasten und im Mausklick-Tempo in unseren vernetzten Zeiten noch die einzige Möglichkeit, sich – auf dem virtuellen Umweg – einen Zugang zur realen Umwelt zu verschaffen.

Was Schriftsteller wie Walter Benjamin oder Franz Hessel für Paris oder Berlin zu Beginn des vergangenen Jahrhunderts theoretisch und praktisch untersuchten und empfahlen, das soll jetzt mit der störrischen Verweigerungstaktik eines notorischen Stubenhockers auch funktionieren? Die sinnliche Erfahrung des Lebensraums, die augenscheinliche Nutzlosigkeit eines zeitvergessenen Spaziergängers, die versteckte Abenteuerlichkeit der ganz profanen Dinge: Das war es ja wohl, was dem Flaneur im klassischen Sinn, dem wegen der Geschwindigkeit am ehesten eine Schildkröte an der Leine als (stummer!) Begleiter taugte, am Herzen lag. Und dieses träge, trotzdem für alle Gefühlserlebnisse offene Herz sollte nun die flimmernde, bunte, gleichwohl flache und nicht (be-)greifbare elektronisch übermittelte Wirklichkeit erfreuen?

Machen wir die Probe und begeben wir uns auf die Spurensuche (nichts anderes macht der Flaneur), ohne auch nur einen Schritt vor die Haustür zu setzen. Erkunden wir also einmal unsere Stadt, freilich nicht mit der Schildkröte, vielmehr mit der Maus an der Leine …

Wenn man in die Computer-Suchmaschine den Begriff »Fürth« eingibt, hat man binnen 0,05 Sekunden die Möglichkeit, ungefähr 9,5 Millionen Einträge abzurufen, in denen dieser Name, in welcher Form und in welchem Zusammenhang auch immer, vorkommt. Im Vergleich etwa zu Nürnberg (45 Millionen), München (142 Millionen)

oder Berlin (421 Millionen) ist das zwar relativ wenig – aber immer noch eine ganze, vor allem ja wohl unüberschaubare Menge.

Ganz oben und am Anfang stehen die offiziellen Seiten der Stadt, dann folgt das, was sich Wikipedia zusammengesucht hat, der Stolz auf die Spielvereinigung zum Beispiel, doch schon an fünfter Position glotzt uns ein Känguruh an. Wir sind nämlich auf die Seite der »Gemeinde Fürth« geraten, die im Hessischen liegt und anscheinend über einen Bergtierpark verfügt, in dem alle möglichen und vor allem nichtheimischen Tiere herumhüpfen.

Zurück in wirklich heimischen Gefilden, folgen dann in genau der Reihenfolge: Landkreis, Comödie Fürth, Feuerwehr und Volkshochschule. Gleich aber schickt man uns schon ins »südliche Saarland«, wo es ebenfalls ein Fürth gibt, zwar ohne Lamas und Beuteltiere, dafür aber mit dem Hinweis, dass es nur noch soundsoviele Tage bis zur 675-Jahr-Feier des Ortes sind.

Unser Fürth ist da aber bedeutend älter, denkt sich der Cyberflaneur, der schon wieder bei seinem Spaziergang im bodenlosen Netz abgeschweift ist, ohne auch nur eine erste kleine, erstaunenswerte Besonderheit in der Heimat entdeckt zu haben. Er tapert jetzt tatsächlich durch den Informationsdschungel wie ein Traumwandler durch die Realität, er nimmt Altbekanntes wahr, ohne sich um etwas zu scheren. Empfohlene Links lässt er rechts liegen und klickt sich fort von einer Station zur nächsten: Infra, Theater, Therme, Kirchweih, Dekanat, Musikschule, Justiz, Apotheke, Jüdisches Museum, SPD, Tanzschule, Tafel, Katzenstübchen, Hotel, Radiologische Gemeinschaftspraxis …

Auf der vierten Seite trifft er auf den Hinweis »Webcam Fürth« und wird neugierig: Hier könnte sich Leben zeigen, denkt er – und ist Sekunden später schwer ernüchtert. »Das Fürther Rathaus mit Marktplatz« ist da abgelichtet, aber keineswegs der florentinische Turm, sondern ein weißer Neubau. Steht er schon wieder in Hessen oder im südlichen Saarland? Egal. Nur weiter.

»Welcome« heißt es dann nach Abstechern zu THW oder Hardenberg Gymnasium, TV 1860 oder »Zentralrad«. Warum man allerdings ungefragt englisch begrüßt wird, wenn man virtuell das Stadtmuseum betritt, bleibt unerfindlich. Aber immerhin kann man auf dieser Seite mal ein wenig ins Innere der Stadt vordringen, ganz wie der klassische Flaneur herumschweifen, ohne am Anfang schon zu wissen, wo man am Ende landet. Lange hält man sich nun hier auf, beginnt seine Zeitreise im Jahr 999 und liest sich durch bis in die Jetztzeit. Über allem aber wacht paffend die Silhouette des Herrn und Bundeskanzlers Ludwig Erhard, der sich wie ein gemütlicher Cicerone durch die wechselvolle Geschichte seiner Geburtsstadt freundlichst empfiehlt.

Wenig später trifft man auch die Radiologen wieder, gleich hinter der Gewerkschaft, stutzt dann aber, als man »1000 Jahre Fürth« liest. Das ach so aktuelle weltweite Netz bewahrt eben wie selbstverständlich auch längst vergangene Ereignisse, und wer will, der kann hier noch einmal eintauchen in die Jubelfeierlichkeiten des Jahres 2007. Und da dem echten Flaneur nichts verhasster ist als eine Gegenwart, die ihre Beziehung zur Vergangenheit leugnet, lässt er jetzt noch mal ein paar bunte Luftballons steigen und betrachtet, was er seinerzeit alles versäumt hat.

Nach den rührigen Fürther Antifaschisten entdeckt man dann die umtriebigen Fürther Wirtschaftsjunioren, nach Schraubenhandel die Urologen, und im City-Center lässt man sich dazu verleiten, den Newsletter zu abonnieren: Nur so ist man schließlich täglich auf dem neuesten Stand der Geschäftsschließungen. Denn der Flaneur ist schließlich ein Sammler, sowohl der wichtigen als auch der völlig abwegigen Informationen, weshalb er sich nun tatsächlich – nachdem ihm schon wieder die Radiologen in die Quere kamen – auf der Seite der »Fürther CDU« wiederfindet, die sich für Vertrauen und Stimme beim Wähler bedankt. Dabei hat man die doch gar nicht gewählt – ja, nicht einmal wählen können, denn schon wieder ist der Spurensucher auf die völlig falsche Fährte und somit nach Hessen gelenkt worden. »Das kleine Grand-Hotel im Herzen von Fürth« empfiehlt sich gleich darauf zum Ausruhen, doch öffnet man die Seite, dann sieht man da nur einen fetten roten Stempel über dem Logo des Park-Hotels: »Geschlossen seit/since 01.10.2010«. Also weiter: Blauer Affe und Hospizverein, Snooker und Rock'n'Roll, Aero-Club und Geschichtsverein und: »64x Fürth«. Ein schön bebilderter und locker erzählter Gang durch die Historie verbirgt sich dahinter, ein Treffen mit alten architektonischen Bekannten und versteckten Kleinodien, und man verbringt eine angenehme Zeit – »Luxus der freischwebenden Aufmerksamkeit«.

Ein gewisser Herr Morche hat seine Fleißarbeit über Fürth ins Netz gestellt, die uns nun für einen Augenblick gefangenhält, doch als wir lesen »Wer ohne echte Großstadtatmosphäre nicht leben kann, fährt gelegentlich mit der U-Bahn ins benachbarte Nürnberg«, machen wir uns schnell und leise wieder vom Acker. Auf Seite 18 begegnen wir nun endlich der »sozialen« christlichen Union Fürths, bestellen aber trotzdem keine Karten für den Sommernachtsball im Schloss, wie man uns das hier rechtzeitig ans Herz legen möchte. Hundeschule und Wetter (»sonnig, bis 25 Grad«), Bergwacht und Schützen, Phantasieschule und Grüne, VdK und (schon wieder) THW, Reservisten und Trabant-Freunde, Fürth oder Bochum? Hin- und hergerissen zwischen Aktualitäten und längst Vergangenem schlendert der Flaneur kreuz- und querstadtein klickend durch die Netz-Welt, und aus all den Einträgen und Angeboten, Verweisen und Abschweifungen formt sich ihm nun tatsächlich eine bunte Ansicht der Stadt. Jede Notiz ist ein Puzzlestein für dieses Bild, das aber, je weiter man sich vorarbeitet, paradoxerweise immer unvollständiger zu werden scheint.

Noch auf Seite 45 stolpert man über Konspiratives, nämlich von einem Balkon aus aufgenommene Polizeieinsätze in der Erlanger Straße; auf Seite 59 erfährt man nie Gesehenes (»Kinderstadt-plan«); auf Seite 61 alle Daten der Fußballsaison 2002/03 und wie es da für die SpVgg gelaufen ist; auf Seite 68 Verblüffendes (»Fürth ist ein Ortsteil von Piesendorf im Salzburger Land im Bezirk Zell am See in Österreich mit ca. 500 Einwohnern«); ab Seite 70 scheint es freilich nur noch um Fußball zu gehen.

Und dann auf Seite 76 heißt es auf einmal: »Um Ihnen nur die tref-fendsten Ergebnisse anzuzeigen, wurden einige Einträge ausgelassen, die den 764 bereits angezeigten Treffern sehr ähnlich sind.« Schade, denn man hätte zu gerne gewusst, was sich zum Beispiel hinter dem 8.573.126. Eintrag an Wissenswertem über Fürth verbirgt …

Stattdessen reibt man sich nun die viereckigen Augen, drückt auf die Aus-Taste und begibt sich nach draußen. Endlich: Frische Luft at-mend und kein Ziel im Sinn, läuft man langsam los durch die Straßen der Stadt. Das Hirn stößt all die wirren Informationen ab, die man in den letzten Stunden als »Cyberflaneur« gesammelt hat, und man ist auf einmal wieder frei für Eindrücke, die einem nicht vorgeschrieben werden. Und der »Magnetismus der Orte« wird einen schließlich schon von ganz allein anziehen, weiß der echte Spurensucher.

# Inventur

Da bleibt einiges auf der Strecke, wenn man so spurensuchend durch die Stadt flaniert, will sagen: vieles, was man entdeckt, Details, die man zufällig aufspürt, Fährten, denen man nicht bis zum Ziel nachgeht, Menschen, Dinge, die so en passant den Weg kreuzen und die man zunächst mit sträflich arroganter Missachtung straft – das alles hat sich doch seltsamerweise und irgendwie – als »Datei« würde man heute vielleicht sagen – in irgendeinem Winkel des Hirns festgesetzt. Und wenn man dann Inventur macht am Ende eines Jahres, tauchen diese Fragmente auf einmal wieder auf, drängen sich, weil unerledigt, in den Vordergrund: Manche gaben und geben, auch wenn man sie jetzt zum ersten Mal wirklich genau betrachtet, nichts her für eine ganze runde Geschichte, andere erscheinen einem immer noch zu banal, als dass sie nicht schon jeder andere tausendmal registriert hätte, die nächsten hält man für zu unglaubwürdig und so weiter und so weiter ...

Aber es ist nun mal Inventur – nebenbei, und da wären wir schon mittendrin: Gibt es denn wirklich noch Läden, die ein, zwei Tage zusperren und in denen man dann hinter Schaufenstern das Personal Büroklammern und Unterhosen, Schrauben und Spielzeugtiere zählen sieht, oder ist die Ware nicht schon längst »eingescannt« und auf Knopfdruck abrufbar und abgezählt? – also Inventur, und da sollen einige der übersehenen und nicht genügend beachteten Spuren jetzt doch zu ihrem Recht und also zur schlaglichtartigen Betrachtung kommen, ungeordnet, wie sie aus dem Gedächtnis herauspurzeln, wie sie sich auf Zettelchen und in Notizbüchern finden.

Stichwörter wie »Balkone«, »Klingelschilder«, »Grabsteine«, »Dienstboteneingänge«, »Trampelpfade«, Namen von Menschen, die man vergessen hat, Bilder von Veränderungen: Fällt einem dazu noch mal etwas ein? Tja, im Moment leider nicht ...

Aber es gibt auch andere Notizen. Da wäre zum Beispiel das Kaufhaus »Woolworth«. Es ist in Ermangelung vergleichbarer kommerzieller Einrichtungen mittlerweile das einzige und letzte, aber dadurch eben auch »das erste Haus am Platze«. Am Ende einer Fußgängerzone genannten Ansammlung von aneinandergereihten Billigläden und erschreckend vielen Brillengeschäften (hat denn der Fürther tatsächlich so wenig Durchblick?), trotzt es mit einem völlig aus der Zeit gefallenen Angebot zwischen Kittelschürze und Fliegenklatsche, Plastikbecher und geblümtem Damenslip dem Ausverkauf des Einzelhandels in einer Kommune, die sich mit verzweifelter Macht und Anstrengung um das seltsame Prädikat »Einkaufsstadt« bemüht, um eine Art von Lebensqualität, die sich allein über schickes Shoppen definiert.

Neben »Woolworth« gab es früher auch mal die »bilka« und weiter unten gar die »Kaufhalle«: bescheidene Konsumtempel mit dem Charme überdimensionaler Wühltische, die den Fürthern bei der Bewältigung des Alltags höchst dienlich und ausreichend waren und sich einen Dreck um künstlich aufgemotzte Attraktivität scherten.

Da wären wir aber auch gleich beim City-Center: man sollte noch mal letzte Gänge durch diesen Bau wagen, der irgendwann geschlossen sein wird. Bei all der innenarchitektonischen Grausamkeit, die ihn zweifelhaft auszeichnet, konnte er doch – sehr entfernt – an die Funktion der alten Passagen in Mailand oder Paris oder Leipzig erinnern. Die gläsernen, kuppelartig überwölbten Wege führten durch das Herz der Stadt, verkürzten Raum und eben auch Zeit, indem sie mit Warenauslagen ablenkten oder anregten. Trockenen Fußes war da das Spazieren erwünscht und möglich, und die ganze Atmosphäre bekam mit der nagenden Zeit etwas verschroben Unfertiges, Zufälliges. Den Menschen dort aber sah man auch an, dass sie gar nichts Spezielles suchten, nur einmal gehen und schauen wollten sie, angelockt von bunten Illusionen und dem Versprechen, dass Langeweile keine Todsünde ist.

Immer wieder aufgefallen beim beiläufigen Schlendern sind die verblassten Schriften überall an den Wänden und Fassaden, an Türen und Schaufenstern aufgelassener Läden in den Altstadtstraßen. Man muss sich beeilen, will man sie noch alle entziffern und bewahren, denn jede Renovierung eines Objekts bedeutet in der Regel und zwangsläufig auch das Verschwinden der Zeichen aus einer anderen Zeit, die man für verzichtbar hält. Windschief aber hängt da noch immer der Ausleger von »Tabakwaren L. Scheuerlein« in der Theaterstraße, in der Marienstraße kann man noch »Kolonialwaren« lesen und daneben »3 Tassen Tee 10 Pfennige«, das »Hotel« mit dem vielleicht nie betretenen Balkon ist ohne Gäste seit Jahrzehnten, die Schriften der Wirtshäuser *Gambrinus* oder *Zum Schnepper* verlieren Buchstaben. Warum hinter »Großfleischer« oder *Restauration zum alten Turko* jeweils ein Punkt gesetzt ist (auch auf ganz alten Straßenschildern kann man das noch sehen), entzieht sich noch immer der grammatikalischen Kenntnis; der auf den Sandstein gemalte »Schuhmacher, 3. Stock« in der Pfisterstraße ist kaum mehr lesund sicher nicht mehr antreffbar, der »Hafnermeister« Schmeußer im »1. Stock« hatte einst eine Telefonnummer, die mit ganzen vier Ziffern auskam: »2537«.

Vieles, was man sieht, so schreibt der Berliner Schriftsteller Albrecht Selge in seinem wundervollen Flaneur-Roman »Wach« über diese Augen-Blicke auf sich ziehenden Alltäglichkeiten ganz richtig, »war damals schon von gestern«. Und doch: Etliches gibt es noch, und somit ist »die Konstellation heute doppelter Bote der Vergangenheit.«
        Ganz weniges aber überdauert im Verborgenen funktionierend alle Veränderungen. Und so stand man eines Tages vor dem Schild der Firma »C. Stockert & Sohn« in der Marienstraße: Eine der letzten Kompassfabriken auf der Welt überhaupt verbirgt sich dahinter. Seit 1830 werden hier diese mechanischen Orientierungshilfen hergestellt, denen plappernde »Navis« und blinkende »GPS« längst den Garaus gemacht haben. Früher arbeiteten hier mal über 60 Menschen, heute sind es keine zehn mehr. Der Kompass ist gerade noch gut als Werbegeschenk (etwa »Wir machen den Weg frei« passt als sinniger Slogan dazu) oder für die indische (!) Armee, die nach wie vor zu den treuen Kunden der von Idealisten geretteten Firma zählt. Aber nein, diese Entdeckung kann man nicht in ein paar Zeilen abhandeln, die hebt man sich auf für eine künftige Geschichte. Schon allein, weil ein Kompass schließlich wie kaum ein anderes Objekt zur Ausrüstung eines Spurensuchers gehört …

Warum zieht es einen zum Beispiel immer wieder zu dieser seltsamen Stelle in der Wehlauer Straße, da, wo sie einen scharfen Knick macht, um dann in die Würzburger Straße zu münden? Es gibt dort einen so unscheinbaren Platz zwischen zwei schäbig gewordenen Wohnblöcken, der verwunschen und geheimnisvoll wie keiner sonst ist: ein Brünnlein, ein paar Bäume, ein Ruhepol inmitten des Lärms von Straße und Schiene – und ein Rätsel: Nie rastet dort jemand, nie treffen sich dort Menschen, Liebespaare gar – ein vergessener (Un-) Ort, dem seine eigene Nutzlosigkeit genug zu sein scheint.

Warum man eines Tages in der geschlossenen Wirtschaft *Gaulstall* stand, ist dagegen klar: Das Haus war monatelang weit sichtbar zum Verkauf annonciert. Dann hatte es ein neuer Besitzer erworben, der es renovieren will – das Gasthaus wird verschwinden (Gleiches ist übrigens auch mit dem *Pfarrgarten* passiert, und die Geschichte über das skurrile Wirtsehepaar Mandel ist auch noch nie geschrieben worden!). Also stapfte man ein erstes und letztes Mal die Stufen in den ersten Stock hinauf, wo die Familie Wassermann einst (von 1873 bis 1878) wohnte: Sohn Jakob, der Schriftsteller, hat das Leben in dem Haus und dem Viertel im Rückblick mit einem Anflug von Abscheu beschrieben. In der Wohnung finden sich keine Spuren mehr, und doch ist es ein seltsames Gefühl der Nähe zu diesem Autor, das sich einstellt, wenn man über den knarzenden Boden läuft, aus den Fenstern blickt: »Jede Nacht drang großes Lärmen herauf, in jeder Sonntagsnacht kam es zu einer Schlägerei, und ein Gestochener brüllte alle schlafenden Bewohner wach ...«

Jetzt ist die Wirtschaft unten fast leer und totenstill: Ein paar Tische stehen noch rum, die Gardinen an den Fenstern verstauben, Biergläser werden nicht mehr vollgeschenkt, Fotos von Stammgästen vergilben geduldig. Wo früher der Tresen war, hängt noch ein handgeschriebener Zettel vergessen an der Wand. Er stammt wohl von der letzten Wirtin, der Louis', die so plötzlich und unerwartet verstarb: »1 Bier 1,80; 2 Bier 3,60; 3 Bier 5,40 ...« und so exakt weiter bis »10 Bier 18,00«. Rabatt wurde nicht gegeben!

»Er kommt an lauter Orten vorbei,« schreibt Albrecht Selge in »Wach«, »die ihre Verzauberung verloren haben, ein Hauch von Magie liegt höchstens noch im Verlust dieses Zaubers.«

# Kaugummiautomaten

Eigentlich war man der Meinung, der gute alte Kaugummiautomat sei längst ausgestorben – wie etwa die Telefonzelle
oder das öffentliche Pissoir oder gar der Pferdeäpfelaufsammler.
Doch weit gefehlt. Denn als man unvermittelt eines Tages wieder
mal einen sah und nun offenen Blicks und gezielt auf die Suche
nach den kleinen roten Kästen ging, die man in seiner Erinnerung
an Hauswänden, Gartenzäunen oder Wirtshauseingängen noch vor
sich hatte, da stolperte man nachgerade über sie. Kaum eine Straße,
in der man nicht mindestens eines dieser wohlvertrauten Objekte
fand, oft genug im Dreierpack und fest verankert in den Mauern.

Handelt es sich also tatsächlich um ein modernitätsresistentes
Relikt, unscheinbar und hoffnungslos veraltet, mechanisch und unnütz, das sich in einer Zeit zu behaupten versteht, in der auch noch
die kleinsten Verlockungen doch zumindest heftig blinken müssen,
wenn sie nicht gleich sprechen, befehlen, anleiten, verbieten und
dudeln, klingeln, kreischen, piepsen?

Da stand man also vor so einem roten Kasten. Früher war man
auf Augenhöhe miteinander, jetzt ging er einem gerade mal bis
zur Hüfte und man bückte sich erwartungsfroh, wo man seinerzeit
bequem nur die Hand ausstreckte. Die hielt ein Zehnerle parat, das
gleich in dem gezackten Schlitz verschwand (und bei Umentscheidungen nur mehr mühsam wieder hervorzuholen war), woraufhin
an dem schwarzen Knopf mit einem begleitend kräftigen Rütteln
gedreht wurde.

Es klackerte kurz und verheißungsvoll hinter der noch geschlossenen Metallklappe – und immer zögerte man ein paar Sekunden,
das Geheimnis zu lüften; immer trieb man mit der Spannung
ein kleines, die (Geschmacks-)Nerven kitzelndes Spiel, bis man
endlich hineingriff in den Schacht. Eine, höchstens zwei Kugeln
in entsetzlichen Farben hatte man dann in der Hand, selten nur
einen »Gewinn«, eine Beigabe, täuschend glitzernde Bagatellen, mit
denen die Automaten lockten. Sie versprachen Ringe und Kettchen,
manchmal Figuren, die man sammeln konnte, meist freilich so

unsäglich unbrauchbares Zeugs, dass man im ersten Moment gar nicht recht wusste, ob man sich jetzt darüber freuen oder ärgern sollte.

Die Kugeln waren da schon längst im Mund verschwunden. Nach dem Ablutschen der pappsüßen Umhüllung gelangte man zum gummiartigen, nicht selten schon bröckeligen »Kern« des Vergnügens und mühte sich ab, die Masse in Verbindung mit sehr viel Speichel in eine kaubare Konsistenz zu bringen. Der süße Geschmack war schnell verbraucht, und man bearbeitete noch eine Weile den zähen Rest, der, je länger man darauf herumbiss, immer härter und kleiner wurde. Gleich darauf spuckte man den Fremdkörper, der nun gar nichts Gummiartiges mehr hatte, aus – und ich weiß nicht, ob man sich nicht sogar schwor, nie mehr so einen Mist für die sauer ersparten Pfennige zu erwerben. Aber dann stand man nur unwesentliche Zeit später schon wieder vor so einem feuerroten Teufelsgerät und schmiss ihm die Groschen in den drehbaren Rachen, auf dass es einen erneut beglücke und enttäusche gleichermaßen.

Es kommt nur noch selten vor, dass man ganze Trauben von Kindern vor diesen Kaugummiautomaten sieht, wie sie sich gegenseitig anspornen, winzige Geldbeträge verleihen, aufgeregt sind, jene Überraschungen stolz vorzeigen oder tauschen gegen anderen Plastik-Humbug, den gerade ein Freund herausholte. Ein Automaten-Aufsteller aus Heilsbronn, der auch in Fürth ein paar Dutzend dieser Geräte hängen hat, sagt auf jeden Fall, dass die Kinder das Interesse an derlei Vergnügungen schon lange verloren hätten. Mit diesen Kleinteilen könne man sie nicht mehr locken. Und nachdem mittlerweile schon jeder Tankstellen-Shop über ein Sortiment von mehr als 50 unterschiedlichen Kaugummisorten verfügt, legt auf die etwas zweifelhaften knallbunten Kugeln niemand mehr Wert.

Er hat, sagt der Mann, seine »Klientel« verloren: früher rissen sich die sieben- bis 15-Jährigen um die Ware. Genau diese Altersklasse aber spielt heute auf kleinen, telefonartigen Geräten herum, die weitaus mehr Abwechslung bieten als ein schnöder Gimmick aus dem Automaten, für den man ohnehin kaum das lästige kleine Münzengeld parat hat.

Es sei nur noch ein Draufzahlgeschäft, was sich schon damals andeutete, als alle Automaten von Pfennig auf Cent umgestellt

werden mussten: »Diese Entwicklung hat uns kaputt gemacht.«
Zwar gebe es rein zahlenmäßig nach wie vor so viele Automaten wie
vor 20 oder 30 Jahren, da täusche also unser Eindruck keineswegs.
Die Umsätze an und mit ihnen sind aber nur mehr lächerlich.

»Der Kaugummiautomat ist auf dem absteigenden Ast«, sagt der
Unternehmer aus Heilsbronn etwas blumig, und man hört ihm an,
dass ihm das irgendwie mehr in der Seele als im Geldbeutel wehtut.

So lange sie aber noch hängen, sind sie auch in Fürth letzte
Zeugen aus der Zeit des Wirtschaftswunders. Denn eingeführt
wurden sie in Deutschland kurz nach dem Krieg. Den Amerikanern
ist die mechanische Erfindung zu verdanken, wie es ja überhaupt
schick war damals, breit 'nen Gummi kauend den lässigen Typen
oder das leicht laszive Girl zu markieren. Und als Kinder warteten
wir in der »Panzerstraße« in Stadeln auf das Vorbeidonnern der
US-Militärkonvois und nicht selten »regnete« es streifenweise
»Wrigleys«. Wenn nicht, dann ging man eben zu einem der Automaten und gab sich selber eine Kugel …

Und schenkte man – mal ehrlich! – nicht tatsächlich so einen
Blechring mit funkelndem Plastiksteinchen sehr heimlich einer
Angebeteten? Und trug man nicht solch ein Freundschaftsbändchen
verschämt am dünnen Arm, das ihrerseits die – öffentlich natürlich
uneingestandene – Freundin nach 50 vergeblichen Versuchen endlich im Automatenschacht fand (die knapp 100 dazu »gelieferten«
Kaugummis hatte sie verschenkt oder ins Gebüsch geworfen).

Mit solch Talmi kann man heute keinen Heranwachsenden mehr
vom iPod holen. Und doch haben es die Bestücker in den letzten
Jahren noch einmal in einer bewundernswerten Kraftanstrengung
versucht: Trolls oder Pokemon-Figuren sind kurzfristig der
Renner gewesen, erinnert sich ein Aufsteller. Freilich, auch dieser
Aufschwung ist vorbei. Das Angebot hinter den mittlerweile wegen
»Einbruch«-Gefahr hochsicherheitstechnisch vergitterten kleinen
Scheiben ist nur mehr abenteuerlich und in seiner Dürftigkeit
zugeschnitten auf allerlei kurzlebigen Unterhaltungs-Modetrend
und -tand, wie er einem in Videogames oder Handy-Spots auf dem
voll elektronischen Markt die Nerven aufreibend begegnet.

Für um die 20 Cent gibt es da heute unendlich Undefinierbares:
»Center-Shock«, »Stretch-Animals«, »Lightning Bolts«, »Jaw-
breaker«, Squeeze Skult«, »Eye Poppers«, »Rubba Bands«, »Skater

Tattoos«, »Ka-Boom«. Was immer dahinter sich verbergen mag, man möchte es gar nicht wissen. Und lobt es sich, wenn man mal auf einen Automaten stößt, der noch die richtig guten alten Skelett-Horror-Zähne führt. Oder etwa auf jenen in der Gustavstraße, bei dem man das sensationelle und irgendwie einzigartige Angebot handschriftlich hinter das kleine Sichtfenster geklemmt hat: »Tolle Schmuckmischung«.

Aber der Ausverkauf dieser alten (Kau-)Kultur hat ja längst begonnen: Wie sonst ist zu erklären, warum in einem Automaten an der Königstraße der »Frucht-Kaugummi« schnöde verhökert wird? »Jetzt nur noch 5 Cent«. Das freilich wären umgerechnet dann wieder die 10 Pfennige, die man selber vor vielen Jahrzehnten … Aber halt, da würde ja diese traurige Spurensuche wieder von vorne beginnen.

# Bernhard Kellermann

Es ist eine kühne Idee, eine Herausforderung des Schicksals. Es ist ein Projekt, das einer Versuchung aller vorstellbaren Mächte gleichkommt, ja, wie ein Kräftemessen mit Gott dem Schöpfer persönlich anmutet.

In den Anfangsjahren des 20. Jahrhunderts plant der amerikanische Ingenieur Mac Allan den Bau einer unterirdischen Verbindung zwischen der neuen und der alten Welt. Er hält die Realisierung für absolut möglich – es sei kein größeres Vorhaben als etwa der Bau des Panama-Kanals, meint er einmal. Mac Allan zieht wie ein Volkstribun werbend durch die Lande, und er findet Geldgeber: Die vereinigte Großfinanz und Kleinaktionäre stürzen sich voller Vertrauen und Hoffnung auf enorme Gewinne begierig in Investitionen.

Es entstehen gigantische Baustellen und Schlafstädte, Hunderttausende von Arbeitern werden rekrutiert und unter das Meer geschickt, um den Durchbruch voranzutreiben. Maschinen von bis dahin nie geahnter Größe und Kraft kommen zum Einsatz, sie dringen vor in Tiefen und Weiten, in denen das Überleben derjenigen, die sie bedienen müssen, längst nicht mehr garantiert werden kann. Tatsächlich geschehen entsetzliche Unglücke: unzählige Arbeiter werden verschüttet, sterben bei Explosionen und Überschwemmungen, krepieren an Erschöpfung. Kollateralschäden.

Und dennoch: Der Bau wird vollendet, der erste Zug rollt durch den Tunnel. Gestartet in New York, legt er die 5000-Kilometer-Strecke in einer Tiefe von sechs Kilometern unterm Meeresspiegel mit einer Geschwindigkeit von knapp 300 km/h zum Zielbahnhof am Golf von Biscaya zurück.

So endet die Geschichte, die sich nie wirklich zugetragen hat; so endet sie in einem der erfolgreichsten deutschsprachigen Romane: *Der Tunnel* von Bernhard Kellermann, 1879 geboren in der Fürther Julienstraße, 1951 gestorben in Klein-Glienicke bei Potsdam, brach in kürzester Zeit alle Erfolgsrekorde auf dem damaligen Buchmarkt. Nach einem halben Jahr waren bereits über 100.000 Exemplare verkauft, bis 1939 ging die Auflage in die Millionenhöhe.

Bernhard Kellermann war zeitlebens ein »Konjunkturliterat«, wie ein Kritiker in den frühen 30er-Jahren urteilte. Da gehörte der Autor schon zu den Meistgelesenen in Deutschland. Als die Nationalsozialisten bei den Bücherverbrennungen am 10. Mai 1933 dann eines seiner Bücher, den Revolutionsroman *Der 9. November*, ins Feuer warfen, mag das für Kellermann, bei aller Schmach und aller Empörung gegenüber der fatalen Geistesaustreibung, vielleicht auch wieder so etwas wie eine klammheimliche Genugtuung gewesen sein: Er hatte sich falsch verstanden und von den Falschen verehrt gefühlt, nun stand er auf der braunen Liste der Unangenehmen und Verachtenswerten (wenn auch nur mit einem seiner bis dahin bereits etwa 15 Werke).

Aber noch 1935 schmückt sich seine (längst gleichgeschaltete) Geburtsstadt mit seinem Namen und listet ihn stolz unter der Rubrik »Berühmte Fürther« auf. Der Schriftsteller blieb in Nazi-Deutschland, flüchtete nicht, wählte für sich das, was man später ein wenig wohlwollend mit »die innere Emigration« umschrieb. Sicher, die war schwer und gefährlich genug. Mehrmals waren Polizei und SA ungebeten bei ihm zu Gast, sie misstrauten ihm, obwohl er nun politisch lieber schwieg zu den Geschehnissen im Land: »Ich komme mir vor wie ein lebendig Begrabener«, sagte Kellermann. Und schrieb und publizierte gleichwohl weiter: Während des »Dritten Reiches« erscheinen allein fünf neue Bücher mit Romanen, Erzählungen und Reiseerinnerungen; *Der Tunnel* erlebt bis einschließlich 1943 fast jedes Jahr Neuauflagen.

Sein erstes Buch nach 1945 über diese »dunkle Zeit« nennt Kellermann *Totentanz*. Es ist der Versuch über moralische Integrität in einer unmoralischen Zeit, es ist ein durch und durch antifaschistisches, die Diktatur anklagendes Buch, das jetzt, nachdem die Angst und der Spuk vorbei sind, mit einer neuen Hoffnung endet: »Licht aus dem Osten, Morgenröte!«

»Im Laufe langer Jahre erreichte er staatsmännische Vollendung und die Fähigkeit, die verschiedenartigsten Wünsche, Bedürfnisse und Neigungen der sowjetischen Völkergruppen zu erkennen und sie für seine weise Staatskunst zu gewinnen. Die überraschende Einigkeit und innige Verbundenheit aller sowjetischen Völkerschaften ist das Werk seines Genies, seines Fleißes, seiner Beharrlichkeit, seiner Willenskraft und seiner seltenen Güte, die seine Staatskunst durchblutet und den mächtigsten Quell seines Wesens bildet.« Das schrieb Bernhard Kellermann Ende der 50er-Jahre über Josef Stalin, anlässlich eines Besuches in Moskau. Der Autor lebte damals im Osten Deutschlands, hatte 1945 den Kulturbund mitgegründet, gehörte nun wieder einer Deutschen Akademie der Künste an und hatte schon 1949 den Nationalpreis der noch sehr jungen DDR verliehen bekommen. Es gibt eine ganze Reihe solch ungenierter und vorsätzlicher Stalin-Orgeleien in Kellermanns Nachkriegsschriften, weshalb er nicht zuletzt dann im Westen schon bald zu den am heftigsten vergessenen und verschwiegenen Autoren zählte. Auch Fürth hat ihm keine Kränze geflochten: über Jahrzehnte hinweg kümmerte man sich nicht um ihn. Man kannte und war stolz auf Wasser-, wer aber war Kellermann?

Als die Gedenkplatte ins Pflaster der Schwabacher Straße eingelassen wurde, war von all den Widersprüchlichkeiten Kellermanns nicht die Rede; warum sie dort überhaupt zu finden ist, weiß man daher auch nicht so genau. Schließlich war die Beziehung des Autors zu seiner Geburtsstadt zeitlebens eine ambivalente, wenn nicht gar bewusst gekappte. Kellermann, der stets etwas großspurig und auch als sozialistischer Held der Feder großbürgerlich auftrat, schämte sich eher seiner einfachen Herkunft. »Ich entstamme einem Geschlecht fränkischer Bauern und Handwerker, bin 1879 in Fürth geboren und verlebte meine Jugend in Ansbach, Nürnberg und München …« Ein andermal taucht Fürth in seiner Erinnerung dann nur noch als »eine Stadt voll Staub und Rauch« auf. Allerdings findet man in dem 1909 erschienenen Roman *Der Tor*, der in einer nicht näher bezeichneten »kleinen fränkischen Stadt« spielt, eine Beschreibung, die auf Fürth passen könnte: »Eine recht elende Stadt, von bürgerlichem Volke bewohnt. Ohne Würde, ohne schöne Gebärde, ohne Ziel und Wunsch, mit verächtlichen Maßstäben«, in der »die geistige Konkurrenz gleich null ist und dickranzige Bürger jeden Gedanken in Grund und Boden lächeln.«

Bernhard Kellermann zog es vor, in die weite Welt zu fahren, seine Reise- und später Kriegsberichte verkaufte er gut an Zeitungen, seine literarische Produktion lief erfolgreich, wenngleich er auch qualitätsmäßig nie mehr an den *Tunnel* anknüpfen konnte. Man rückte ihn in die Nähe von »Illustrierten«-Schreibern; der Roman *Der Tor* rangierte für kritische Kollegen, die 1933 gerade angesichts der immer offenkundiger werdenden völkischen und antidemokratischen Umtriebe im Land in der Literatur nach »geistiger Haltung« forschten, mit seiner »Sentimentalität an der Grenze des Ertragbaren«. Die seltsame »Anpassungsfähigkeit« Kellermanns an den Geschmack und letztlich auch an die politische Atmosphäre im Land, wie sie sich später dann auch in der DDR rasch zeigte, stieß schon früh auf Unverständnis. Dass er sich gleich nach dem Krieg quasi selber begnadigte und zu einem Widerstandskämpfer machte, passt da sehr genau ins Bild. Ansonsten verliert sich heute die Spur des früh berühmten und oft verführten Fürthers.

Wer also war Bernhard Kellermann? Ein köstlich entlarvendes Porträt von ihm hat Franz Kafka gezeichnet, der ihn bei einer Lesung im November 1910 im »Deutschen Kasino« in Prag erlebte und daraufhin in sein Tagebuch notierte:

»Bernhard Kellermann hat vorgelesen: einiges ungedruckte aus meiner Feder, so fieng er an. Scheinbar ein lieber Mensch, fast graues stehendes Haar, mit Mühe glatt rasiert, spitze Nase, über die Backenknochen geht das Wangenfleisch oft wie eine Welle auf und ab. Er ist ein mittelmässiger Schriftsteller mit guten Stellen (ein Mann geht auf den Korridor hinaus, hustet und sieht herum, ob niemand da ist) auch ein ehrlicher Mensch, der lesen will, was er versprochen hat, aber das Publikum ließ ihn nicht, aus Schrecken über die erste Nervenheilanstaltsgeschichte, aus Langeweile über die Art des Vorlesens giengen die Leute trotz schlechter Spannungen der Geschichte immerfort einzeln weg mit einem Eifer, als ob nebenan vorgelesen werde. Als er nach dem 1/3 der Geschichte ein wenig Mineralwasser trank, gieng eine ganze Menge Leute weg. Er erschrak. Es ist gleich fertig, log er einfach. Als er fertig war, stand alles auf, es gab etwas Beifall, der so klang als wäre mitten unter allen den stehenden Menschen einer sitzen geblieben und klatschte für sich. Nun wollte aber Kellermann noch weiterlesen eine andere Geschichte, vielleicht noch mehrere. Gegen den Aufbruch öffnete er nur den Mund. Endlich nachdem er beraten worden war sagte er: Ich möchte noch ein kleines Märchen vorlesen, das nur 15 Minuten dauert. Ich mache 5 Minuten Pause. Einige blieben noch, worauf er ein Märchen vorlas, das Stellen hatte, die jeden berechtigt hätten, von der äußersten Stelle des Saales mitten durch und über alle Zuhörer hinauszurennen.«

# Kinosterben

Als im Jahr 2013 das City-Kinocenter geschlossen wurde, war Fürth um eine Vergnügungsstätte ärmer – und um einen negativen Superlativ reicher: Auf einmal war man eine der mit Sicherheit sehr wenigen Städte mit über 100.000 Einwohnern in Deutschland (wenn nicht gar *die* Stadt), die über kein Filmtheater für populäre Streifen und sogenannte Blockbuster verfügt. Selbst in den kleinsten Ortschaften in hinterster Provinz gibt es längst zu »Cine-Maxx« oder »Multi-Plexx« und was-weiß-ich zu welcher XXL-Kategorie noch aufgeblasene und aufgemotzte Freizeitcenter mit Riesenleinwänden, Erlebnisgastronomie und Mega-Popcorn-Tüten, die Hollywood-Schmalz und Action-Kribbeln wahlweise zwei- oder (bebrillt) dreidimensional bieten.

Fürths einziges »großes« Kino dagegen schlummerte seit Jahrzehnten zwar zentral innenstädtisch, aber längst alles andere als wirklich attraktiv in einem verschachtelten Hinterhof. Dem drohte auch noch im Zuge der Einkaufsstadt-Besinnung der Abriss. Lange konnten sich der anscheinend einzige interessierte Kinobetreiber und die Kommune aus verschiedenen Gründen nicht auf eine Behebung der drohenden Misere einigen (was waren nicht alles für Gebäude – die seit ewigen Zeiten leer stehende Wolfsgrubermühle zum Beispiel – und Gelände im Gespräch!), bis endlich auf dem alten Rangierbahnhofsgelände Platz gefunden wurde. Immerhin klappte unterdessen (nur) dank privater Initiative einiger wirklicher Cineasten in Fürth die Versorgung mit anspruchsvoller Filmkunst weiterhin reibungslos: Hierfür steht die Kinokooperative mit dem Ufer-Palast und das von einigen unerschrockenen Idealisten gerettete »Babylon«.

Als im »City« in der Breitscheidstraße die letzten Lichter ausgegangen waren und der letzte Abspann ausgeflimmert hatte, endete aber erst einmal eine lange Kinotradition in Fürth. Und die begann im Oktober 1897: Der *Generalanzeiger* kündigte pünktlich zur Kirchweih als neueste Attraktion »Lebende Photographien« und »Lebende Bilder« an, die man in einer ganz normalen

Kärwa-Bude bestaunen konnte und sollte. Die freilich zunächst zurückhaltenden Fürther kamen dann doch bald auf den Geschmack und das wandernde Kino fortan jedes Jahr. Parallel dazu bemühte man sich aber auch, Filme in den restlichen Monaten zu zeigen, oft in hierfür nur notdürftig hergerichteten Zimmern von Privatwohnungen.

Um die Jahrhundertwende versuchte ein Georg Meier dem immer populärer werdenden Medium neue Räume zu erschließen: Der Stall des Gasthauses *Zum Gelben Löwen* in der Gustavstraße wurde ebenso zum Kino wie der große Saal des Hotels *National* (das Wirtshaus ist längst wieder zu neuem Leben erwacht, das *Park-Hotel* jedoch existiert nicht mehr ...); doch die Fürther blieben nach ihrer ersten Euphorie doch eher skeptisch gegenüber den schwarz-weißen Kintopp-Streifen, weshalb es in der Stadt bis 1907 so eine Art Filmriss gab. In diesem Jahr aber versuchte ein gewisser Herr Ofenloch aus Mainz sein Glück erneut und richtete in der Mathildenstraße ein Kino ein, das nach mehreren Um- und Ausbauten 1908 immerhin schon 148 Zuschauern Platz bot. Die Geschichte blieb wechselhaft bis zum Ersten Weltkrieg. In der Königstraße gab es das »Germania« und das »Carola-Theater«, in der Nürnberger Straße das »Royal«, doch wegen zu geringer Resonanz oder Eigentümerstreitigkeiten entwickelte sich daraus nie ein verlässliches Angebot. Noch glichen die Kinos ohnehin mehr ganz normalen Ladengeschäften, und ihnen fehlte der Hauch von Glamour, der sie später auszeichnen sollte. Erst 1913 entstand mit dem »Weltspiegel« in der Blumenstraße ein Filmtheater, das dem zweiten Teil seines Namens auch wirklich gerecht wurde.

Die Zeitung schrieb damals: »Im Haus Blumenstraße 2 hat sich ein neues Kinematographentheater aufgetan, das in seiner Ausstattung zu den vornehmsten Einrichtungen hiesiger Stadt gehört und jedem großstädtischen Unternehmen sich würdig an die Seite stellen kann [...] Wo man hinsieht, auserlesener Geschmack. Trotz dem Aufwand wirkt das Ganze aber durchaus nicht aufdringlich, sondern hat etwas Anheimelndes an sich. Das dunkle Grün der Wände kontrastiert wirksam mit dem leuchtenden Gelb der gewölbten Decke. Die Projektionsfläche ist flankiert von zwei Säulen, bekrönt von zwei reizenden Putten. Durch die nischenartige, in feinem lila Ton gehaltene Umrahmung wird bühnenartiger

Charakter erzielt. Die Beleuchtungsfrage wurde in glücklicher Weise gelöst; sie ist elektrisch und indirekt. Der Raum bietet 500 Sitzplätze und gliedert sich in Parterre und Logenplätze.«

In der heutigen Breitscheidstraße kamen dann zunächst nur noch die »Luitpold-Lichtspiele« (»Lu-Li«) mit 450 Plätzen dazu, die später »Park-Lichtspiele« hießen und erst 1974 geschlossen wurden.

1921 begann dann aber doch in Fürth auch die große Lichtspielzeit – mit der Eröffnung des »Kristall-Palastes« in der Pfisterstraße 3, der neben Kino auch Varieté-Vorstellungen anbot und tatsächlich zum Kristallisationspunkt für alle vergnügungssüchtigen Fürther wurde. Da in schlechten Zeiten ein wenig Amüsement noch am besten von Not und Sorgen ablenken kann, erfreuten sich in den krisengeschüttelten 20er-Jahren auch in Fürth die bunten und glitzernden Etablissements größter Beliebtheit: in der Südstadt zum Beispiel das »Alhambra« mit 600 Sitzen und Platz für ein ganzes Orchester. Bis 1933 waren die mittlerweile fünf bestehenden Fürther Kinos dann auch für den neuen Tonfilm umgerüstet, und kurz vor Kriegsende zog die Ufa noch ins unzerstörte Stadttheater (das nach 1945 auch von den amerikanischen Besatzern zunächst weiter als Kino benutzt wurde).

In seinem Buch *Vom Kinematographen zum CineCittà* beschreibt der Nürnberger Autor Jürgen Wolff ausführlich die Situation der Fürther Kinos nach dem Zweiten Weltkrieg: »Mit dem allgemeinen Kinoboom entstanden in kurzer Zeit außerhalb des Zentrums sogenannte Stadtrand- oder Vorortkinos. Am 3. Februar 1950 eröffneten in der Zaunstraße 5 in Burgfarrnbach die ›Weißbräu-Lichtspiele‹. Die Ausschankhalle der Burgfarrnbacher Weißbier-Brauerei wurde zu einem Kino mit 200 Plätzen ausgebaut. ›Roter Vorhang, großstädtisches Gongspiel und ausgezeichnete Wiedergabe durch modernste Klangfilmapparatur … schufen ein angenehmes Ambiente‹ … In der Hardstraße 8 entstanden die ›Hard-Lichtspiele‹. Mit 430 Sitzplätzen, mit handgetriebenen kupfernen Ornamenten … an den Wänden konnte Besitzer Hans Hofmann den Betrieb im Oktober 1950 aufnehmen. Matter Starglanz in den Boomjahren auch in Fürth. Hans Hofmann konnte in den ›Hard-Lichtspielen‹ Kopien des dänischen Komikerpaars Pat und Patachon zeigen. Lilly Palmer, Johannes Heesters und Paul Dahlke machten in Fürth Station.«

Mit dem Luis-Trenker-Reißer *Duell in den Bergen* eröffnete Ende 1950 in der Breitscheidstraße 43 das »Hansa-Filmtheater« mit 750 Plätzen. Dann kam die legendäre »Camera« in der Südstadt dazu, die sich trotz ihres imposanten Entrées und mit den Lichtsäulen an der Fassade »Das intime Theater« nannte und immerhin 482 Zuschauern Platz bot (später wurde daraus eine weit über die Fürther Grenzen hinaus bekannte Discothek, in der unter anderem absolut angesagte Bands wie die »Rattles«, die »Boots« und die »Lords« auftraten).

Das »›Bambi‹ im ehemaligen Restaurant des Parkhotels unterschied sich nicht nur im Programm, sondern auch im Fassungsvermögen von den anderen Häusern«, schreibt Jürgen Wolff in seinem Buch. »Mit 182 Plätzen eher gemütlich, zeigte es Wochenschauen und Kulturfilme in stündlichem Wechsel seit dem 4. April 1953. Ab 20.30 Uhr wurde ein Hauptfilm gezeigt. Für längere Zeit den Abschluß für Kinoneubauten bildete die Eröffnung des ›City-Palastes‹ am 29. November 1956. (Hier) entstand mit 900 Plätzen ein ovaler, zweigeschossiger Zuschauerraum, der mit dem Film *Musikparade* seinen Spielbetrieb aufnahm.«

Der Höhepunkt war in den 50er-Jahren überschritten, »von da an ging es bergab«, meint Wolff. 1960 machte das »Central« dicht, 1961 der »Weltspiegel«, dann das »Alhambra«, im »Kristallpalast« wurde 1962 der letzte Film gezeigt, danach nur mehr das Tanzbein geschwungen. 1964 kam das Aus für die »Weißbräu-Lichtspiele« in Burgfarrnbach, ein Jahr später für das »Hansa-Filmtheater« in der Innenstadt. Zwar hatte die »Camera« auf Cinemascope umgestellt, die Besucher blieben aber trotzdem aus; 1965 wurde das Haus als Kino geschlossen. Im »Hard-Kino« gingen 1966 die Lichter aus, doch selbst als dort ein Supermarkt einzog, war das Gebäude noch unschwer als ehemaliges Kino gut erkennbar. »Park-Lichtspiele« und »Admiral« im Park-Hotel-Komplex schlossen 1974, und längst hatte das Fernsehen die Wochenschauen und das Aktualitätenkino überflüssig gemacht, weshalb auch das »Bambi« 1975 aufgab.

So behäbig sich die Lichtspiele hier zunächst durchsetzen konnten, so sang-, klang- und bildlos verschwanden sie von den Leinwänden. Es war ein langes Kinosterben in Fürth. »Finis« … »The end« … »Ende«.

# Kopfsteinpflaster

Sollte man ihm tatsächlich eine Träne nachweinen?
Sicher, Lärmgeplagte, Durchgeschüttelte und hartnäckige
Träger(innen) von High Heels machen drei Kreuze. Denn Tatsache
ist, dass das Kopfsteinpflaster mehr und mehr aus dem Bild
(und dem Sound) der Stadt verschwindet. Es ist da ein Wandel zu
registrieren, der viel mit dem Zeitgeist zu tun haben mag: glatt,
praktisch und ruhig gilt als Devise, wo es ehedem noch holprig,
stolpergefährlich und ohrenbetäubend dahinging. Aber ist die
Nivellierung und schließlich die Abschaffung des kleinteiligen
Wegebelags wirklich solch ein kultureller Meilenstein, wie es uns
der gegen Null tendierende Geräuschpegel weismachen will, wenn
wir mit 80 km/h auf brettelebener Piste durch die Altstadt donnern?
   Wer da so seine Zweifel anmeldet, wird schnell in die Nostalgi-
kerschublade gesteckt – wo sich allerdings derjenige, der bisweilen
Spuren in der Stadt sucht, mitunter gar nicht so unwohl fühlt; er will
ja nicht unhaltbare alte Zustände zurückhaben, will nicht den auf
die Straßen gekippten Kot von seinen Sohlen kratzen müssen und
auch keineswegs statt in den 173er-Komfortbus in die Postkutsche
steigen. Aber wenn ihm ganz offensichtlich ein ästhetischer Strich
durch die Wohlfühl-Rechnung gemacht wird, da kann er schon mal
recht traurig werden, wenn nicht gar wütend.
   Über Jahrhunderte hinweg gehörte das sichtbare Wechselspiel
zwischen beigem Sandstein und der grauen Pflasterung zum charakteristischen Merkmal der Fürther Straßen in der Innenstadt. Die mit
zurückhaltenden Ornamenten verzierten Fassaden korrespondierten
mit dem Belag, der in der Regel aus musterlos aneinander verlegten
quadratischen Natursteinen (Seitenlänge um die zehn Zentimeter)
bestand. Gepflastert waren die Wege natürlich auch bald dort, wo
das alte Fürth noch mehr einem Bauerndorf glich: Steine ebneten
in der Gustavstraße und den umliegenden Plätzen und Gassen dem
Fußgänger und den Fahrzeugen den Gang und die Fahrt, wo bislang
unbefestigte und somit unbefriedigende Zustände herrschten. Ein
Fortschritt (in doppeltem Wortsinn sogar!), wie sich vor allem bei

Regenwetter zeigte: vorbei endgültig die Zeit, da man sich mühsam durch Schlamm und Unrat quälen musste.

Die Pflasterer rückten in Heerscharen an: knieend klopften sie die schweren Quader in den Untergrund, wie es ihre Vorgänger vor Jahrtausenden machten. Schließlich kennt man schon aus dem Altertum, von Babyloniern, Ägyptern und besonders aus dem Römischen Reich gepflasterte Innenräume, Straßen und Plätze. Während im Mittelalter der Pflasterbau besonders bei den Landstraßen zurückging, nahm er mit dem Aufkommen des Verkehrs im 19. Jahrhundert wieder zu. Irgendwann kam dann aber der Asphalt, und es schien, dass die Steine ausgedient hätten.

Zumindest rutschten sie in eine Art Alibi-Rolle, was man auch in Fürth sehr gut beobachten kann. Ihre Alltagstauglichkeit büßten sie ein und dienten fortan nur mehr zur Dekoration. Heute werden vornehmlich nur noch Parkbuchten gepflastert oder Orte, die man aufgrund ihrer vorherrschenden Ödnis optisch gerne etwas abwechslungsreich »auflockern« möchte. Ist es nicht seltsam, dass man sich ausgerechnet dort, wo das alte Fürth komplett und konsequent vernichtet wurde, wieder auf den Reiz des Kopfsteinpflasters besann? Der ehemalige Gänsberg mit seiner jetzt glatten, neuheimatlichen, farbenwirren und betonbalkonverzierten Einzigartigkeit ist komplett mit kleinen Steinchen ausgelegt, die man auch noch hie und da in ein völlig unverständliches fröhliches Muster zwang. Dabei hätte zu dieser Fassaden-Eintönigkeit doch eigentlich viel besser eine bunte Betondecke gepasst. Stattdessen aber gaukelt man im Neubauviertel Bodenständigkeit vor: nennt Freiflächen Gassen und versucht verzweifelt, ihnen etwas vom morbiden Charme der alten Jahre mit auf die Wege zu geben.

So subtil allerdings geht man in den alten Straßenzügen, die sich Fürth noch erhalten hat, keineswegs vor. Über Jahre hinweg wurden marode gepflasterte Straßenstücke und Schlaglöcher einfach rücksichtslos mit formlosen Asphaltflecken ausgebessert, was die Holprigkeit der Wegstrecke noch erhöhte. War kein Geld für eine komplette Erneuerung von Straßendecken da, schmierte man einfach über das verlegte Pflaster einen angeblich lärmschluckenden Asphaltfilm, durch den freilich nach kurzer Zeit und viel Verkehr die hartnäckigen und überlebenswilligen Steine zuverlässig wieder durchschimmerten.

Lärmschutzverordnungen sind wohl überhaupt das Todesurteil für Kopfsteinpflaster gewesen. Denn wer nur genau misst, wird natürlich einen erheblichen Geräuschunterschied zwischen Straßen mit schlecht verfugten Steinen und solchen mit einer glatten Asphaltdecke herausfinden. Da halfen dann auch bald keine altmodischen Argumente mehr, wonach Pflasterbelege ökologisch eindeutig punkten, weil sie für bessere Regenversickerung sorgen, bewuchsfreundlicher, atmungsaktiver und für Wurzeln durchdringbar sind. Ignorierte Tatsache ist auch, so belehrt sogar das elektronische Lexikon, dass Pflaster reparatur- und umbaufreundlicher ist: Es ist schließlich leichter und sicher auch billiger, einen Quadratmeter Pflaster auszuwechseln als gleich mit einer riesigen Asphaltmaschine anzurücken.

Von Flickwerk und Löchern bestimmt war jahrelang zum Beispiel auch die Theaterstraße. Dann ist sie eines Tages frisch renoviert fertig geworden. Aber man stelle sich nun nur mal mitten in die Kreuzung mit der Blumenstraße: Da zieht sich links und rechts ein besenreines schwarzes Band, flankiert von Granitbordsteinen, Parkbuchten, Verlegenheitsbäumchen und – warum auch immer – roten Gehsteigen (auf denen die ebenfalls vorschriftsmäßig verwirrenden Rillen und Punkte für behindertengerechte Übergänge noch für zusätzliche ikonografische Auflockerung sorgen) zwischen den alten Häusern hindurch und sieht aus wie eine Landebahn für Kleinflugzeuge oder wie die tadellose Kampfpiste für todesmutige Rollerscater. Insgesamt ein heilloser Material- und Struktur-Mischmasch, beherrscht doch einzig die dunkle Asphaltfläche den Blick und zerschneidet die optische Stimmigkeit des gesamten historischen Ensembles. Wendet man sich aber in die Blumenstraße Richtung Judenfriedhof, dann ist da – und wie viel mehr noch etwa in der Schindelgasse oder auf dem Waagplatz – etwas geblieben von dieser Einheit aus Häusern und Wegen, die man einst mit Steinen mühsam aber bewusst herzustellen willens und in der Lage war.

Es gibt Städte, die haben sich längst wieder darauf besonnen, ihren in manchen erhaltenen Vierteln gewachsenen Charakter zu bewahren oder zumindest zu rekonstruieren. Da knieten sie wieder, die Pflasterer, und klopften die Steine in die Erde nach dem alten zweckmäßigen Muster, das sich vordergründig gar nicht um Schönheit scherte und trotzdem so harmonisch ins Bild passte. Bis exakt an die Hauswände reichten einstmals die Steine der Straße, bis hinein in die Höfe; zur Mitte abfallend, wurde die Fläche aufgefangen von einem sichtbar abgesetzten Band, das als Abflussrinne diente. Keinerlei Verzierungen oder gestalterischer Schnickschnack, keine Stadtmöblierung mit Gittern und abgasresistenten Pflanzen war nötig: Eine Stadt besteht nun mal aus Stein – und ob das trist oder pittoresk ist, bestimmt vornehmlich das Licht- und Schattenspiel, das die Pflasterungen auf ihren glatten Oberflächen und in den Fugen brechen. Feucht und regennass spiegelten die Steine oft geheimnisvoll und variierten ihr immer gleiches Grau in den verschiedensten Tönen. Und die über Jahre hinweg beigebrachten Wunden und Unebenheiten sorgten für ständig wechselnde Strukturen.

Soll man noch vom Klang – nein: von den unterschiedlichen Klängen – schwärmen, die Schritte, schüchtern oder beherzt, schlendernd oder flüchtend gesetzt, auf dem Pflaster hervorzauberten? Wie sie verhallten oder endlos hörbar in der sonst menschenleeren Nacht noch im Ohr sich fest- und die Phantasie in Gang setzten ...

Romantische Sehnsüchte eines hoffnungslosen Stadtträumers? Vielleicht, und wenn schon! Dass aber, kaum ist eine ach so praktische und verkehrsfreundliche Asphaltdecke geschlossen, auf diese zur vorbeugenden Sicherheit aller sogleich befehlend und in riesigen Ziffern eine Tempo-30-Vorschrift gepinselt werden muss, das sagt doch eigentlich alles über diesen sogenannten Fortschritt.

# Literaten in Fürth 1

Von Nürnberg weggerutscht nach Fürth …«, schrieb die
Schriftstellerin Irina Liebmann in ihrem herb-romanti-
schen Reisebuch *Letzten Sommer in Deutschland* von 1997.

»Zufällig […] nach Fürth geraten […] total vergammelt«,
notierte der poetische Erdkundler Horst Krüger 1972 in seinen
Aufzeichnungen.

Man merkt: Fürth liegt nicht am Weg. Zumindest nicht für
Autoren. Wer als Literat in diese Stadt gelaufen oder gefahren
kommt, muss wohl schon einen besonderen Grund haben.
Oder er hat sich *ver*-laufen, respektive: *ver*-fahren, hat also sein
eigentliches Ziel – Nürnberg zum Beispiel oder Prag oder vielleicht
nur Kalchreuth – knapp verfehlt. Oder ist weggerutscht. Oder dem
Zufall zum Opfer gefallen …

Fürth in der Literatur also. Eine Spurensuche im Bücherregal.
Und die Ausbeute ist spärlich. Man muss lange in Romanen,
Tagebüchern, Briefen und Reiseberichten, Gedichten gar suchen,
bis man auf den Namen der Stadt stößt. Für ein ganzes Lesebuch
geben die Fundstücke nicht genügend Material her, ignorieren
aber sollte man sie auch nicht. Denn immerhin waren es nicht die
Unbedeutendsten, die sich nach Fürth verirrten und ihre Eindrücke
dann sogar noch festhielten.

Begeben wir uns also auf diese literarische Spurensuche (eine
einstweilen sicher unvollständige Auswahl, die aber jederzeit ergänzt
werden kann) und beginnen wir gleich im Zeitalter der Romantik.

Um 1800 herum, als das Wandern nicht nur des Müllers,
sondern auch des Dichters Lust war, taucht der Name der »kleinen,
schöneren Schwester Nürnbergs« (so noch einmal kurz ein Zeitge-
nosse, der Poet Godehard Schramm) vor allem in Reisebeschrei-
bungen immer wieder am Rand auf. Da ist zum Beispiel Wilhelm
Heinrich Wackenroder, Mitbegründer der Deutschen Romantik
und Autor der *Herzensergießungen eines kunstliebenden Klosterbruders*.
Wackenroder kommt Ende der 1790er-Jahre nach Fürth und findet
die Stadt – »offener als ein Dorf« vor:

»Die Straßen laufen geradezu auf Wiesen und Felder hinaus und nicht das Geringste von Umzäunung zu sehen. Wir aßen Mittag im *Prinzen von Preußen*. Gegenüber ist das *Brandenburgische Haus*, einer der größten Gasthöfe, die ich je gesehen habe und den man in diesem Städtchen nicht suchen sollte.«

Kollege und Freund Ludwig Tieck dagegen meckerte in seiner Märchen- und Novellen-Sammlung *Phantasus* 1812 zwar seltsamerweise zunächst noch über dieses »Nordamerika von Fürth« (was auch immer er damit gemeint haben mag …), das ihm »neben dem altbürgerlichen, germanischen, kunstvollen Nürnberg« nicht recht gefallen mochte; ein paar Absätze später aber notierte er, anscheinend ein wenig verwirrt: »Allein Fürth war auch bei alledem mit seinen geputzten Damen, die gedrängt am Jahrmarktsfest durch die Gassen wandelten, nebst dem guten Wirtshause und der Aussicht aus den Straßen in das Grün an jenem warmen, sonnigen Tage nicht so durchaus zu verachten.« Kärwa-Zeit halt!

Schlichtweg aus dem Häuschen gerät Tieck dann sogar, wenn er den fleißigen Handwerkern der Stadt über die Schultern schaut. In einem Brief schreibt er: »Und ich erinnere mich noch mit Freuden des Tages, als wir uns vor vielen Jahren zuerst in Nürnberg trafen, und wie einer deiner ehemaligen Lehrer, der dich dort wieder aufgesucht hatte und für alles Nützliche, Neue, Fabrikartige fast phantastisch begeistert war, dich aus den dunklen Mauern nach Fürth führte, wo er in den Spiegelschleifereien, Knopfmanufakturen und allem klappernden und rumorenden Gewerbe wahrhaft schwelgte und deine Gleichgültigkeit ebenfalls nicht verstand und dich fast für schlechten Herzens erklärt hätte, da er dich nicht stumpfsinnig nennen wollte: endlich bei den Goldschlägern lebtest du zu seiner Freude wieder auf.«

Auf jeden Fall muss Fürth seinerzeit seine Besucher sehr freundlich und warmherzig empfangen und aufgenommen haben. Denn nicht nur Wackenroder spricht vom eher dörflichen und einladenden Charakter der Stadt, auch Ernst Moritz Arndt (der eigentliche »Ruhm« dieses Dichters und Denkers freilich gründet sich auf eher nationalistischen und bisweilen auch antisemitischen Schriften) stellte bei seinem Zwischenstopp auf der Reise von Bayreuth nach Wien 1798 fest:

»Fürth ist eine offene Stadt, wie ein Dorf, in tiefem Sande
gelegen, und in den stumpfen Winkel hineingebaut, den die Pegnitz
und Rednitz hier bei ihrer Vereinbarung bilden […] einige sehr
gerade, breite und hübsche Gassen, aber die anderen haben ein
desto unangenehmeres und widrigeres Aussehen […] Die Häuser
sind meistens von dem gelblich weißen Sandstein gebaut wie die
Erlanger, und wie diese, meistens zwey, drey Stock hoch. Die Stadt
ist bloß Fabrikstadt, und ein Ableger von Nürnberg, denn mit
dessen Sinken hat diese angefangen zu steigen, und soll sich noch
immer aus Nürnberg rekrutiren […] Die Stadt ist nicht groß, soll
aber volksreich seyn. Von dem heutigen Gewimmel darf man eben
keinen Schluß machen, und ist in einer Fabrikstadt eben ein großes
Getümmel, wie an einem Handwerksorte …«

Derartig proletarische Bodenständigkeit musste sensible
Schöngeister natürlich naserümpfend und zwangsläufig wieder aus
den engen Gassen verscheucht haben. Jacob Grimm, der Bruder
von Wilhelm, machte da im Jahr 1838 eine Ausnahme, wohl nicht
zuletzt, weil er in den Genuss einer bahnbrechenden technischen
Neuerung kam:

»Ich trieb mich in der weiten Stadt Nürnberg herum […]
Nachmittags war ich auf der Eisenbahn nach Fürth, wohin man in
zehn bis zwölf Minuten gelangt. Eine neue aufblühende Stadt, die
recht von dem althertümlichen Nürnberg absticht. Überall aber steht
dieses im Vorteil. Ermüdet und auf die Rückkehr des Dampfwagens
wartend, ruhte ich in einem Birkenwäldchen eine Viertelstunde von
Fürth aus. Auf der Eisenbahn schüttern und rauschen die Räder. Es
geht sehr schnell, es mag aber die Leipziger Bahn noch schneller
gehen, weil bei der kurzen Strecke die Maschine keinen rechten
Schwung nehmen kann.«

Bei Clemens von Brentano (*Des Knaben Wunderhorn*) wiederum
findet sich in *Gockel, Hinkel, Gackeleia* – es handelt sich hier um ein
»Mährchen«, wie der Autor schreibt – eine Passage, die auf das große internationale Ansehen jüdischer Gelehrter hinweist, die es über
Jahrhunderte hinweg in Fürth gab: »Wie haben wir muessen laufen
von Heddernheim nach Krakau, von Krakau nach Bockenheim,
von Bockenheim nach Constantinopel, von Constantinopel nach
Fuerth, von Fuerth nach Jerusalem, von Jerusalem nach Worms,
von Worms nach Cairo, von Cairo wieder nach Heddernheim und

von Heddernheim wieder in die ganze Geographie, laufen, laufen um zu lernen die Kabbala, Gicks, Gacks und Kikriki, die grosse Alektryomantie, bis wir endlich den Spruch auf dem Grabstein in der Burg Gockels verstehen konnten.« Von Fürth nach Jerusalem – später machte man daraus eine griffig-positive Charakterstärke, die Toleranz betreffend.

Ach, ja – und Goethe? Es gibt ja kaum einen noch so abgelegenen Ort in Deutschland, wo man nicht an irgendeiner Hauswand stolz eine Tafel mit »Hier speiste …«, »Hier schlief …« oder auch »Hier schneuzte sich …« angebracht hat. Der Herr Geheimrat war halt viel unterwegs, und jeder Gastwirt, der ihm nur einen halbwegs gefüllten Strohsack aufschütteln konnte, fühlte sich geehrt, den Leib des Meisters darauf ruhen zu sehen – und mag es nur für ein kurzes Nickerchen gewesen sein. War er wieder weg, wurde flugs ein Erinnerungsschild an die Fassade plaziert: der Dichter als Werbeträger – wer hier schläft, isst, rülpst, der tut es fürderhin im Geiste eines Olympiers.

In Fürth aber sucht man solch einen Hinweis vergeblich – Goethe war hier nämlich nie. Daraus aber Rückschlüsse auf die für den Geist und Geschmack des Meisters eher dürftige intellektuelle Verfassung der Stadt zur Zeit der Klassik zu ziehen, wäre zynisch. Goethe, dem frühen polyglotten Touristen, Ignoranz zu attestieren, käme der Sache dagegen schon näher. Denn er hielt sich immerhin im November 1797 in Nürnberg auf, und viele seiner Kollegen wagten ja seinerzeit, wie wir lesen konnten, von gleichem Ort aus durchaus einen kurzen Ausflug über die Stadtgrenze hinweg. Und fanden Fürth – leuchtend, südländisch gar. Was dem Italien-Fan Goethe sicher auch nicht entgangen wäre, was ihm gefallen hätte möglicherweise.

Goethe aber blieb irgendwann mal in Nürnberg hocken, logierte dort im *Roten Hahn* und scharte Bewunderer um sich. Bei einem der Essen lernte er dann doch zumindest einen waschechten Fürther kennen und notierte das sogar in seinem Tagebuch: den »Hofjuwelier Reich von Fürth«. Dieser Johann Christian Reich war ein honoriger und kunstfertiger Fürther Bürger, den Markgraf Carl Alexander aufgrund seiner handwerklichen Verdienste zum Hofmedailleur ernannt hatte; der Titel blieb Reich in den folgenden Jahren sowohl unter der preußischen wie auch der bayerischen Herrschaft erhalten.

Reich soll aber, so berichtet wiederum der wackere Wackenroder, der ihn nun wirklich *in* Fürth antraf, Reif soll gerne mit seinen
großen Bekanntschaften geprahlt haben. Warum also, so fragt man
sich heute, hat der Herr Hofmedailleur dann nicht zumindest an seinem Haus in der Alexanderstraße 22 nach 1797 eine Tafel anbringen
lassen, etwa mit dem Wortlaut: »Hier wohnt einer, der schon mal mit
Goethe beim Mittagsbraten saß …«?

# Literaten in Fürth 2

Nach dem fruchtbaren romantischen Zeitalter lassen die Literaten Fürth dann eine Zeitlang eher links liegen. Erst an der Schwelle zum 20. Jahrhundert taucht der Name wieder ab und an und in unterschiedlichsten Zusammenhängen in Büchern, Artikeln und Erinnerungen auf.

Lion Feuchtwanger zum Beispiel, der ja selber familienbedingt ohnehin eine Beziehung zu Fürth hatte, Feuchtwanger also lässt in seinem Roman *Jud Süß* einen Hingerichteten »auf einem Karren nach Fürth« zum Judenfriedhof schieben; Ludwig Thoma streut den Namen der Stadt eher beiläufig in seine Geschichte *Der Bader* ein: »Es ist in der ganzen Welt bekannt geworden, dass unsere bayerischen Truppen im heurigen Manöver so schreckliche Anstrengungen haben durchmachen müssen. Ein Lichtblick in der trüben Zeit war, dass man daheim hie und da etwas Tröstliches vernommen hat, so zum Beispiel, dass einer vom Leibregiment Fürth zehn Leberknödel und 2 Pfund Fleisch in sich aufnahm …«

Der Nürnberger Hermann Kesten – unfreiwilliger Weltbürger, weil ihn die Nazis ins Exil trieben – schwärmt in seiner Novelle *Emilie*: »[…] wo die engen Straßen mit Sonne gepflastert, mit vielen geputzten Menschen bestreut sind […] Fürth, leuchtend, schien ein farbiger Vorort Italiens.« Dass Dichter mitunter lügen, wenn man sie druckt, ist aber bekannt; und in einem Brief von 1929 hört sich somit die Begeisterung des überzeugten Nürnbergers Kesten über Fürth schon ganz anders, typisch und unverblümt ironisch an:

»Berlin […] ist eine Stadt, in der ich schon längere Zeit (bald ein Jahr) lebe und die mich langweilt. Ich will nicht übertreiben und sie mit Fürth vergleichen, aber …« Hier bricht Hermann Kesten gnädig ab.

Er ist selber Schuld, denn hätte er sich in den besonnten Straßen wirklich mal umgesehen, er wäre auf etwas gestoßen, was vor ihm – der kleine Abstecher in die große Oper sei gestattet – immerhin Richard Wagner schon in den *Meistersingern* festgeschrieben hatte. 3. Aufzug, 5. Szene: »Ein bunter Kahn mit jungen Mädchen in

reicher bäuerischer Tracht kommt an; Lehrbuben: ›Herrje! Herrje! Mädel von Fürth! Stadtpfeifer, spielt! Daß 's lustig wird!‹« Folgt die Regieanweisung: Sie »heben die Mädchen aus dem Kahn und tanzen mit ihnen«.

Hier ist nun der Ort und die Muße, da man kleine Geschichten einfügen kann, die ihrerseits zwar keine große Literatur sind, dafür aber etwas mit wirklichen Literaten zu tun haben – zunächst einmal mit Thomas Mann.

Der war irgendwann im Jahr 1924 in Nürnberg in die Straßen-bahnlinie 21 eingestiegen – und vergaß auszusteigen. So wurde Mann also ganz automatisch und willenlos nach Fürth kutschiert (Endstation »Flößaustraße«!). Zufällig kam er aber in der Bahn mit einer jungen Dame ins Gespräch. Und diese Begegnung veränderte das Leben beider Personen. Die Frau war ein Fan von Mann, wie sich herausstellte, und der engagierte sie spontan. So wurde aus der jüdischen Buchhändlerin Ida Herz die »Archivarin des Zauberers«, wie man sie später bewundernd nannte. Ihre Aufgabe nämlich war es fortan, die Mann'sche Bibliothek zu ordnen (Jahrzehnte später wird sie übrigens mit der Buchhändlerin Mary S. Rosenberg, ebenfalls eine Fürtherin, die Bibliothek Lion Feuchtwangers im kalifornischen Exil betreuen – aber das ist eine andere Geschichte …).

Das Treffen 1924 in der 21er zwischen Thomas Mann und Ida Herz auf Fürther Boden war, wie die Literaturwissenschaftlerin Käte Hamburger in einem Nachruf auf Herz 1984 in der *FAZ* schrieb, »der Beginn der lebenslangen Freundschaft, die Ida Herz mit dem Hause Mann verband. Es war eine Freundschaft, die für die Thomas-Mann-Forschung fruchtbar geworden ist. Ida Herz sammelte alles, was, ihr erreichbar, sich auf Thomas Mann bezog, und baute im Verlauf der Jahrzehnte, zuerst in Deutschland, dann in London, wohin sie emigriert war, ein Archiv auf, das nach dem Tode Thomas Manns dem Züricher Thomas-Mann-Archiv einverleibt wurde.« (Nebenbei: Es war die Frau des Fürther Rechtsanwalts Max Bernstein, die Thomas Mann in München mit dessen späterer Ehefrau Katia bekannt machte – aber auch das ist eine andere Geschichte …).

In einer 2002 erschienenen Biografie über den 1997 verstor-benen Autor Jurek Becker (*Jakob, der Lügner*) konnte man Seltsames über dessen Vater lesen: »Als seinen Geburtsort nannte er Fürth in Bayern. Damit war er nicht Pole (und Jude), sondern Deutscher (und

Jude). Recherchen ergaben, dass er sich für Fürth entschieden hatte, weil das dortige Rathaus bei einem Bombenangriff völlig zerstört worden war.« Im *Spiegel* wurde diese Passage nachgebetet: »Als Geburtsort gibt er Fürth an, denn dort, so hat er in Erfahrung gebracht, sind in dem Rathaus sämtliche Unterlagen des Einwohnermeldeamtes verbrannt.« Biograf und Magazin erzählen natürlich Unsinn, denn Zerstörungen dieser Art gab es in Fürth nicht.

Tatsache allerdings bleibt, dass der polnische Jude Max Becker für sich und seinen Sohn Jurek nach dem Nazi-Wahnsinn, den sie wunderbarerweise überlebt hatten, im Osten Deutschlands eine neue Identität suchte. Als in Polen geborene Juden ohne »antifaschistische Leistungen« standen sie dort allerdings eher auf der Verliererseite. Also schrieb der Vater die Biografie ein wenig um, machte aus sich einen Deutschen und wurde als »Opfer des Faschismus« anerkannt. Warum er als Geburtsort ausgerechnet Fürth wählte, bleibt unergründlich. Wusste er von der großen jüdischen Vergangenheit der Stadt?

Der Name hat auf jeden Fall geholfen: Die kleine Familie hatte die Konzentrationslager überlebt (Jureks Mutter starb allerdings wenige Wochen nach der Befreiung des KZ Sachsenhausen an Unterernährung) und konnte eine neue, sichere Existenz beginnen. Und aus dem kleinen Jurek, dessen Vater »aus Fürth« kam, das er nie gesehen hatte, wurde einer der bedeutendsten deutschsprachigen Autoren der Nachkriegszeit.

Kehren wir aber nochmals von der Wirklichkeit in die Fiktion zurück (wenngleich die Identitätsprobleme weiterhin eine Rolle spielen). In ihr bewegte sich 2003 der Schriftsteller Sten Nadolny, dessen *Ullsteinroman* just an dem Tag der Fahrt der ersten deutschen Eisenbahn 1835 von Nürnberg nach Fürth beginnt. Und den – diesmal tatsächlich – in Fürth geborenen jüdischen Verleger Leopold Ullstein lässt Nadolny später räsonieren: »Und dass es ihn selbst noch nicht gab, egal ob er Löb oder Leopold hieß, er war ein Ladenhüter aus Fürth oder Fiorda […] Er fürchtete sich vor der lauernden Behäbigkeit dieser Stadt und davor, dass er selbst auch so werden, dem Bier verfallen und schließlich ein schlechtgelaunter Papierhändler mit Bauch werden könnte.«

Es kam anders, wie wir wissen, freilich nicht in Fürth, sondern in Berlin. Nadolny selbst wiederum entdeckte im Rahmen seiner

Recherchen vor Ort durchaus Reizvolles an der Stadt – wenngleich er dann aber irgendwie doch wieder seinem Helden recht geben musste. In einem Interview meinte Sten Nadolny: »Ich bin in Fürth gut aufgenommen worden, man hat mir da sehr geholfen. Ich liebe alle Städte, in denen ich recherchiere, zumindest dauert es nicht lange, bis ich sie liebe. Weil dieses leicht raubtierhafte Herumschleichen in einer Stadt, das lässt sie leuchten, mehr als wenn man die kunsthistorischen Hinterlassenschaften besichtigt. Aber ich habe schon auch gesehen, sie *(er meint: dieses Fürth, Anm. BN)* ist unter den deutschen Städten nicht die größte Schönheit, man tut ihr keinen Tort an, wenn man das sagt, das wurde auch von anderen immer wieder gesagt, dass das ein bisschen grau und steinern gewirkt hat auf sie.«

Lassen wir diesen (längst nicht vollständigen) literarischen Blick auf Fürth aber einstweilen versöhnlich ausklingen. Mit der schon mal kurz zitierten Irina Liebmann zum Beispiel. Die in Moskau geborene und in der DDR aufgewachsene Autorin, die als sehr sensible Beobachterin brüchiger Wirklichkeiten gilt, hatte sich sieben Jahre nach der deutschen Wiedervereinigung auf eine lange Reise durch das »neue« Land begeben, auf der sie auch in Fürth vorbeikam (man erinnere sich: Sie war es, die von Nürnberg »wegrutschte«). Und sie staunte:

»Jetzt sah ichs wieder, und was ich vergessen hatte: Es liefen Kinder überall und spielten Ball und hopsten auf den Straßen, aus Autos tönte laut Musik, und schwarzgelockte Männer saßen drin und redeten und lachten. In dieser Stadt, die ihren Juden immer mehr Freiheiten gegeben hat als sonst in Deutschland irgendwo ein Ort, da wohnten heute Ausländer und lachten! […] In Fürth schiens mir an manchen Ecken überhaupt, als ob ich schon im Süden wäre – bunt war es, und alles auf der Straße, und die Kinder eben. Die rannten nie alleine, immer viele, in Gruppen, Rudeln durch die Stadt, und gute Laune steckt ja an.«

# Märkte

Ach, wissen Sie«, sagte die Marktfrau beim Abwiegen der Äpfel und klang dabei irgendwie resignierend, »es macht doch keinen Sinn, für zwei Wochen dort zu sein und dann wieder umzuziehen nach hier.«

Hier, das ist der schmale Gehsteigstreifen entlang der Adenaueranlage; dort, das ist die Fürther Freiheit. Und die war an diesem Tag im November noch zur Hälfte eine gähnende Leere. Man rechnete nach und wunderte sich: Der Weihnachtsmarkt beginnt doch planmäßig jedes Jahr im Dezember; bis dahin also sollte der Platz frei bleiben? Ein paar Tage später wuchs dann auf einmal eine einsame, riesige Tanne aus dem steinernen Untergrund …

Jeder Fremde in der Stadt würde sich wundern, warum hier die Marktstände an den Rand gedrängt werden, während genau gegenüber eine schier endlose Fläche unbesetzt bleibt. Aber halt nur jeder Fremde, der Fürther hingegen weiß längst, dass der Wochenmarkt hier so heißt, weil er grob geschätzt jede Woche woanders zu suchen ist. Über Jahre hinweg litten Marktbeschicker und Kunden unter einer höchst seltsamen Politik, die dafür verantwortlich war, dass einem ganz normalen Markt einfach kein dauerhafter und attraktiver Standort verschafft werden konnte. Es dürfte im Land (in Europa?) einzigartig sein, dass ein Wochenmarkt nach einem unergründlichen Fahrplan ständig verschoben werden musste: Mal stolperte man über ihn, wenn man den Bahnhof verließ, mal fand man ihn nicht, weil er plötzlich auf der »kleinen« Freiheit aufgebaut war, mal hätte man bequem vom Bus, der haarscharf an den Ständen vorbeischrammte, seine Äpfel bestellen können, mal – vornehmlich im kalten Winter – machte er sich mit ein, zwei Anbietern auf einer ansonsten öden und brachliegenden Kopfsteinwüste – nein, breit kann man da nicht sagen: Er verlor sich traurig. (Für eine längere Zeit hat man die Stände mittlerweile eng um den Centauren-Brunnen am Bahnhofplatz gruppiert.)

Überhaupt ist ja, was allein den Begriff Markt anbelangt, in Fürth reichlich für Verwirrung gesorgt. Überall dort, wo der Name auf Straßenschildern auftaucht, findet man alles – nur leider keinen Markt mehr. Über den Grünen Markt (oder richtiger: Marktplatz) donnerte einst der Schwerverkehr, heute sitzt man dort beschaulich bei Bier und Eis; den Kohlenmarkt ziert ein schief stehendes Duplikat des Rathausturms; über den Obstmarkt kurven wendende Busse. Grünes Gemüse, buntes Obst oder schwarze Kohlen freilich sucht man an diesen Orten vergebens.

Dabei machten diese Namen durchaus einmal Sinn. Der Marktplatz war der zentrale Platz im historischen Kern der Stadt. In ihn mündete die seit dem 16. Jahrhundert so genannte Bauerngasse (seit 1827 Gustavstraße), in der die Landwirte aus dem Umkreis ihre Fuhrwerke abstellten. Ihre frischen Waren, also Gemüse aus dem Knoblauchsland, verkauften sie dann auf der freien Fläche im Schatten der Michelskirche, dem Mittelpunkt der noch überschaubaren, hier eher dorfähnlichen Stadt, umgeben von wichtigen Amtshäusern und einladenden Gastwirtschaften. Der Volksmund machte aufgrund des Lebensmittelangebots rasch einen »Grünen Markt« daraus, die von auswärts kommenden Bauern aber hatten hier alles in Laufweite: Sie durften verkaufen, meist ohne eigens aufgebaute Stände und gleich aus den Weidenkörben heraus; sie konnten ihre leidigen Amtsgeschäfte erledigen; und sie hatten Gelegenheit, vor der Heimfahrt mit den Fuhrwerken noch einzukehren, ein Bier zu trinken, Neuigkeiten auszutauschen.

Etwas weiter stadteinwärts die Königstraße hinab gelangte man zum Obstmarkt. Auch sein Name spricht für sich: Seit 1880 heißt er so, und hier wurden Äpfel und Birnen, Zwetschgen und Kirschen angeboten. Noch auf Fotos aus den 30er-Jahren des 20. Jahrhunderts ist das wuselige Treiben auf dem Platz zu sehen: Die Stände waren klein, meist betrieben von nur einer Bäuerin in fränkischer Tracht und mit prall gefüllten Körben; Leiterwagen standen herum, gestreifte Sonnenschirme spendeten Schatten, das »Schuhhaus Hofer« am Eck zur Sternstraße gab es schon, das Kaufhaus »Forchheimer und Schloß« noch – es gehörte Juden und wurde 1938 arisiert.

Dabei war dieser Platz früher einmal für ganz andere Waren reserviert gewesen: Holz für den täglichen Verbrauch konnte man dort bis 1874 kaufen, als es weder Zentralheizung noch Fernwärme gab. Allerdings mussten sich die fränkischen Früchte dann schon bald die freie Fläche mit anderen Genüssen teilen. Nicht weit entfernt floss die Pegnitz, Untere und Obere Fischerstraße, Wirtshausnamen wie etwa *Stadt Venedig* zeugen heute noch davon. Also brauchten auch die Fürther Fischer einen Ort, an dem sie ihren frischen Fang an Mann und Frau bringen konnten. Bis 1911 stand deshalb hier auch eine Fischhalle, die unter dem Namen »Nordsee« firmierte und ein schmucker Fachwerkbau war. Und gleich daneben gab es folgerichtig das *Fischlokal Walhalla*.

Das hatte übrigens noch bis in unsere Zeit hinein ausgerechnet an dem Tag in der Woche, den jeder wahrhaftige Christ fleischlos begeht, um zum Fisch zu greifen, geschlossen: am Freitag. Der ehemalige Wirt Walter Stoll, der selber jahrzehntelang an dieser seltsamen Tradition festhielt, erläuterte einmal am Stammtisch, warum das so war: Freitags bekamen die Arbeiter ihren Wochenlohn und da die *Walhalla* gar so zentral lag, wurde ein Teil davon sofort in der Wirtschaft in Bier und Schnaps umgesetzt; Lärm und Streitereien, Betrunkene und Geprügelte blieben nicht aus. Also machte man an diesem Tag dicht. Lediglich am Karfreitag war das Lokal geöffnet, vor dem Fenster der Gassenschenke in der Mohrenstraße standen dann die Fürther Schlange, um sich ihren frisch gebackenen Karpfen und den Kartoffelsalat für daheim zu besorgen. Über dem gesamten Viertel aber hielt sich mindestens bis zur österlichen Auferstehung eine appetitanregende Dunstglocke.

Die Brennstoffhändler mussten, wie schon erwähnt, in den 70er-Jahren des 19. Jahrhunderts ihren angestammten Platz räumen. Nur einige Meter weiter, auf der Freifläche beim *Schwarzen Kreuz*, auf dem Königsplatz also, fanden sie ihr neues Domizil. Wobei hier lediglich Holz verkauft werden durfte; wer Holzkohlen benötigte, der musste am Rathaus vorbei zum folgerichtig völlig korrekt getauften Kohlenmarkt gehen.

Ein wenig verteilt, dafür aber zuverlässig an ihren angestammten Orten: Die Märkte gehörten einst in der Mitte der Stadt zu den täglichen Anlaufpunkten der Bevölkerung. Hauptsächlich die Familien vom Gänsberg, wo man eng aufeinander, ohne Gärten und Beete, also ohne wirkliche Möglichkeit der Selbstversorgung lebte, kauften ihre Lebensmittel dort ein. Der Markt war aber auch ein beliebter Kommunikationsort, Klatsch und Tratsch gab es gratis zu den frischen Waren.

Daneben existierten bis noch lange nach dem Krieg kleine Läden in der Innenstadt oder Stände in der Südstadt, wo sich entlang der Schwabacher Straße Buden für Obst, Gemüse und Fisch angesiedelt hatten. In der Altstadt gab es in der Waagstraße eine alte Gemüsehändlerin, und schließlich eröffneten immer mehr Türken ihre Läden, zwischen deren bunten Angeboten auf einmal exotische Früchte auftauchten, an die sich der echte Fürther erst langsam gewöhnen konnte. Heute ist auch dieses Angebot ausgedünnt, die Wege zum nächsten Gemüsehändler sind weiter geworden; jeder Supermarkt am Stadtrand, den man bequem mit dem Auto erreichen kann, hat alles Gewünschte im überbordenden Angebot.

Allerdings war es auch nur eine Frage der Zeit, bis sich an altem Ort und alter Stelle doch noch einmal ein »echter« Markt etablieren würde, wie ihn sich die neuen Bewohner der renovierten und schicken Altstadtwohnungen wünschten: Die Nachfrage nach »Bio« stieg, die Sicherheit, frische Waren vom regionalen Erzeuger zu kaufen, wurde für viele zur Maxime. Und wer sonst in der Woche durchs Leben und seinen Terminkalender hastet, der stellt sich nun samstags geduldig, ohne Zeitdruck und Meckerei vor den Ständen der Händler aus dem Knoblauchsland, die den kleinen Bauernmarkt in der Waagstraße bestücken, in die nicht selten lange Warteschlange. Das mag etwas mit Authentizität zu tun haben, auf jeden Fall aber viel mit einer irgendwo versteckten Sehnsucht, auch mitten in der Stadt noch auf ein Stückchen Dorf zu treffen – das Fürth gerade in diesem Viertel ja tatsächlich einmal war.

Freilich, auch der Bauernmarkt muss ein paarmal im Jahr seinen Platz räumen (für den Weihnachts- oder Grafflmarkt etwa) und umziehen vor das Rathaus. Aber die ewige, nervige, für eine Institution mit solch einer Tradition unwürdige Rotation, wie sie der große Bruder auf der Freiheit viele Jahre durchzustehen hatte, den man immer wieder verscheuchte, wenn sich mächtigere temporäre Attraktionen ankündigten, bleibt ihm erspart. Vielleicht ist ja dann auch das sein eigentliches Erfolgsgeheimnis: man weiß nicht nur, was man an ihm hat, man weiß auch immer, wo er überhaupt ist.

# Müll und Kultur

Was hat denn Müll mit Kultur zu tun? So unüberlegt und unzivilisiert, wie wir bisweilen mit unserem Abfall umgehen, könnte man meinen: gar nichts. In Fürth allerdings dann doch weitaus mehr, als man bei einem ersten flüchtigen Gedanken für möglich hält. Denn aus der über hundertjährigen Geschichte der Abfallwirtschaft ragen tatsächlich zwei künstlerische »Ereignisse« hervor, die zwar vergänglich waren, mittels kreativer Geistesblitze aber doch aus ganz ungewöhnlichen Blickwinkeln heraus die Aufmerksamkeit auf das Thema »Müll« lenkten.

Ende der 1980er-Jahre wurde der Nürnberger Bildhauer und Objekt-Künstler Winfried Baumann auf den Atzenhofer Müllberg aufmerksam. Baumann faszinierte die Form der Deponie, bei der er nicht nur an eine harmlose Pyramide denken musste: »Die steil abfallende Seite des Berges erschien mir auch als scharfer Schnitt, und insgesamt sah ich da auf einmal einen Stachel. Und das war der Grundgedanke, dass diese Deponie, auch wenn sie rekultiviert oder begrünt oder abgeschlossen ist, immer noch diese Form eines Stachels, also etwas Unbequemes hat«, erinnert sich Baumann.

Baumann kam auf die Idee, den Müllberg, der damals kurz vor seiner Schließung stand, komplett in Stahl zu verpacken, somit nicht nur das Innere, den Abfall, sondern vor allem den Anblick zu »konservieren«. Mit diesem, solcherart zum Symbol gewordenen, profanen Schutthügel wollte er zeigen, was es heißt, die Natur ständig auszubeuten und auszurauben, ohne dass man dazu bereit ist, der Erde den gebührenden Respekt zu zollen: »Materie wird ständig gebraucht, ausgesaugt und unbrauchbar gemacht, wird in Erdlöchern und Talsenken weggelegt und versteckt; die entstandenen Narben aber schließt man dann nur mehr kosmetisch.« In seinem Konzept setzte er damals gegen das Verschwindenlassen und Vertuschen die Möglichkeit des Sichtbarmachens dessen, was sich im Verborgenen abspielt.

Durchdacht war das Objekt – für einen bildenden Künstler sicher höchst bemerkenswert! – bis in letzte technische Details

hinein: »Die Mantelflächen des Deponiekörpers werden aus Stahlbeton erstellt. Nach Abschluss der Arbeiten bildet der Müllberg einen hermetisch abgeschlossenen Raumkörper, der gewährleistet, dass kein Sickerwasser entsteht, und verhindert, dass Deponiegas unkontrolliert ausströmen kann. Das anfallende Deponiegas wird über bereits installierte bzw. über neue Leitungssysteme kontrolliert abgeleitet und bei entsprechender Druckregulierung in die städtische Gasversorgung eingespeist.«

Das praktizierte und populäre Verhalten, den Müll und die unwert gewordenen Konsumgüter möglichst leise wieder abzulegen und damit aus Augen und Sinn zu verlieren, sei nichts anderes als der Ausdruck eines schlechten Gewissens, das durch die sogenannte Rekultivierung von Reststoffdeponien und Abfalllöchern beruhigt werden soll, kritisierte Baumann. Solch ein Müllberg als weithin sichtbares, zunächst rätselhaftes und ständig Fragen aufwerfendes Kunstwerk – und nicht als nett gestaltetes Ausflugsziel, wie wir ihn heute haben – hätte zwar sicherlich nicht dazu animiert, fortan weniger Abfall zu produzieren; aber er wäre vielleicht tatsächlich ein schmerzender Widerhaken im Denken des Konsumenten gewesen, eine ständige Erinnerung daran, dass unter der Stahlhaut die Hinterlassenschaften einer sorglos entsorgenden Gesellschaft bis in die nächste Ewigkeit liegen und rumoren.

Winfried Baumann ging es also damals um zweierlei: Er war gegen die Verdrängung durch schönes Gestalten und Harmonisieren; stattdessen wollte er Wachhaltung, indem dieser aufgeschüttete Wohlstandsberg »brutal gelassen«, nicht verfremdet oder gar – bei aller künstlerischen Exklusivität – ästhetisiert werden sollte. »Seit frühester Zeit haben sich die Menschen ihre Totenstätten errichtet,« gab er zu bedenken. »Und hier in Atzenhof stelle ich mir eine Totenstätte für die Erde auf der Erde vor, ein Paradoxon, das dem vorherrschenden Positivismus entgegensteht.«

Zu einer Realisierung von Baumanns Plänen – ein Blick Richtung Atzenhof zeigt es – kam es natürlich nie. Dennoch, so erinnert sich der Künstler heute, wurden seine Überlegungen und Pläne, die mittlerweile in Werk-Katalogen des Künstlers dokumentiert sind, von der Stadt erstaunlich wohlwollend aufgenommen: »Die Stadt Fürth hat sich von Anfang an sehr interessiert an dem Projekt gezeigt, war sehr kooperativ, hat mir sehr viele Pläne und Unterlagen zur Verfügung gestellt. Und war auch den Resultaten gegenüber sehr offen. Auch wenn es sich jetzt nicht so in der abstrakten Form hat verwirklichen lassen, gehe ich davon aus, dass im Laufe der Jahre einige Aspekte meines damaligen Entwurfs auch in der endgültigen Fassung der Deponie mit eingeflossen sind.«

Zur zweiten inspirierenden Begegnung zwischen Müll und Kultur auf Fürther Boden kam es dann im Jahr 2004. Der Schauplatz war damals ein Gebäude, das auf ganz andere Weise wie ein störender Stachel im Fleisch der Kommunalpolitiker für Unbehagen sorgte: Die Verschwelungsanlage am Hafen, die für 125 Millionen Mark hingestellt worden war – und gerade mal vier Wochen lief.

Fürth hatte sich von der Firma Siemens eine Technologie aufschwatzen lassen, die sich als noch unausgereift und überhaupt als für die eigenen Verhältnisse völlig unbrauchbar und unzulänglich herausstellte. So wurde der monumentale und teure Stahlbau über Nacht zur unbrauchbaren Ruine, unverhofft – wie es von Winfried Baumann für den Müllberg gedacht war – zum Mahnmal der Probleme mit der Abfallwirtschaft, zum Denkmal für falsche Energiepolitik.

Aber ausgerechnet dieser Koloss, der von den seinerzeit Verantwortlichen, die das Geld in den Sand gesetzt hatten, nur mehr verschämt als »unrühmlicher Zeitzeuge« bezeichnet wurde, kam als vor sich hinrostender Schandfleck noch mal zu besonderen Ehren: er wurde so etwas wie ein Kultur-Tempel.

Die Nürnberger Pocket Opera Company, ohnehin bekannt für ihre ungewöhnlichen Aufführungsorte, recycelte gewissermaßen das denkwürdige »Fortschritts«-Denkmal und inszenierte dort zwei Opern von Henry Purcell und Sylvano Bussotti: purer Barock zwischen Stahl und Beton unter dem für solch eine Ruine fast schon satirischen Motto »One charming night«. Für die Company wurde die Schwelbrennanlage zu Deutschlands »wohl größtem Opernhaus«. Die gigantische Anlage auf dem mehrere Hektar großen Gelände, in ihr die verwaisten, längst nutzlos gewordenen technischen Apparaturen, das Eisengestänge, die Rohre, Öfen und Gänge bildeten den Hintergrund der theatralischen Erforschung von Sehnsucht nach Liebe, wie sie in den barocken musikalischen Werken zum Ausdruck kommt.

Widersprüche und Brüche, Zeitensprünge und scheinbar Unvereinbares: Großer, bleibender Kunstgenuss in einem abgewrackten Gebäude war das, und die Opernmacher selbst gerieten angesichts dieser Kulisse ins Schwärmen und heftige Philosophieren. Der Müll bestimmte das Bewusstsein: »Gleichsam als Parallele zum menschlichen Gefühlsleben widerspiegelt die Anlage das Eintreten des ›nackten Menschen‹ in die Dynamik der Begegnung, sie lässt ihn das Zerschreddern des Empfindens zwischen Romantik, Begierde, Lust, Leidenschaft und Gewalt erahnen, um ihn dann gereinigt zu entlassen.«

Doch Kunst kann auch vergänglich sein wie jedes Luxusprodukt: Nach ein paar umjubelten Aufführungen kehrte wieder gespenstische Stille in die Verschwelungsanlage ein, die seitdem verrottend auf irgendein, vielleicht doch endgültiges Ende wartet. Man kann sich aber heute noch die CD mit der kompletten Aufnahme von »One charming night« bei der Pocket Opera Company besorgen und hineinlauschen in dieses ganz besondere, einigermaßen absurde Sound- und Gefühlsgemisch aus Metall und Barock, aus Liebessehnsucht und technischer Endlichkeit. Eine wahre, ganz große Müll-Oper eben.

# Josef Muskat

Im Buchheim-Museum in Bernried am Starnberger See kann man einem Fürther begegnen, der in seiner Heimatstadt schon lange in Vergessenheit geraten ist: Josef Muskat, seines Zeichens Bauchredner, vor allem aber begnadeter Figuren-Bauer und Erschaffer mechanischer Puppen. Dass Muskat eine späte Freundschaft mit dem Expressionismus-Sammler und Buchautor (*Das Boot*) Lothar-Günther Buchheim verband, ist eine bislang nur wenig bekannte Geschichte, die aber so recht zum außergewöhnlichen Leben des Fürthers passt, der, ohne selber viel Aufhebens um sich zu machen, vor und nach dem Krieg einen festen Platz im deutschen Unterhaltungsgeschäft einnahm.

Wer sich in Fürth auf die Spuren Josef Muskats begibt, braucht nicht viel zu laufen: Sie sind verwischt. In dem Haus in der Salzstraße, in dem er bis zu seinem Tod 1984 lebte und arbeitete, erinnert nichts mehr an ihn. Nachbarn, die ihn kannten, gibt es nicht mehr. Hier aber, zuerst im Dachgeschoss, dann im Hinterhof, hatte er, der sich selber »König der Bastler« nannte, seine Werkstätten, hier entstanden Hunderte von Puppen und Gestalten, die man dann in Varietés, auf Jahrmärkten, im Zirkus, später gar in Museen sehen und bewundern konnte. Und manche der Wesen wuchsen ihrem Schöpfer im kleinen Hof sogar mächtig über den Kopf: Auf einem Foto sieht man eine mindestens vier Meter hohe Gestalt, die Josef Muskat und die alten Sandsteinmauern frech überragt.

Geboren wurde Muskat 1899 in Nürnberg. Einen verbürgten Lebenslauf gibt es von ihm nicht; im Münchner Stadtmuseum jedoch, das mittlerweile über die größte Sammlung seiner Puppen und über seinen Nachlass aus Texten, Fotos, Dokumenten und Briefen verfügt, finden sich Notizen, die Bausteine für eine Biografie liefern können.

Schon als Bub hat er demnach mit der Bastelei begonnen, eine geregelte Berufsausbildung dagegen bekam er nicht. Wohl auch zeitenbedingt wurde er von seinem Vater, einem Facettenschleifer für Spiegel, in die Fabrik geschickt, damit Geld ins Haus kam. Der künstlerischen Ader aber konnte die Maloche (unter anderem im

Bergwerk) nichts anhaben: Nach dem Ersten Weltkrieg bereits sah man Josef Muskat auf der Bühne. In der Hand eine selbstgebastelte Puppe und selber sprechend, ohne dass er den Mund bewegte. Muskat hatte sich autodidaktisch zum Bauchredner ausgebildet und präsentierte diese damals sehr beliebte Unterhaltungskunst bald perfekt.

In seinen Notizbüchern finden sich neben profanen Alltagseintragungen und Ein- und Ausgaben-Vermerken unzählige niedergeschriebene Dialoge, Witze und Gesprächsfragmente, die er sich für seine Show mit den Puppen ausgedacht und abgehört hat. Ein Beispiel:

»Josef«, sagt die Puppe zu Muskat, »ich möchte heiraten.« – »Hast du denn schon eine Braut?« – »Nein« – »Nimm die Marie von nebenan, die ist sehr häuslich.« – »Wieviel Häuser hat sie denn?«

Solcherart geht es seitenlang weiter: harmlose Späße und komische Normalitäten, mit denen Muskat dann nach dem Zweiten Weltkrieg vor allem in Fürth sein Publikum professionell begeisterte. Er hatte sich mittlerweile ein eigenes Puppentheater gezimmert, mit dem er, stets am selben Platz, auf der Fürther Kirchweih zur Attraktion wurde; eine Kleinkunstbühne, auf der so skurrile Gestalten wie ein »Alter Russe«, ein »Glatzkopf« oder »Max, der Einradfahrer« neben Drachen, Kasperln und Räuberhauptmännern auftraten. Beliebt war auch eine kindsgroße Ente, die den Schnabel nicht halten konnte und ungeniert – freilich aus Muskats Bauch heraus – plapperte.

All diese Figuren waren aber nicht steife Stoff-Wesen, sie hatten eine ausgeklügelte Mechanik in ihren von Pappmaché überzogenen Bäuchen und Gliedmaßen, zum Teil komplizierte Konstruktionen im Leib, die sie erstaunlich beweglich machten. So war das eigenhändige Spiel auch nur der eine Teil der Kunst des Josef Muskat – »Joe« nannte er sich mit Künstlernamen. Immer stärker verlegte er sich auf den Bau und die Gestaltung von Puppen, für die er schon bald Interessenten in ganz Deutschland fand. Noch mitten im Krieg hatte er für den galanten Berliner Varieté-Künstler und Bauchredner Ernst Koska gearbeitet. Der schrieb 1944 in einem Brief nach Fürth zu einem Objekt aus der Muskat-Werkstatt: »Sie sind ein großer Künstler. Die Hände, sagen Sie, haben Sie die etwa auch selbst gemacht, es ist unglaublich. Die schönsten Hände von allen bisherigen Puppen. Na über den Kopf brauche ich nichts zu sagen, der ist immer großartig bei Ihnen [...] Ich erhöhe also meinen Auftrag auf ›3 Stück Bauchredner-Puppen‹ zusammenlegbar, Größe 100 cm. Lieferung per Nachnahme möglichst bald.«

Und Muskat machte sich an die Arbeit, sammelte ausrangierte Gegenstände bei Entrümpelungen, Sperrmüll und Altwarenhändlern (»Etwas Neues verarbeite ich nicht«, sagte er), mischte Farben, rührte Pappmaché an, modellierte und kreierte Wesen, wie sie ihm in den Kopf kamen. Schon lag aus Mannheim ein neuer Auftrag auf dem Tisch: »Da ich in meiner Geisterbahn eine Umstellung vornehmen will, benötige (sic!) ich einige neue Figuren.«

Für eigene Auftritte blieb da freilich nur mehr wenig Zeit übrig. Die Tage der Tourneen, die ihn bis nach Italien und Frankreich gebracht hatten, waren ohnehin vorbei, und in Fürth wollte man ihm auf der Kärwa seinen angestammten Standplatz für sein Theater nicht mehr geben. »Gibt's kaan Platz – gibt's a kaan Kasper«, entschied Muskat trotzig. Aus war es da mit schauerlich schönen Stücken wie *Die Schloßhexe* oder *Drei Kasperle auf Reisen* oder *Die Glocke von Weißensee*. Der »König der Bastler« zog sich in die Salzstraße zurück – und bastelte.

Muskats Figuren muten, wenn man sie sich heute betrachtet, alles andere als putzig oder hübsch an, sie sind selten einfach lieb oder konventionell. Im Gegenteil: Manche Gesichter sind Fratzen, haben einen komisch-garstigen Ausdruck, sind groteske, böse Karikaturen, die nicht selten eine ganz bestimmte menschliche Wesensart überspitzen und bloßstellen. Genau das mag auch der Grund dafür gewesen sein, warum Lothar-Günter Buchheim auf Muskat aufmerksam wurde. Der Kontakt in den 70er-Jahren kam wahrscheinlich über das Münchner Stadtmuseum zustande, das eine große Puppentheatersammlung beherbergt und regelmäßig Exponate Muskats ankaufte (lediglich drei Puppen eines privaten Leihgebers befinden sich heute in der Dauerausstellung des Fürther Stadtmuseums).

Im Nachlass in München gibt es zahlreiche Briefe (mit beigefügten Fotos), in denen der Puppenbauer aus Fürth neue Schöpfungen anbot: »›Safari‹ mit 4 Figuren, da bewegt sich alles. Es gibt auch einen Knall, wenn geschossen wird. Auf dem Foto fehlen noch die 2 Palmen; der Tiger springt, der Neger mit Speer ...« oder

»Der Sultan 2,80 mtr. ist auch bewegt. Kann mit der Hand in Betrieb genommen werden, auch mit Motor …« oder »Der Harem, das ist mein Meisterstück. Alle drei Fig. sind bewegl. mit Hand oder Motor. Oben farbige Lichter, in zwei Koffer verpackt. Auch ein Papagei ist dabei, die Frau hat eine Taube auf der Hand. Es ist gut ausgestattet, ein Paradestück.«

Wenn es möglich war, arbeitete Muskat im Hinterhof in der Salzstraße im Freien. Und hier traf ihn wohl auch Buchheim an, der ihn mehrfach in Fürth besucht haben muss. Es gibt ein Foto des Sammlers, das zeigt Muskat in Fürth dann aber doch vor einer seltsamen Kulisse: Die Brandmauern des gesamten Hofes sind mit sonnenbeschienenen südländischen Motiven ausgemalt. Dies war ein Werk von Muskat höchstselbst, der sich so gerne fortträumte aus der grauen Südstadt und sich kurzerhand sein Paradies selber erschuf. Das Gemälde ist heute spurlos verschwunden, überputzt, übermalt – was auch immer.

Auf jeden Fall war der streitbare und weltberühmte Sammler Buchheim ein Fan des bescheidenen, zurückgezogen werkelnden und phantasierenden Figurenbauers: Einmal ließ er sich selber inmitten seiner Kollektion von gut einem Dutzend der komischsten Muskat-Geschöpfe ablichten, die sich um ihn scharen wie um einen guten alten Freund.

In Buchheims Museum in Bernried kann man denn auch noch mal Muskats legendären »Grüßgottsager« bewundern. Der steht da mit seinem Hund in klassischem Ambiente und öffnet seine unvergleichlich strahlenden Glasaugen mit den viel zu langen Wimpern. »Bitte – meine Gäste« liest man über dem Kraushaar-Haupt der bunten Figur, unten im Sockel des Objekts ist eine kleine Schublade. In die konnte man ein paar Münzen werfen, wenn einem die Kunst des Josef Muskat, dieses wahren »Königs der Bastler«, gefallen hatte. Es soll, so ist überliefert, stets kräftig in dem Kästchen geklimpert haben …

# Fritz Oerter

Das markante Haus kennt jeder, der schon mal aufmerksam durch die Fürther Altstadt spaziert ist. Wie der Bug eines mächtigen Schiffes schiebt es sich da zwischen Obere Fischerstraße und Pfarrgasse. Schindelverkleidet, so schmal wie ein Zimmer nur, ragt es hoch über die abschüssige Straße. Als architektonisches Unikum gehört es zum Programm jeder Stadtführung; dass es einmal ein Ort des geistigen Widerstands war, weiß heute kaum noch jemand; dass hier ein Mann wirkte, der 1935 eines der ersten Opfer der Fürther SA wurde, ist völlig vergessen:

Fritz Oerter, zunächst überzeugter Sozialdemokrat und später – vor allem mit Worten – leidenschaftlicher Anhänger des sogenannten Anarchosyndikalismus, Autor unzähliger kulturpolitischer Artikel und Aufsätze, ein ebenso feinfühliger wie engagierter Dichter, der für die unteren Klassen eine bessere Welt erhoffte und hilflos mit ansehen musste, wie die braunen Horden auch in Fürth die Macht an sich rissen.

Doch um seine Geschichte zu erzählen, muss man erst noch ein paar wenige Meter weitergehen, in die Pfarrgasse hinein. Dort steht man vor der Rückfront eines Gebäudes, dessen Eingang sich in der Oberen Fischerstraße befindet: im Dachgeschoss sieht man noch die Fenster, die zur Wohnung Fritz Oerters und seiner Frau gehörten. Hier lebte und arbeitete der gelernte Lithograf, der dann in den 20er-Jahren des vergangenen Jahrhunderts in dem auffälligen kleinen Haus am Ende der Pfarrgasse eine Buchhandlung und Leihbücherei eröffnete. Sicherlich nicht, um damit Geld zu verdienen, sondern um gute Literatur erschwinglich unters Volk zu bringen. Denn die Bildung der Schicht, aus der er selber kam, lag Fritz Oerter zeit seines Lebens am Herzen. Die Massen, deren Verführbarkeit er ahnte und fürchtete, wollte er für eine gerechte Sache gewinnen.

Geboren wurde Oerter 1869 in Straubing. Als Jugendlicher kam er mit seiner Familie nach Fürth, wo er nach der Realschule den Beruf des Lithografen erlernte. Schon früh begeisterte sich Fritz zusammen mit seinem Bruder Sepp für die Ziele der Sozialdemokratie.

Doch ging ihnen die politisch nicht weit genug: Über linksradikale Jugendorganisationen führte beide der Weg zum Anarchismus. Nun darf man sich darunter keineswegs terrorverbreitende und bomben-bastelnde geheime Zirkel vorstellen. Der Anarchosyndikalismus, dem sich die Oerters inhaltlich verpflichtet fühlten, wird heute historisch als eine Bewegung eingeordnet, die die Lohnabhängigen selbstbestimmt und solidarisch zusammenschließen wollte. Für Fritz Oerter war er »die einzige organisierte Bewegung, die nicht nur den revolutionären Umsturz der gegenwärtigen Wirtschaftsmethode zum Ziel hat, sondern auch zugleich durch ihre Organisation den Neubau einer freien, herrschaftslosen, sozialistischen Gesellschaft vorbereitet.«

Fritz Oerter entwickelte sich »zu einem der begabtesten Schriftsteller der anarchistischen Bewegung«, wie der legendäre Anarchist Rudolf Rocker in seinen Memoiren schreibt. Begraben in versprengten Archiven, lassen sich heute die Werke des Fürther Autors nur mehr schwer finden. Doch wer die Gedichte und Artikel liest, spürt noch etwas von der Leidenschaft, mit der Oerter vor und nach dem Ersten Weltkrieg seine Sache vertrat: »Nicht die Nation und nicht der Kapitalismus dürfen es wagen, sich als Träger der Kultur aufzuspielen, einzig und allein ist es die werktätige Mensch-heit, welche wahre Kultur schaffen kann, wenn sie die Grenzen des Staates nicht mehr anerkennt, sich international solidarisch vereinigt, den Kapitalismus, diese internationale Landplage und Völkergeißelei, in die Versenkung verschwinden läßt ...«

Solche Sätze machten einen unbeliebt bei der und gefährlich für die Obrigkeit. Und so kam es mehrfach vor, dass auch Fritz und Sepp Oerter verhaftet wurden. Dennoch setzte zumindest Fritz seine aufklärerische Arbeit in den 20er-Jahren, nachdem auch hier die Räterepublik gescheitert war, in Fürth unermüdlich fort. Bruder Sepp ging da derweil im Norden Deutschlands aber ganz andere Wege: Er schloss sich, nach einer kurzen Karriere in der USPD, den Nazis an und wurde unter ihnen gar Landtagsabgeordneter in Niedersachsen.

Politische Karriere war dagegen die Sache Fritz Oerters, der den linken Gedanken treu blieb, nicht. Er lebte bescheiden im Schatten der Michelskirche, druckte, schrieb und versorgte die Bewohner der Altstadt mit Büchern. Auf alten Fotos sieht man einen stattlichen,

weißhaarigen Mann mit buschigem Schnurrbart: Er ähnelt ein wenig
Mark Twain oder Albert Schweitzer, wie er da im Dachgeschoss
seiner Wohnung auf dem Sofa sitzt, in die Zeitung vertieft, hinter
ihm ein Regal mit dicken Folianten. Ein anderes Bild zeigt seine
Frau im selben Raum: eine gütige, kleine Dame, strickend neben
dem Kachelofen und unter der Wanduhr. Kleinbürger-Idylle, die
freilich trügt, denn hier entstanden über Jahre hinweg aufrüttelnde
anarchistische Schriften und Analysen, in denen früh schon gewarnt
wurde vor der Machtübernahme des deutschen Ungeistes.
Die Fotos des Ehepaars stehen im Wohnzimmer von Alfred
Hierer in Egersdorf. Er ist der Enkel von Fritz Oerter, und bei ihm
finden sich zahlreiche Dokumente, aus denen sich jetzt langsam
das Leben dieses vergessenen Streiters für eine gerechtere Zeit
rekonstruieren lässt. Der weit über 80-jährige Hierer war als Kind
oft bei seinem Großvater, sah zu, wie der mit angerührter Tusche
seine Druckvorlagen herstellte, weiß noch, wie die Großmutter die
schweren Steine mit dem Leiterwagen bis nach Muggenhof in eine
Lithografieanstalt brachte, trieb sich zwischen den vollgefüllten
Regalen der Bücherei herum. Ein begeisterter Schachspieler sei der
Opa gewesen; dagegen wurde über seine politische Arbeit in der
Familie nie viel gesprochen: Zu gefährlich sei das wohl gewesen, und
als Bücher mit Stempel und Exlibris Oerters aus der Pegnitz gefischt
wurden, war klar, dass die Völkischen den Großvater und damit die
ganze Familie im Visier hatten. Sie zog sich zurück aufs Land, Fritz
Oerter aber blieb in Fürth.
Von hier aus hatte er längst Kontakte zu den führenden Köpfen
des demokratischen Widerstands gegen Nationalismus und Groß-
kapital geknüpft. Zu seinen Vertrauten zählten Gustav Landauer,
eine der wichtigsten Gestalten der Münchner Räterepublik, die
Schriftsteller Erich Mühsam und Ernst Toller. Letzterer soll sogar
bei Oerter Unterschlupf gefunden haben, nachdem man ihn 1924
aus der Haft, wo er wegen angeblichen »Hochverrats« saß, entlassen
hatte. Und wahrscheinlich erhielt Oerter 1926 in Fürth auch Besuch
von einem leibhaftigen Literaturnobelpreisträger: Der große
indische Dichter Rabindranath Tagore hielt sich am 19. September
in Nürnberg auf. Dass er auch bei Oerter war, behauptete zumindest
der Sozialdemokrat Conny Grünbaum einmal in einem Gespräch.
Betrachtet man die Verbindungen damals, dann ist das durchaus

möglich, denn Tagores Werke wurden immerhin von Gustav Landauer, dem engen Freund Oerters, ins Deutsche übertragen.

In Alfred Hierers Besitz befindet sich auch ein bislang noch nicht ausgewertetes Tagebuch seines Großvaters, das über den kurzen Zeitraum zwischen Dezember 1932 und März 1933 bewegend von lokalen und deutschen Ereignissen berichtet. Verzweifelt schreibt Oerter, der stets für den gewaltlosen Widerstand eingetreten ist und auf die überzeugende Macht des Wortes vertraute, darin: »Die ›Kultur‹ schreitet voran, daß man bald von einem geistigen Deutschland nicht mehr reden kann ...« Am 5. März muss er den Sieg der NSDAP notieren und zitiert resigniert Schiller: »Das war kein Heldenstück, Octavio.«

Im September 1935 kommt ein Bekannter aus der Angerstraße in die Fischerstraße und überbringt die Nachricht, dass Fritz Oerter im Krankenhaus gestorben ist – an einer Lungenentzündung. Die freilich hatte er sich nicht in Freiheit, vielmehr im Gefängnis zugezogen: Die SA hatte ihn abgeholt, verhaftet und verhört. Die Hintergründe sind bis heute ungeklärt, wie man Fritz Oerter während der einwöchigen Haft be- oder gar misshandelt hat, auch. Auf jeden Fall verließ er das Gefängnis in Fürth geschwächt und gebrochen und starb am 19. September an den Folgen.

Fritz Oerter hatte seinen Kampf verloren. Nach dem Krieg erinnerte sich in Fürth niemand mehr an ihn, nicht die SPD, die ihm einst nicht radikal genug war, die Konservativen schon gar nicht, die ihn nur für schlichtweg »anarchistisch« hielten. So kam es, dass die Stimme eines bedeutenden Kämpfers für Frieden und Freiheit verstummte:

»Was wäre denn, wenn wir verzagten, / Nicht eine kühne Tat, / Kein einzig Wort mehr wagten / Und schweigend duckten uns im Staat? / Was wäre denn, wenn alle trügen / Des Knechtsinns schimpflich Mal, / Wenn jeder wollt' sich willig fügen / Dem Zwang, der dumpfen Arbeitsqual? [...] Damit Gemüt und Sinn sich wandeln, / Fangt an, Ihr Brüder, denkt! / Dann wird gewiß auch euer Handeln / Dem Geist entsprechen, der euch drängt. / Das Denken müßt ihr selbst besorgen, / Kein Führer steht euch bei; / Dem eignen Drang sollt ihr gehorchen, / Die eigne Tat nur macht euch frei.«

# Park-Hotel

Hiermit ergeht herzlichste Einladung zum Festakt anläßlich
der Einweihung des Fürther Stadttheaters am 17. September 1902. Nach dem Gala-Diner, das um 16 Uhr im großen Saal
des *Hotels National* serviert wird, bitten wir die geladenen Gäste
sich im neuen Theatergebäude an der Königstraße einzufinden, wo
am Abend die Vorstellung von Ludwig van Beethovens Oper *Fidelio*
angesetzt ist. Um Abendgarderobe wird gebeten. Gezeichnet: Die
Direktion.«

*Hotel National*, kurz nach 16 Uhr an jenem Tag im September,
zwei Jahre nach der Jahrhundertwende: Unzählige Kellner schwirren
um die herausgeputzten Damen in langen Ballkleidern und die
Herren in Frack. Champagnergläser klingen, Porzellan klappert,
Salonmusik untermalt die Unterhaltungen. Und auf der Menükarte
steht eine schier endlose Folge der erlesensten Genüsse: »Russische
Vorspeise, Krebssuppe, Lachsforelle mit Butter und Kartoffeln,
Ochsenlende à la Provençale, Vol-au-vent à la Toulouse, Rehrücken
mit Salat und Compote, Gefrorenes à la Nesselrode mit Hohlhippen,
Käse, Butter und Pumpernickel …«

Der sicher notwendige Verdauungsspaziergang danach vom
Hotel in der Wein-Ecke Friedrichstraße zum Ereignis des Abends,
ja des gerade erst begonnenen Jahrhunderts, ist allerdings nur
denkbar kurz in der kleinen Stadt: Das neue Theater liegt gleich
um die Ecke, ein paar Schritte entfernt. Und mit den Klängen der
Ouvertüre hebt sich dann dort im vollbesetzten Haus erstmals ganz
offiziell der eiserne Vorhang.

Die geladenen Honoratioren, ehrwürdigen Bürger und hofierten
Geldgeber sitzen mit wohlgefüllten Bäuchen im Parkett und in den
Logen, verdauen, lassen sich die Musik um die Ohren wehen und
hängen mit den Augen wohl weniger am Bühnengeschehen als
staunend an der üppigen Pracht und den goldfunkelnden Details
des stuckverzierten Saals. Und wer im Inneren sitzt, im perfekt
imitierten Pariser oder Wiener Ambiente, der kann leicht vergessen,
dass vor den Theatertüren eher kleinstädtisches und sehr profanes

Leben dampft, stampft und rußt. Gleich nebenan steht zum Beispiel eine Brauerei …

Das *Hotel National* (wie das *Park-Hotel* früher hieß) passte zu dieser feudalen und vielleicht doch ein wenig dick aufgetragenen Nobelatmosphäre, die man sich um 1900 auch nach Fürth holte. Es passte zu den mächtigen Gründerzeit-Jugendstil-Häusern in der Hornschuchpromenade und Königswarter Straße und jetzt eben auch zu dem verspielt protzigen Theaterbau der beiden Wiener Architekten Fellner und Helmer, der dem aufstrebenden Bürgertum Fürths eine perfekte Schatulle für seine kulturellen Illusionen lieferte.

Schaut man sich heute alte Bilder des Hotels an, dann sieht man ein repräsentatives Gebäude, das durchaus auch in der Wiener Ringstraße oder am Pariser Boulevard Haussmann hätte stehen können (und dort an der Donau oder Seine wohl auch noch stehen würde!). Dieses Hotel war in Fürth das erste (und das einzige »erste«) Haus am Platze, wie man damals selbstbewusst warb. 1888 erbaut, dominierte es das Stadtbild nicht allein wegen des charakteristischen hohen Eckturms. Wer aus dem seinerzeit noch bestehenden Ludwigsbahnhof auf der heutigen Freiheit trat, sah vor sich gepflegte Grünanlagen und gleich links unwillkürlich das *National*, das sich einladend und unübersehbar ins Bild schob. Erker und Balkone, verzierte Vorsprünge und verschwenderische Fassadendekorationen prägten den Sandsteinbau, aufgelockert von Markisen im ersten Stock und über dem Gastgarten, der sich auf dem Bürgersteig der Friedrichstraße befand. Durch große Rundbogenfenster im Parterre konnte man in die Räume der Restauration und eines Cafés blicken.

Stattlich wie das Objekt waren auch die Baukosten: 825 000 Mark; doch schon 1913 musste das Hotel wieder versteigert werden; für über 400.000 Mark ging es in den Besitz eines Nürnbergers über, der es umbauen ließ und auch gleich umbenannte: *Park-Hotel* hieß nun die repräsentativste Logis in Fürth, in der sich Fremde einquartieren konnten.

Der wichtigste Reiseführer dieser Zeit, der rote *Baedeker*, nennt das *Hotel National* stets als prominenteste Adresse. In der Ausgabe von 1909 (Süd-Deutschland) wird es mit 40 Zimmern zu zwei bis drei Mark geführt, Frühstück extra kostete eine Mark. Die Nordbayern-Ausgabe von 1924 gibt für das nun unter *Park-Hotel* firmierende Haus (nicht mehr Wein-, sondern schon Hindenburg-straße) nur mehr 24 Zimmer zu »2½–5« Mark an, ein Mittagsmahl gab es für »2½« Mark.

Apropos *Baedeker* – die kleine Abschweifung sei erlaubt: Fürth streifte der legendäre Reiseführer zu Beginn des 20. Jahrhunderts lediglich am Rande, als »Ausflugsziel« für Nürnberg-Touristen. »Für den Ausflug (7 km) benutzt man die Staatsbahn, die Lokalbahn (12 Min. für 20, 15, 10 Pf.) oder auch die Straßenbahn (Nr. 1 vom Hauptbahnhof in Nürnberg bis zum Ludwigsbahnhof in Fürth ½ St., 15 Pf.).« 1924 wurde nur noch knapp »die Reichsbahn« empfohlen oder die Straßenbahn, wobei zur »Einser« jetzt schon die »21er« hinzukam.

Wer dennoch länger bleiben wollte, dem gab Karl Baedeker knappe Hotel- und Gastwirtschafts-Informationen. Neben dem *National* erwähnte er 1909 noch das Hotel *Kütt* in der Friedrichstraße; 15 Jahre später führt er das *Schwarze Kreuz* an und nennt den Komfort dort »bescheiden«; zur Stärkung empfiehlt er das *Café Corso* in der Moststraße, das *Geismann-Bräustübl*, das Restaurant *Langmann*, das *Weinrestaurant Duckla* und »Gebackene Karpfen in der *Fischküche Heller*, Alexanderstr. 25«. (Die massenhaft anderen Fürther Wirtshäuser und Kneipen sind Herrn Baedeker keinerlei Beachtung wert; wie Adolf Schwammberger in seinem Geschichtslexikon auflistet, gab es jedoch etwa 1905 in der Stadt allein 14 Cafés und 397 Bierwirtschaften; aber tatsächlich nur zwei Hotels.)

Auch ansonsten fällt Baedeker nicht viel zu Fürth ein – und wenn doch, dann Rätselhaftes: »Handels- und Fabrikstadt, wetteifert in Fabrikation von sog. Nürnberger Waren mit Nürnberg selbst« (?). Eigenständig sei Fürth lediglich bei der Fabrikation von Spiegeln, Möbeln, Spielwaren und Blattgold; für sehenswert hält der Führer den »Monumentalbrunnen« vor dem Bahnhof, das Stadttheater, das Rathaus und die Michaeliskirche.

Doch zurück zum *Hotel National* bzw. *Park-Hotel*. 1945 wird es von einer Fliegerbombe getroffen und brennt herunter bis zum zweiten Stockwerk. Daraufhin kamen Umbauten, Aufstockungen und sowohl außen wie auch im Inneren bauliche Veränderungen, die dazu führten, dass der denkmalschützerische Wert des einst bedeutenden Hauses Stück für Stück und irgendwie unbemerkt von der Öffentlichkeit sank: »… ist durch Modernisierung und

Aufstockung (1953–1955) so stark verändert worden, daß nur noch das Rückgebäude mit ehem. Festsaal im 1. Stock Denkmaleigenschaft besitzt«, heißt es schon in den 50er-Jahren. Ungeachtet dessen blieb das Haus Fürths erste Adresse, nunmehr mit 50 Zimmern und einem Restaurant im 1. Stock, der architektonisch noch etwas vom guten alten Flair bewahren konnte.

Vorbei aber waren die Glanzzeiten, in denen ein König Ludwig (der II.) hier logierte oder die kurze Räterepublik tagte oder (sechs Jahre vor Hitler und den beginnenden Verfolgungen) der Verband der Israelitischen Gemeinden in Bayern oder dann hier gastierende Schauspieler, die ihre signierten Fotos an der kleinen Bar abgaben.

Irgendwann zogen mitten im Wirtschaftswunder Kinos ins Untergeschoss des Hauses, das längst seine äußere Sandsteinpracht unter schnödem Putz versteckte und nur ein Stückchen alter Fassade wie ein schüchternes Alibi und wie angeklebt behielt – was aber auch irgendwie niemanden so recht interessierte. Über die Nachkriegsjahrzehnte hinweg scherte man sich nicht um das verlorene An- und Aussehen der einstigen Nobelherberge. Und als das Kinosterben begann, zog bezeichnenderweise eine Hamburger-Kette in die freien Räume ein. Nun gab es Pommes und Hackfleisch, wo man hundert Jahre zuvor »Ochsenlende à la Provençale« oder »Vol-au-vent à la Toulouse« speiste ...

# Protest

Ein breites Spruchband prangte am 18. Januar 1981, einem heiligen Sonntag, auf einmal an der Fassade der stattlichen, schon etwas mitgenommenen Villa in der Königswarterstraße 20: »Lieber instandbesetzen statt kaputtbesitzen« stand darauf. Eine Gruppe junger Leute hatte sich unbemerkt von der Öffentlichkeit Zugang in das leerstehende Gebäude verschafft und richtete sich nun für ungewisse Zeit hier ein: Fürths erste Hausbesetzung hatte friedlich begonnen.

Die Temperaturen waren frostig wie das Klima überhaupt in diesen Tagen in Fürth: Zwei der auffälligsten und schönsten Villen in der Innenstadt sollten abgerissen werden und Platz schaffen für einen fünfstöckigen Hotelneubau mit Hochgaragen (das *Park-Hotel* schräg gegenüber war da noch intakt). Diese Kahlschlagsanierung wäre beinahe heimlich, still und leise über die Bühne gegangen, denn auch der Stadtrat verschloss sich keineswegs den Plänen des Hauseigentümers.

Schon allein das brachte die Abrissgegner auf die Palme: Ihr Anliegen war nicht unbedingt, das Haus für eigene Zwecke zu requirieren (obwohl die Idee eines Jugendtreffs an dieser Stelle auch formuliert wurde), es ging ihnen vor allem um den öffentlichkeitswirksamen Hinweis auf die Grundstückspekulationen einiger Hausbesitzer und die »unglaubwürdige Haltung« der Stadtverwaltung.

Die Besetzer richteten sich notdürftig ein in den einst repräsentativen Räumen der Villa, die jahrelang vernachlässigt worden war, sodass längst Wasser durch das undichte Dach eintrat, die Substanz vermoderte und verfiel. Mit Schlafsäcken, einer provisorischen Küche und Notofen wurde das Obergeschoss einigermaßen wohnlich gemacht. Ein Notstromaggregat musste herbeigeschafft werden, weil der damalige Oberbürgermeister Kurt Scherzer naturgemäß die Belieferung mit Strom und Wasser untersagte. Zur Hauptaufgabe der Besetzer zählten fortan (seinerzeit übliche) Vollversammlungen und die Herausgabe vieler Presseerklärungen. Als die Jugendlichen während einer Stadtratssitzung ihre Forderungen vortragen

wollten, wurden sie von den Volksvertretern aller Parteien wütend beschimpft.

In den *Fürther Nachrichten* hieß es damals: »In den drei noch mit Teppichböden ausgelegten Zimmern im ersten Stock begann man bereits mit Renovierungsarbeiten [...] Immer wieder entdeckten die Besetzer in dem Jugendstilprunkstück versteckte Kunstwerke. So ein Gipsrelief im Bad und die handgedrechselten Chörlein im Treppenhaus [...] Nach ihren Aussagen waren die Fenster zum Teil nicht verschlossen, so daß Regen und Schnee ungehindert eindringen konnten.«

Die »Aktivisten« (auch so ein Wort aus alten Zeiten) hatten einen Nerv getroffen. Und sie ermöglichten mit ihrer Besetzung auch den freien Zugang zu dem Baudenkmal: Zahlreiche Fürther nutzten die Chance, sich vom architektonischen Wert der Villa zu überzeugen, sahen erstmals, wie fahrlässig von dem Eigentümer mit der denkmalgeschützten Substanz umgegangen wurde. »So ein schönes Haus kann man heute gar nicht mehr bauen,« meinte ein Bürger bei einer Umfrage, andere sagten: »Den Sinn dieser Aktion finde ich richtig.« Der Hausbesitzer wiederum bekundete seltsamerweise öffentlich zunächst »sogar einige Sympathie« für die Besetzer, die er für »ganz nette Leute« hielt, meinte allerdings später, sie seien »zu aufgehetzten Idealisten irregeleitet worden.«

Am Dienstag, 20. Januar, rückte er zusammen mit der Polizei an und drohte Strafantrag »wegen Hausfriedensbruchs« zu stellen. Eine Frist von 24 Stunden wurde eingeräumt. Einen Tag später wurde der Antrag dann tatsächlich eingereicht, die Polizei stellte ein Ultimatum bis 20 Uhr. Wieder wurde eine Vollversammlung von den Besetzern einberufen, an der da schon über hundert Fürther Bürger teilnahmen. Beschlossen wurde der Auszug: »Wir wollen keine Gewalt, keine Krawalle – nur dies Haus«. Symbolträchtig geriet die freiwillige Räumung: Eine Minute vor Ablauf der Frist leuchteten in allen Fenstern der Villa Kerzen und die Besetzergruppe zog mit dem Transparent »Wir weichen der Staatsgewalt« durch die Innenstadt.

Wer heute auf der kleinen Freiheit steht, blickt freilich auf zwei wunderbar renovierte Villen: Der Abriss konnte also noch abgewendet werden, die Aktion der Hausbesetzer wurde letztlich von Erfolg gekrönt. Ein später Triumph.

Es hätte aber auch anders kommen können – wie weitere Beispiele zeigen. Im April 1981 gab es gleich noch eine Hausbesetzung. Und wieder ging es den Bürgern der Stadt um ein Baudenkmal, das ihnen ans Herz gewachsen war, das sie nicht geopfert sehen wollten für Neubauten. Zuviel Negatives war schon geschehen: An der Freiheit protzte ein unpersönlicher Kaufhausklotz, am Bahnhofplatz links ein überdimensioniertes Hochhaus, rechts war die alte Post durch einen mit Alibi-Sandsteinplatten ummanteltes, erschreckend unpersönliches Ungetüm ersetzt worden, dahinter ragte der Sparkassenturm wie ein böser Finger in den Himmel.

Daher wollte man im April verhindern, dass auch noch die Brauereigebäude in der Innenstadt abgerissen werden: Freilich nur für einen Tag richteten sich die Besetzer im Hauptgebäude der aufgegebenen Geismann-Brauerei ein. Hier ging es ganz konkret darum, einige der Räume für ein Jugendzentrum zu erhalten. Die Aktion blieb vergeblich. Das hier dann mit viel Großstadtsehnsucht errichtete Einkaufszentrum City-Center galt allerdings selber bald schon als Problemimmobilie und machte mit der Zeit irgendwie einen ähnlich traurigen Eindruck wie die leerstehende Brauerei in ihren letzten Jahren.

Schief ging das Engagement der Bürger für die Erhaltung architektonischer Schmuckstücke auch am Bahnhofplatz. Die Sahlmann-Villa war Anfang der 80er-Jahre ein leidenschaftlich diskutiertes Thema. Auch sie, 1867 von einer angesehenen jüdischen Familie gebaut, hatte da ihre guten Zeiten längst hinter sich: Sie bröckelte vor sich hin, die ungeputzte Fassade war schwarz, im Inneren hatte sich ein Billardstudio einquartiert, Ausstellungspavillons eines Modehauses behinderten die freie Sicht auf das einst würdige Haus. Dass es in den 30er-Jahren von Nazis konfisziert worden war, dass hier Fürther Juden eingesperrt wurden, bevor sie mit Transporten in die Konzentrationslager gebracht wurden – auch das gehörte leider zu ihrer Geschichte …

Die Bürger erfuhren vom »Aus« für die Sahlmann-Villa eigentlich erst, als alles schon zu spät war. In seltener Eintracht mit dem Bayerischen Landesamt für Denkmalpflege wurden damals Nägel mit Köpfen gemacht: Den Abbruch des Gebäudes stellte diese eigentlich zum Schutz alter Substanz verpflichtete Behörde »in Aussicht«; eine »Neubebauung, die in der Art und Maß der Bebauung mit der Nachbarbebauung in Einklang steht, ist städtebaulich zulässig.« Mit solchen »Vorgaben« ließen sich vor 30 Jahren aber noch alle geplanten Bausünden rechtfertigen: wenn nur irgendein Sandsteinimitat an die Betonfassade geklebt wurde, waren die Auflagen schon mehr als erfüllt.

Die Fürther Hausbesetzer von 1981 veröffentlichten nach ihrem friedlichen Abzug aus der Villa in der Königswarterstraße eine Erklärung, in der es unter anderem hieß: »In den drei Tagen unserer Anwesenheit in dem Haus haben wir bewiesen, daß es uns nicht um bequeme Lösungen geht. Wir haben mitten im Winter ein klammes Haus besetzt und die notwendigen Voraussetzungen geschaffen, um die eiligsten Arbeiten für die Erhaltung von Innen her zu beginnen. Der Eigentümer hatte gehofft, der Frost werde uns schnell wieder vertreiben. – Die Besetzer danken der Bevölkerung für die gezeigte Sympathie und Unterstützung. Wir werden nicht die einzige lebendige Initiative in Fürth bleiben.«

# Freddy Quinn

Es gab Zeiten, da ging ein junger Musikant nicht schnurstracks ins Studio, um einem Dieter Bohlen etwas vorzusingen und schlagartig berühmt (oder berüchtigt) zu werden. Nein, er ging noch – auf die Walz. Wie der Handwerker, auf den in den Städten noch reichlich Wegräum- und Aufbauarbeit wartete, machte sich auch solch ein Zupfgeigenhansel mit Show-Allüren nach dem großen Krieg auf die noch löchrigen Socken, um den geplagten Wirtschaftswunder-Kindern ein wenig Kurzweil und sich selber bescheidenen Ruhm und ein paar Pfennige dazu zu verschaffen. Und manch einer wurde sogar zum Star …

»Ich muss die Geschichte von vorne beginnen. Ich bin vom Gymnasium weggelaufen und bin per Autostopp getrampt, über Italien nach Tunis, von Tunis nach Casablanca, bin dann hängengeblieben bei der Fremdenlegion. Ich wollte aber unbedingt nach Hamburg und bin auf dem Weg dahin in Fürth gelandet. Warum in Fürth und warum in Nürnberg? Weil hier die amerikanische Besatzungsmacht, so hieß das damals noch, war. Weil ich für diese Soldaten spielen wollte und zwar Hillbilly, also Country und Western. Die Amerikaner waren sehr großzügig, ich hab da immer mal nen Dollar oder zehn oder fünf oder zwei in die Gitarre geschmissen bekommen.«

So erinnerte sich einmal in einem Gespräch Manfred Nidl-Petz. Kennt niemand? Moment …

1931 in Niederösterreich geboren, kam der zu Beginn der 50er-Jahre unter dem sehr verwegen und irgendwie nach fernen Welten klingenden Pseudonym Freddy Quinn erstmals auf die noch bescheidenen deutschen Show-Bühnen. Mit Liedern wie *Heimweh*, *Die Gitarre und das Meer* oder *La Paloma* sang er sich schnell und unauslöschlich in die Herzen der Bundesbürger, die nach Jahren der braunen »Irrfahrten« nun nach bunten Abenteuern lechzten: Freddy bestand sie stellvertretend und immer auch ein wenig halbstark, wie diese Amis, die ungestraft mit ihren Panzern lässig den frisch aufgetragenen Asphalt auf den Bundesstraßen ramponierten und so endlos nach Freiheit und filterloser Lucky dufteten. Freddy wurde zum Freund all der Ottos mit dem Rufnamen Normalverbraucher. Und dass es diesen »Bruder Leichtfuß« in seinen Liedern stets zu irgendeinem Hafen zog, wo ihm alle erdenklichen Horizonte offenstanden – ja, sang da nicht einer genau von den unbefriedigten Sehnsüchten, die einen Nacht für Nacht in den trüben Träumen voll profaner Alltagssorgen quälten?

Doch der Weg zum großen Meer ist weit wie der Ozean selber. Und nicht selten führte er damals durch die staubig-trockene Provinz. Ausgerechnet in Fürth also ist Freddy, dieser frühe Superstar, gestrandet. In der Gustavstraße, die seinerzeit noch die wild befahrene »B 8« war, Hausnummer 41, in einem Lokal, das, gelegen zwischen *Rotem Ross* und *Goldenem Schwan* den doch eher exotischen, gefährlich klingenden Namen *Zum Gelben Löwen* trug und trägt.

Marga Schadler war damals die Wirtin. Ihr halbes Leben stand sie hinter dem Tresen ihres Lokals. Nach dem Krieg hatte die Gastwirtstochter, Sternzeichen Löwe, aus Unterfranken (ihre Eltern hatten ein Wirtshaus namens *Goldener Löwe*), den Fürther Wirt vom *Gelben Löwen* geheiratet. Der hieß naturgemäß Leo.

Vorne die Kneipe lief schon bald zufriedenstellend, aber das lebenslustige und geschäftstüchtige Ehepaar wollte auch den hinteren Raum noch nutzen: Eine Bar mit Tanzmusik und Cocktails, ein bisschen weite Welt in der engen Altstadt, stellte man sich vor, nicht ohne auf die in der Stadt stationierten amerikanischen Soldaten zu schielen – und auf deren Dollars natürlich. Hullygully am Gänsberg!

»1951 wurde das Lokal vorne schon Mittag um elf Uhr geöffnet, war durchgehend auf bis früh um vier, und abends war hinten Barbetrieb mit Kapelle. Und immer mehr Amis kamen, es war jeden Tag brechend voll«, erzählt Frau Schadler. »Und da kommt ein junger Bursche in Jeans, mit Gitarre, Tornister vorne als Gast rein. Mein Mann hat sich mit ihm unterhalten. Und später sagt er zu mir: ›Der junge Mann bleibt bei uns.‹ – ›Ja wieso?‹ – ›Der spielt in der Kapelle mit. Freddy heißt er, kommt aus Wien. Für Kost und Logis macht er das.‹ – ›Ja, wo soll denn der hin?‹ – ›Kann doch im Bad schlafen.‹ Na ja, Freddy war da – und mit Freddy kam der Jubel. Er sprach perfekt Englisch, seine Hillbilly-Songs haben alle begeistert, die Leute stürmten das Lokal.«

Freddy Quinn hat sich später gerne und völlig ohne Scham an die verrauchten Hinterhof-Nachtlokale, überfüllten Clubs und bisweilen schummrigen Halbweltbühnen erinnert. »Und dann kam ich in Fürth an, und da war ein Lokal, das hieß *Gelber Löwe*. Und der Besitzer, der Herr Schadler und seine Frau, waren sofort sehr angetan von mir. Dann ergab es sich, dass ich da spielen sollte, und dann hab ich mal ein bisschen mein Hillbilly-Repertoire gebracht, und das war ein Riesenerfolg. Und so war ich sozusagen adoptiert. Ich hatte da ein wunderbares Auskommen, ich hatte ein kleines Zimmerchen, da konnte ich wohnen. Es war eigentlich sehr, sehr gemütlich und toll, und mir gefiel das natürlich, dass ich eine Bleibe hatte und für die Amerikaner spielte. Und das zog sich dann hin.«

Die pure Bescheidenheit. Tatsächlich bekam der 19-jährige Teeny Freddy damals gerade mal zehn Mark Gage am Abend. Gegessen wurde bei Mutter Schadler über dem Lokal, geschlafen im notdürftig eingerichteten Badezimmer, romantischer Blick über die roten, steilen Gänsberg-Dächer inklusive. Sehr sparsam sei er gewesen, erinnert sich Marga Schadler, Quinn selber stuft sich da schon mehr als »geizig« ein, denn er steckte jeden Pfennig weg, um das Geld für die große Reise nach Hamburg zusammen zu bekommen: »Er hatte Familienanschluss, wir haben Ausflüge mit ihm gemacht, in die Fränkische, haben meine Eltern besucht in Poppenlauer.«

Auch bei Freddy Quinn blieben die fröhlichen Spritztouren und unbeschwerten Überland-Partien mit der Wirtsfamilie in guter Erinnerung: »Hin und wieder durfte ich mit Schadlers mitfahren. Die haben mich mal auf eine große Reise mitgenommen, das war ein Riesenabenteuer. Die hatten so einen Ford, so einen Buckel-Ford, Ford 14 oder irgend so ein tolles Gefährt, für die damalige Zeit eine Sensation. Und dann durfte ich da auch kurz ans Steuer, denn ich konnte ja schon Auto fahren, hatte aber keinen Führerschein. Und ich war, ja, ich kann das ruhig sagen, ein bisschen Familienmitglied.«

Doch Freddy wurde »abgeworben«: Die Amis wollten ihn in Nürnberg für den hauseigenen AFN-Sender haben. Da spielte er nachmittags um 15 Uhr einen Song – und verdiente mehr damit als im *Gelben Löwen* in einer Woche. Eine Zeitlang schlief er noch in der Gustavstraße, aber eines Tages war er dann ganz verschwunden – so unspektakulär, wie er gekommen war: »Mein Freiheitsdrang war da im Endeffekt doch zu groß. Das Engagement beim AFN war natürlich wundervoll und auch ein bisschen ›seriöser‹. Ich hab mich also von ›meiner Familie‹ – nicht im Bösen! – getrennt und habe dann leider lange Jahre nichts mehr von Schadlers gehört.«

Die freilich verfolgten den Werdegang ihres »Ziehsohns«: »Irgendwann in den 50er-Jahren, da war ich beim Friseur Kirchdörfer in der Sterngasse in Fürth«, erinnerte sich Marga Schadler einmal. »Und ich les die Zeitschrift *Madame* – und da ist unser Freddy drin, singt jetzt in der *Washington Bar*! Vor Künstlern! Ich hab mich ja so gefreut! Er hatte mir ja viel erzählt, er war damals noch so jung, hatte mir erzählt von seinem Liebeskummer und so. Da hab ich ihn getröstet und einmal zu ihm gesagt, wie wir uns nachmittags so unterhalten haben am Kaffeetisch: ›Freddy, du landest noch in Hollywood!‹«

Irgendwo auf dem Dachboden in der Gustavstraße 41 lag er noch jahrelang rum, der alte Tornister, mit dem der junge Mann damals Anfang der 50er-Jahre in Fürth ankam. Und in der Musikbox vorne im Lokal konnte man für ein paar Pfennige *La Paloma*, gesungen von Freddy, drücken. Wenn die Bedienung mal gut drauf war, drehte sie auch den Automaten lauter. Und ungeniert bekam da regelmäßig die ganze nächtliche Gesellschaft feuchte Augen: »Junge, komm bald wieder ...«

# Mary S. Rosenberg

Als Mary S. Rosenberg 1939 in New York ankam, hatte sie gar nichts, kein Geld, keine Anstellung, keine Orientierung. »Aber ich musste ja vom ersten Tag an meine Mahlzeiten selber bezahlen, mein Zimmer und alles«, sagte sie später einmal in einem Gespräch. »Ich habe mich nach einem Job umgesehen, aber natürlich keinen gekriegt. Irgendwann traf ich einen Bekannten aus Fürth auf der Straße, der fragte, was ich tue. Ich habe gesagt, dass ich keinen Job finde, weil auch mein Englisch zu schlecht war, um in einem amerikanischen Laden zu arbeiten. Und der sagte: Ich kaufe von Einwanderern Möbel und Bücher und solche Sachen. Haben Sie da Interesse? Ich sage: Wenn Sie Bücher haben, dann können Sie mir das schon sagen, dann schau ich mir die mal an. Dann bin ich hin, habe eine Liste gemacht von den Büchern, die er alle verkaufen wollte. Und die habe ich dann bei verschiedenen Händlern angeboten.«

Da war es dann wieder, dieses bisschen Glück gepaart mit einer großen Menge Enthusiasmus, und die damals 39-Jährige fing also noch mal ganz von vorne an. Dabei geht es dort in New York beinahe so weiter, wie es in Fürth kurz zuvor abrupt endete: Die Buchhändlerin Rosenberg betreibt ihr Geschäft zunächst in der Privatwohnung, schläft und isst zwischen den Bücherbergen, die mehr und mehr wachsen. Aber diese Atmosphäre kannte sie ja von ihrem ehemaligen Zuhause: In der Fürther Gabelsbergerstraße hatte es schließlich ähnlich ausgesehen.

Dort versuchte die Jüdin Rosenberg bis zuletzt ihren Lebensunterhalt durch den spärlichen Handel mit Büchern und Abonnements zu bestreiten. Aber es wurde immer schwieriger und auch gefährlicher. Die Nationalsozialisten, die sie schon gezwungen hatten, das Ladengeschäft aufzugeben, vereitelten ihr auch noch diese Erwerbsmöglichkeit.

Mary S. Rosenberg war zäh, zeitlebens. 1900 in Fürth als Tochter des angesehenen Buch- und Musikalienhändlers Georg Rosenberg geboren, erlernte sie den väterlichen Beruf zunächst nur widerwillig, wuchs aber dann immer mehr in eine geistige Welt hinein, in der

sie bis zu ihrem Tod im Jahr 1992 wirklich zu Hause war – schon weil man ihr die reale Heimat nicht gönnte. Das Exil in Amerika bedeutete für sie konsequent somit auch, mit ihrem Geburtsland und dessen Menschen zu brechen.

So konnte und wollte sie eine engere, eine neue Beziehung zu ihrer Heimatstadt nicht mehr aufbauen. Noch bei ihrem letzten Besuch, zwei Jahre vor ihrem Tod, spürte man eine wohlüberlegte Distanz zu Fürth, eine freundliche Skepsis, eine Art inneren Sicherheitsabstand. Sie wollte sich nie auf Schuld- und Sühne-Diskussionen einlassen, nach außen tat sie, als seien ihr die Stadt und deren Menschen gleichgültig: Aber hatten die sich denn geändert, hatten sie gelernt aus dem, was geschehen war? Rosenberg wollte es gar nicht wissen: »No love, no hate«, meinte sie nur einmal lakonisch und ein Gespräch mittendrin energisch abschließend, wie es ihre Art oft war. Was in dem klugen, leicht geneigten Kopf, aus dem zwei dunkle, etwas müde Augen blitzten, im selben Moment wirklich vor sich ging, erfuhr niemand.

Sie hatte damals in Fürth den Laden von ihrem Vater übernommen und ausgebaut zu einer Institution. Bei Rosenberg kauften das Bildungsbürgertum und wissbegierige Schüler, hier gab es die gehobene neueste Literatur, in einem Lesezirkel wurde über Dichtung diskutiert. Bei Rechtsanwälten und Notaren in ganz Bayern war das Geschäft bekannt, weil es am schnellsten und zuverlässigsten die aktuellen juristischen Schriften beibringen konnte. Aber schon vor 1933 begannen auch die ersten Repressalien: »Da gab es die Leiterin einer Mädchenschule in Fürth, frühes Nazi-Parteimitglied, die hatte schon 1930 dafür gesorgt und offiziell durchgesetzt, dass die Schulen bei uns keine Bücher mehr bestellten.«

Es kamen immer weniger Kunden. Und die wurden auch noch von den Rosenbergs selber gewarnt, dass sie sich langsam aber sicher in Schwierigkeiten brächten, wenn sie weiterhin ihren Laden in der einstigen Hindenburgstraße betreten würden. Es gab kaum noch Freunde, die öffentlich zu ihnen hielten. Als die Buchhandlung dann spürbar vor dem Aus stand, als schon regelmäßig die SA-Männer davor ihre Posten bezogen und pöbelnd die letzten Käufer einschüchterten, da geschah selbst im auch immer brauner werdenden Fürth, das mal so rot gewesen war, noch einmal Erstaunliches: »Wir waren nie politisch, aber bei den Arbeitern und Sozialdemokraten waren wir sehr beliebt. Die haben dann doch noch zeigen wollen, dass sie zu uns gehören. Am 1. April 1933, beim ersten Aufruf, jüdische Geschäfte zu boykottieren, war der Laden von früh bis abends voll: die sind gekommen und haben gar nichts gekauft, die wollten durch ihren Besuch nur ihre Solidarität mit uns bekunden.«

In letzter Minute macht sich Mary auf den Weg in die Freiheit. Und in New York baut sie sich dann also eine neue Bibliothek auf. Viel gerade Erworbenes wechselt gleich wieder den Besitzer, neue Titel kommen hinzu. Noch weiß sie nichts von den amerikanischen Handelsgepflogenheiten, ist unsicher, wieviel sie verlangen kann, und jedesmal froh, wenn sie mal ein kleines, aber doch auch schon nennenswertes Grundkapital in der Hand hat, das sie jedoch gleich wieder in Bücher investiert. 1945 hat sie bereits ein Lager mit 20.000 Bänden.

Ihr Name spricht sich herum, gerade in Emigrantenkreisen. Auf einmal stehen früher in Deutschland bekannte und geachtete Schriftsteller in ihrer Ladenwohnung: sie sind verzweifelt, total abgebrannt und bieten ihr ihre letzten Schätze (oft eigene Werke und Rezensionsexemplare) an, die sie in die Emigration retten konnten. Sie brauchen ein paar Dollar, um sich wieder mal ein anständiges Essen leisten, um die Miete bezahlen zu können. Wenigen anderen geht es besser. Die sitzen an der Westküste. Und von dort erreichen Rosenberg auf einmal Briefe und Bestellungen, Anfragen und Angebote. Sie sind unterzeichnet mit Thomas Mann, Franz Werfel, Lion Feuchtwanger …

»Ich habe sie alle persönlich gekannt: die Manns, Döblin, auch Einstein«, sagte Mary S. Rosenberg einmal, und aus ihrer Stimme hörte man keinerlei falschen Stolz oder Überheblichkeit heraus, eher immer noch ein wenig Verwunderung darüber, dass das alles ausgerechnet ihr passiert ist. Brecht stand auf einmal bei ihr im Laden, Ernst Bloch, Oskar Maria Graf, Stefan Zweig, George Grosz …

»Ich weiß noch gut, wie der Werfel mit seiner Alma das erste Mal bei mir in der Wohnung war. Das war natürlich sehr interessant und völlig neu für mich, denn wen habe ich in Fürth schon als Kunden gehabt? Die Fürther halt – naja. Aber hier hatte ich die ganze geistige Hautevolee. Einstein – sowas von sympathisch und nett …«

Zu Feuchtwangers fährt sie nach Los Angeles, und sie hilft Lion dabei, in seinem Haus in Pacific Palisades eine neue Privatbibliothek zusammenzustellen. Und heute lagern dort noch immer bislang unbekannte Dokumente aus dem Leben der Fürther Buchhändlerin Mary S. Rosenberg.

»Box C1« des Feuchtwanger-Archivs in der University of Southern California ist für die Briefe reserviert, die Lion Feuchtwanger mit nahen Freunden und anderen Künstlern wechselte: Hier sucht man den Namen »Mary S. Rosenberg« vergeblich. In »Box C4« aber, die all die Korrespondenz versammelt, die der Dichter mit Institutionen, Verlagen und Geschäftspartnern führte, wird man fündig. »Der Ihre …« steht unter den Briefen Feuchtwangers an Rosenberg, bei der der Dichter noch bis kurz vor seinem Tod Bücher bestellte. Von der West- an die Ostküste gehen die Orders, manchmal will Feuchtwanger nur einen einzigen Titel gesendet haben, in der Regel aber sind es lange Listen mit sehr speziellen und themenbezogenen Wünschen (etwa als er gerade an seinem *Goya*-Roman schrieb). Rosenberg liefert prompt, Feuchtwanger zahlt per Scheck.

Im kalifornischen Archiv stößt man auch noch auf den Briefwechsel zwischen der Buchhändlerin und dem Journalisten und Verleger Felix Guggenheim, mit dem zusammen sie den Kleinverlag »Pazifische Presse« betrieb, in dem unter anderem Werke von Thomas Mann, Franz Werfel, Friedrich Torberg und eben auch Feuchtwanger erschienen.

Und Guggenheim ist es auch, dem gegenüber sich Mary 1944 wütend darüber beklagt, dass die deutschen Kriegsgefangenen auch in den Staaten nur mit Nazi-genehmer Literatur versorgt würden. Streitbar und empört über all das, was in Deutschland geschah und was sie aus dem Land ihres jüdischen Vaters vertrieben hatte, schrieb sie: »Wir sind doch sicher alle darin einig, dass sehr, sehr viele [Gefangene] gerne die in Deutschland verbotenen Bücher lesen würden, dass sie aber bei den augenblicklichen Vorgängen und Situationen nicht zu ihrem Recht kommen. Ganz zu schweigen von den vielen, die gar keine ausgesprochene Meinung haben und bei denen es viel wichtiger wäre, dass sie Anti-Nazi oder zum mindestens gute neutrale Literatur bekämen als bei denen, die schon Anti-Nazis sind.«

1992 starb Mary S. Rosenberg in New York. Bis zuletzt stand sie in ihrem Wohnladen, 1841 Broadway, im 11. Stockwerk, als Herrin über ihre Bücher, als weiblicher Prospero.

# Rote Zelle
# Pfisterstraße

Die großen politischen Ereignisse sind ja an Fürth weitgehend und großräumig vorbeigezogen. Von Revolutionen weiß man hier nicht viel, von politischen Umstürzen schon gar nichts. Zwar wurden in den Mauern der Stadt einige Menschen geboren, die es später mal sogar zu großer Berühmtheit gebracht haben, aber ein Ludwig Erhard oder ein Henry Kissinger agierten bundes- oder gar weltpolitisch nicht von Fürth, sondern eben von Bonn oder Washington aus. Dass die erste deutsche Eisenbahn hier einmal ankam, dürfte das (industrie-)revolutionäre Highlight in der sonst eher in ruhigen Fahrwassern verlaufenen Geschichte der Stadt sein (selbst die Weltkriegsbomber verschonten bekanntlich Fürth).

Und doch: Es gibt da im Verborgenen ein paar – Unstimmigkeiten möchte man fast sagen, weil sie so gar nicht zum etwas tiefgestapelten und unaufgeregten Charakter Fürths zu passen scheinen. Wie war das zum Beispiel in den 60er-Jahren hier, als überall die Studenten auf die Straßen gingen, als gegen die große Politik mit kleinen Pflastersteinen gekämpft wurde, als sich vornehmlich linke Gruppierungen daran machten, dem Staat gehörig auf die sehr blank liegenden Nerven zu fallen? In die (damals noch völlig) universitätslose Stadt kam da freilich schon wegen der fehlenden Studenten kaum Bewegung, aber man darf trotzdem nicht unterschätzen, wie ausgeprägt das Protestpotenzial seinerzeit in Fürth tatsächlich war. Man hing den Missmut über die ungeliebte Bundesrepublik nicht gerade an die große rote Fahne, man agierte mehr im Untergrund, der im ganz speziellen Fall dann freilich doch mehr ein Hinterhaus war.

»Die legendäre ›Rotzepfi‹, ausgeschrieben ›Rote Zelle Pfisterstraße‹, war ein Teil eines WG-Hinterhauses, wo mehrere Gruppen zum Teil gewohnt und zum Teil ihre Freizeitaktivitäten durchgeführt haben«, erinnert sich der Fürther Verleger und ehemalige Stadtrat der Grünen Lothar Berthold und schwächt dann auch gleich ein wenig ab: »Das mit der ›Roten Zelle‹ war freilich eher ein selbstironisch gewählter Name. Es ist keine ernsthafte, verbissen politische Arbeit dort gemacht worden. Das waren eher jüngere Leute, die nicht von Anfang an zur 68er-Bewegung gehört haben, sondern da hinein nachgewachsen sind und das Ganze mit ein bisschen Ironie gesehen haben.«

Pfisterstraße also. Tiefstes Arbeiterviertel. Hausnummer 20. Im Hinterhof ein rotes Backsteingebäude mit verwunschen eingewachsener Treppe. Hinter den Fenstern erkennt man nur noch Gerümpel. Und dort oben im ersten Stock, da hatten also »die Politischen« ihr Domizil. Und klar, da war man ja ehedem selber oft: Einen großen Raum gab es mit langen Tischen, eine unvermeidliche Teeküche, an den Wänden hingen Poster von Lenin, Trotzki und der Luxemburg. Da standen Sprüche wie »Flink mit dem Maul, mit der Hand aber faul« – der war von Mao – oder »Vertrauen ist gut, Kontrolle ist besser«. Und weil man alles vielleicht doch nicht so ernst nahm, hatte jemand neben den Lenin-Satz gepinselt: »Bring Glück und Freude ins Haus, Neid und Klatsch laß draus.« Revolution weichgespült mit einem kleinen Hauch von bürgerlicher Pantoffel-romantik irgendwie …

Und dort hinten in dem Gebäudeflügel gab es ja auch noch ein Zimmer, das nur mit Matratzen angefüllt war. Klar, man hatte die Mao-Bibel in der Brusttasche des karierten Hemdes, aber die Mädchen vom reinen Mädchen-Gymnasium kamen halt auch ab und an vorbei …

Aus dieser »Rotzepfi«, diesem ach so subversiven Unterschlupf für revolutions-romantische Träumer, ging aber dann doch auch etwas Ernsthaftes und eine in Fürth sehr aktive Gruppe hervor. Die jungen Leute engagierten sich für eine andere Stadt, lehrten mit ihren Aktionen und Vorschlägen zu Jugendpolitik und -kultur eine Zeitlang die etablierten Volksvertreter im Rathaus kräftig das Gruseln. Seit 1968 hatten sich schließlich in den Räumen die unterschiedlichsten politischen Gruppierungen eingenistet: DKP und KPD, KBW und was hauptsächlich sonst noch mit »k« anfing und irgendwie mit »istisch« endete. Man diskutierte mit- oft auch nur nebeneinander her, stritt ideologisch wie in den Kommunen Berlins oder Frankfurts und war sich zumindest in einem einig: Im trägen Fürth müsste auch mal etwas passieren.

Aber statt sich in Straßenkämpfen zu verausgaben oder auf Po-dien nur Theorien hinterherzuhecheln, dachte man hier schon bald sehr praktisch: Vor allem Musiker und bildende Künstler waren es,

die lautstark ihre Forderung nach einem selbstverwalteten Jugendzentrum artikulierten. Was in Nürnberg das »Komm« war, sollte in
Fürth das »Kommiz« werden. »Diese ganze Künstlerinitiative«, so
Berthold, der damals auch in der »Rotzpfi«, jener »Keimzelle« also,
aktiv war, »ist dann von politisch Orientierten übernommen worden
und praktisch von einer Selbstorganisation zu einer Gruppe mit politischen Forderungen an die Stadt verändert worden. Die Künstler
wollten selber was machen, und die politischen Jugendgruppen, die
dazu gekommen sind, die wollten eigentlich nur fordern, dass die
Stadt etwas zur Verfügung stellt, das dann die Leute selbst verwalten
können.«

Das »Kommiz« kam in den 70er-Jahren tatsächlich und blieb
Jahrzehnte (unten am Schießanger im Lindenhain). Die Rote Zelle
in der Pfisterstraße aber wurde langsam von grünen Kletterpflanzen
überwuchert. Irgendwann fiel auch der Lenin von der Wand, und von
der legendären Zeit zeugen heute nur noch ein paar Schwarz-Weiß-
Fotos, auf denen man sich vor lauter Haaren kaum selber noch
erkennt, auf denen man alte Kumpane sieht, die schlimmstenfalls
schon gestorben, größtenteils aber gottlob doch noch leben, längst
verstreut in alle Welt. Und die Namen fallen einem wieder ein –
einer, ja, der hieß doch tatsächlich Ilja …

Letztlich war es eine friedliche Zeit in Fürth, während ringsum
im Land junges Volk Angst und Schrecken verbreitete und das
Establishment Fracksausen bekam. Es wäre hier alles eher ohne
Verbissenheit abgelaufen, meint Berthold im Rückblick, »mehr
ironisch«. Er glaubt, dass das der »Fürther genius loci war: dass man
sich diese ganzen weltpolitischen Vorgänge etwas zurechtbiegt in so
eine provinziell distanzierte Art, die es praktisch ermöglicht, dass
man weiter in einer Kleinstadt leben konnte und trotzdem auch ein
Teil dieser spannenden Generation war.«

Von der »Rotzepfi« (allein der schöne komische Name hätte
wohl nie getaugt für eine Aufnahme in die ernsten Überwachungs-
listen der Staatsschützer) gingen vielleicht ein paar lokale Signale
aus, die große Revolution aber fand, wenn überhaupt, anderswo
statt.

Und doch war dieser im Grunde zahme Jugendaufstand aus dem
fernen Geist der 68er den Fürther Stadtverwaltern anscheinend
nicht ganz geheuer. Denn eines Tages wurde in der Stadt an

neuralgischen und strategisch schwer einzuschätzenden Stellen das sogenannte »demonstrationssichere Pflaster« verlegt. Vornehmlich damals in der Fußgängerzone und mit einer gewissen zeitlichen Verzögerung – 1975 nämlich erst, als allüberall Ruhe längst wieder im Land eingekehrt war. Die Angst im Fürther Rathaus, dass da vielleicht doch einmal jemand einen Pflasterstein sich herausreißen und in ein Schaufenster schmeißen könnte, war demnach groß. Die speziellen, sehr teuren Steine aber waren so ineinander verkeilt verlegt, dass jeder Randalierer (buchstäblich) auf Granit gebissen hätte. Nochmals Zeitzeuge Lothar Berthold: »Das war so vollkommen daneben, so lächerlich: Ich glaube, da haben einfach die garantiert in der Szene vorhandenen Spitzel des Verfassungsschutzes überhaupt nicht durchgeblickt, sonst hätten die weitergegeben, wie friedlich das Ganze hier eigentlich war.«

Aber es kam sogar noch grotesker: Die Fürther Polizei schaffte sich zur selben Zeit eigens einen nagelneuen Wasserwerfer an. Aber genauso wenig wie in irgendeiner Straße ein Stein flog, musste der jemals eingesetzt werden. Was mit ihm geschehen ist, entzieht sich jeglicher Kenntnis – wahrscheinlich ist er in einer Garage verrostet oder er wurde zum Blumengießen im Stadtpark eingesetzt. »Jedenfalls«, so Berthold, »war die Reaktion dieser Provinzbürgerschaft, die es damals noch gegeben hat, komisch und voller Angst – das kann man heute nur noch absurd finden angesichts dessen, was in Fürth in Wirklichkeit alles – nämlich gar nichts – gelaufen ist, das man mit der 68er-Bewegung in Verbindung hätte bringen können.«

Die demonstrationssicheren Pflastersteine hat dann die Stadt selber wieder mühsam ausgraben müssen. Ersetzt wurden sie übrigens durch Exemplare, hergestellt ausgerechnet im noch immer stramm von Kommunisten regierten China. Aber das ist eine andere komische Geschichte …

# Schabbesgoy

In den Zehn Geboten steht, dass nicht nur die Familie am siebten Tage ruhen muss, sondern auch alle Dienstboten, selbst der Ochse und der Esel sind damit gemeint. Wir hatten keinen Ochsen oder Esel in Fürth, und auch keine Dienstboten. Trotzdem musste das Mittagessen gekocht, das Gaslicht angezündet werden: All das war ›Arbeit‹ gemäß der Definition des Wortes, wie es fromme Leute wie mein Großvater verstanden. Aus diesem Grund hatten wir gleich den anderen Familien eine christliche Nachbarin, die, ohne dass man es ihr sagte – denn dann wäre es ›Arbeit‹ gewesen –, in die Wohnung kam, um das Gaslicht zu löschen und andere kleine Tätigkeiten zu verrichten. Diese Nachbarn nannte man ›Schabbesgoy‹. Ein ›Goy‹ war ein Nichtjude, und der oder eben meistens die ›Schabbesgoyin‹ kam theoretisch nur aus Freundschaft. Zahlen konnte man nur indirekt, durch Geschenke, darunter natürlich auch Geldgeschenke […] Die ›Schabbesgoyin‹ ging auch zum Bäcker, um das Essen abzuholen: Dieses war von meiner Großmutter und ihren Töchtern […] am Freitag gekocht und dann zum Bäcker getragen worden, um es warm zu halten bis zum Schabbat-Mittag.«

In ihren Erinnerungen *Wege im harten Gras* erzählt die in Fürth bei ihrem Großvater in der Theaterstraße aufgewachsene Schriftstellerin Ruth Weiss (geboren 1924) von einem konfliktfreien Verhältnis zwischen Juden und Nichtjuden, wie es in den 20er-Jahren des 20. Jahrhunderts normal war. Man lebte, besonders in der Altstadt rund um die Synagoge, auf engem Raum zusammen, man half sich gegenseitig. Der Schabbesgoy, kein Beruf, eher eine Berufung, gehörte ganz einfach dazu. Ruth Weiss aber fährt fort:

»Der Bruch mit den Nachbarn ist gekommen. Irgendwann hat die Schabbesgoyin gesagt: ›Ich mache das nicht mehr, das ist zu gefährlich für mich‹. Und das war bestimmt kurz nach den Nürnberger Gesetzen. Sie war nicht angestellt bei uns, aber es war dasselbe: dass eine Christin nicht mehr ein jüdisches Haus betreten durfte.«

Mit dem Verschwinden der Juden aus der Stadt kam auch das Aus für den Schabbesgoy. Wer sich heute auf die Suche nach ihm

begibt, wird enttäuscht: Man braucht ihn tatsächlich nicht mehr, denn technische Erfindungen haben ihm seine Arbeit mittlerweile größtenteils abgenommen. Aber der Reihe nach.

David Geballe ist Rabbiner in der Israelitischen Kultusgemeinde in Fürth, die mit über 300 Mitgliedern wieder eine lebendige religiöse Gemeinschaft ist. Um die »Funktion« des Schabbesgoy zu erklären, sagt Geballe, müsse man zunächst einmal die Situation begreifen, die ihn überhaupt notwendig macht.

»Es gibt die 39 kreativen Arbeiten, die am Schabatt verboten sind, und die haben auch noch Unterverbote. Verwirrender wird es noch, weil die Rabbiner den in der Thora festgeschriebenen Verboten noch weitere hinzugefügt haben. Zum Beispiel ist es von der Thora her erlaubt, einen Nichtjuden direkt zu bitten: Mach diese und diese verbotene Aktivität am Schabbat für mich. Den Rabbinern gefiel das nicht, weil sich herausstellte, dass durch die Delegierung von Arbeiten der Schabbat zu einem ganz normalen Wochentag zu werden drohte. Nur, dass man halt einen Nichtjuden hatte, der das alles für einen gemacht hat. Es gibt aber in bestimmten Situationen Ausnahmen, wo es erlaubt ist, durch einen Nichtjuden Dinge verrichten zu lassen.«

Als »klassisches Beispiel« nennt Geballe den Fall, dass in einem Kinderzimmer Licht brennt, das Kind also nicht einschlafen kann. »In diesem Fall dürfte man einem Nichtjuden nicht direkt sagen: Mach bitte das Licht aus, sondern man muss es durch gezieltes Aufmerksammachen erreichen. Also würde man sagen: Im Kinderzimmer ist Licht an. Ähnlich liegt die Sache bei der Klimaanlage: 40 Grad draußen, und die Anlage ist aus. Sie anzuschalten würde aber bedeuten: Elektrizität bedienen. Das ist verboten. Also hilft wieder nur die Andeutung, dass man fürchterlich schwitzt …« Natürlich, so Geballe, sollte schon darauf geachtet werden, dass ein derartiges Umgehen der Verbote nicht zur Gewohnheit wird.

Blickt man zurück in die Zeit vor 1933, dann stellte sich die Sache in Fürth keineswegs einheitlich dar. Diejenigen Juden, die »Betuchteren«, die etwa in der Hornschuchpromenade oder der Königswarterstraße wohnten, die assimiliert waren und die strengen Gesetze kaum beachteten, waren in jeder Hinsicht fein raus: sie hatten Hausangestellte, und wenn es ihnen doch wichtig war, zumindest am Schabbat ein wenig nach der Regel zu leben, dann hatten sie ihre dienstbaren Geister, die ungefragt und ohne Befehle die entsprechenden Tätigkeiten übernahmen.

Anders beim Großteil der Fürther Juden in der Altstadt zwischen Synagoge und Friedhof, am Gänsberg und in den Häusern rund um Theater-, Blumen- und Rosenstraße. Waren sie streng orthodox, so stellte sich ihnen die Frage, wer für sie eine Arbeit übernehmen könnte, sowieso nicht. Die anderen, die ihren Glauben so recht und schlecht lebten, aber fanden die tolerierten Auswege meist im selben Wohnhaus: christliche Nachbarn, wie sie Ruth Weiss so anschaulich geschildert hat, gab es überall.

»Mit der Zeit hat sich das alles reibungslos eingespielt«, sagt Gisela Naomi Blume, die ehemalige Vorsitzende der Fürther Gemeinde. Zwischen Freitagabend und dem Dunkelwerden am darauffolgenden Schabbat gingen die Christen ihren jüdischen Nachbarn ganz selbstverständlich und mit der Zeit eben auch »ungebeten« zur Hand: Sie zündeten die Lampen an oder löschten sie, sie legten Holz nach im Ofen oder wärmten das Essen auf, das von der jüdischen Hausfrau am Freitag gekocht worden war und beim Bäcker aufbewahrt wurde.

So langsam wie das jüdische Leben nach 1945 in der Stadt wieder erwachte, so wenig kehrte die Normalität, zu der nun mal der Schabbesgoy auch gehörte, wieder zurück. Heute machen den Großteil der Gemeinde Bürger aus der ehemaligen Sowjetunion aus, und die direkte Nachbarschaft von christlichen und alteingesessenen jüdischen Fürthern gehört der Vergangenheit an.

Die Fürtherin Gisela Naomi Blume hat keinen Schabbesgoy. Und sie erklärt auch gleich, warum das heute auch für einen gläubigen Juden gar nicht mehr so schlimm ist: »Seitdem es zum Beispiel diese Zeitschaltuhren gibt, können die Lampen auch am Schabbat ohne mein Zutun zur richtigen Zeit an- oder ausgehen.« Früher hatte sie sogar eine Schabbat-Wohnung in der Theaterstraße, gleich in der Nähe der Synagoge, weil sie außerhalb der Stadt wohnte. Und auch hier zog der Fortschritt ein: Das Essen konnte auf einer Warmhalteplatte vor sich hin köcheln. So sind es also heute unter anderem auch die technischen Erfindungen, die es den Juden gestatten, ihren Feiertag unbeschwert und ganz im Sinne des Herrn zu begehen: als einen Tag, der auch die »Braut« oder die »Königin der Woche« genannt wird.

Denn das Leben der Juden war lange Zeit so hart, schreibt Leo Rosten in seiner Jiddisch-Enzyklopädie, »dass dieser Tag der Muße im Lauf der Geschichte mehr als nur eine allwöchentliche Erholung von der Sorge, Plackerei und Angst wurde, denen sie ausgesetzt waren. Selbst in den dunkelsten und bittersten Zeiten ist es der wunderbare Wochentag, an dem sich auch die ärmsten und unbedeutendsten Menschen in unmittelbarer Beziehung zu Gott fühlen dürfen und seine Fürsorge spüren.« Die strengen Gesetze aber sind nur dazu da, sich zumindest für einen Tag von den Arbeiten freizuhalten, die einem sonst das Leben schwer und zu einer Art Sklaverei machen.

Und der Schabbesgoy? Es gebe ihn schon noch hier und da, meint Rabbiner Geballe und legt Wert darauf festzustellen, dass der Begriff keineswegs abwertend gemeint ist. Aber er ist rar geworden, vor allem aber nicht mehr so selbstverständlich und notwendig wie in alten Zeiten. Und womöglich läuft er einem bald nur mehr in Romanen über den Weg. Wie etwa in Benjamin Steins *Die Leinwand*, in dem, weil der Jude die Tür nicht öffnet, wenn es klingelt, der christliche Nachbar am Samstag eine gelieferte Waschmaschine in Empfang nehmen soll: »Dass ich hier in Deutschland noch einmal als Schabbesgoy nützlich sein kann, hätte ich mir nie träumen lassen.«

# Schickedanz

Er war ja mal so etwas wie ein Heiliger in dieser Stadt: Auf Gustav Schickedanz, den Versandhauschef, ließ kein Fürther was kommen. Im Eheverbund mit seiner Gemahlin Grete sah man in ihm die Inkarnation des Kapitalismus mit menschlichem Antlitz, einen Unternehmer, der aus dem Volke kam, als nachgerade väterlich treusorgenden Arbeitgeber, während die stets korrekt frisierte Gattin mit ebenso entwaffnend onduliertem Charme den mütterlichen Part kongenial ausfüllte. Ein Paar wie das personifizierte Wirtschaftswunder, das mit seinem guten Namen die bezahlbare Erfüllung entlegenster Wünsche (vom Präservativ bis zum Fertighaus) garantierte, das mit verwirrend bunten Bildern Begehrlichkeiten zu wecken verstand und über niedrige Preise den Weg in eine wohlig möblierte Existenz ermöglichte.

Selbst als ruchbar wurde, dass Schickedanz, das NSDAP-Mitglied, für kurze deutsche Zeit nur noch an »Arier« seine Päckchen zu schicken gewillt war, fiel nicht wirklich ein Schatten auf die stattliche Gestalt eines Mannes, dem das Grandseigneurhafte wie maßgeschneidert passte. Und wer erinnert sich nicht an die leicht tanten-sanften Vorworte der Frau Grete in den jedes Jahr dicker werdenden Katalogen, in denen orakelnde Binsenweisheiten zu manch schiefer Wirtschaftslage durch die ermahnende Anregung abgedämpft wurden, dass der erschwingliche Konsum und die Freude am Einkauf schon über jede schwierige Lebensphase hinweggeholfen haben? Gustav und Grete – ein Paar wie Glück und Segen.

Die Fürther ganz besonders fühlten sich da angesprochen, denn schließlich lebten sie – und nur sie! – in der »Stadt der Quelle«. Und so hielten die Schickedanz' ihre symbolische blaue Hand schützend über die Kommune, taten mit Spenden wohl, ließen sich selber ehren zu Bürgern höherer Klasse und gaben doch auch mannigfaltig dem Volk zurück. Im gesponserten Sport rannte und sprang man in ihrem Firmennamen in die Welt hinaus, in geförderten Schulen schloss man sie ins Morgengebet ein: Es war eine seltsam harmonische Verbindung, eine Abhängigkeit gar zwischen dieser Unternehmerfamilie und dem Rest von Fürth.

Als dann zu Beginn des 21. Jahrhunderts der ganze Konzern den Bach hinunterging, an die Wand gefahren wurde, pleite machen musste aufgrund grandioser Misswirtschaft, da schüttelten die Fürther ihre Köpfe, und sie hörten es draußen auf dem Friedhof im Familiengrab rotieren: »Wenn das der Gustav noch miterlebt hätte …«, »Mit der Grete wäre es nie so weit gekommen …«

Aber hätten die beiden, wären sie noch unter den Lebenden gewesen, das Unternehmen wirklich retten können? Der Stolz auf den würdigen Herrn Konsul mit seinem weißen Schnorrer und die Frau Konsulin mit ihren unvermeidlichen Perlenketten wurde irgendwann einmal eingemottet: Mit den unsagbaren Vorgängen, die zum Ende der Firma führten, die immerhin einst 30.000 Mitarbeiter beschäftigt hatte, sollte das Paar nicht in Zusammenhang und damit in Verruf gebracht werden. Was aber ist von diesem Paar und seinem Namen wirklich geblieben?

Irgendwelche Spuren, die heute noch an die legendäre Unternehmerfamilie und ihre »Quelle« in der Stadt erinnern, sind nur mehr schwer zu finden: Die legendäre Hand wurde zurückgezogen, möchte man meinen. An die Läden in der Moststraße und dann an der Fürther Freiheit erinnern sich nur noch wenige Fürther: wie man etwa damals von der Straße, die dann nach dem Unternehmer benannt wurde, durch ein unglaubliches Wirrwarr von Räumen und Fluren, über Treppchen und um Ecken nach vorne kam zum eigentlichen Geschäft am Platz. Ein abenteuerlicher Parcours war das stets mit überraschenden Wendungen und Entdeckungen, ein wenig wie der dicke Katalog selber, ja: Es war schlichtweg der begehbare Katalog. Auf engstem Raum das gesamte Warenangebot: nur einmal umblättern oder einmal umdrehen, und man kam von den Schuhen zum Geschirr, von den Schreibwaren zur Kittelschürze.

Letztere nahm in der Nachkriegszeit ohnehin verhältnismäßig breiten Raum in dem voluminösen Prospekt ein, und so sah man folgerichtig in Fürth vergleichsweise mehr Frauen ungeniert in der Öffentlichkeit in solch wüst gemusterten und gefährlich farbigen Modellen durch den Alltag spazieren als in anderen Städten …

Brot und Arbeit und erschwingliche Spiele gab Schickedanz den Fürthern, wenngleich sich das große Versandhaus doch hart an der

Stadtgrenze in Nürnberg angesiedelt hatte – verwaltet aber wurde
stets an dem Ort, an dem die Familie auch selber lebte. Wie oft
führte denn auch aus Neugier oder Pilgermentalität der sonntägliche
Spaziergang nach Dambach hinaus, wo man auf einem langen Fuß-
marsch das Privatgelände derer von Schickedanz umrundete – und
doch eigentlich gar nichts sah. Zäune, hinter denen sich dichter Wald
ausbreitete, Mauern, die nicht zu durch- und überblicken waren.
Die Villa vermutete man da irgendwo. Die Einfahrt verschlossen,
das Pförtnerhäuschen abweisend. Aber was sollte dort auch schon
anderes stattfinden als ein ganz normales Familienleben, mit Freud
und Leid und Intrigen, mit guten und miesen Schwiegerkindern.
Nur dass die Frau Grete keine Kittelschürze trug im Dambacher
Anwesen, das war gewiss.

Wirklich öffentlich wurden die Schickedanz' immer nur,
wenn es um Geld ging, um Spenden, Auszeichnungen oder um
Hochzeiten und Kinder, die das Fürther Licht erblickten. Als die
erste Schickedanz-Tochter Louise 1952 Hans Dedi in der Paulskirche
in der Südstadt ehelichte (wo zehn Jahre zuvor schon das ehemalige
Ladenmädchen Grete Lachner aus Fürth »Ja« zu ihrem Chef
Gustav gesagt hatte), da stand das Fürther Volk Kopf und Spalier
wie anderswo nur bei königlichen Anlässen. Sie im Spitzenkleid –
garantiert nicht aus dem Katalog – und er im Frack, für den es bei
der »Quelle« auch keine Bestellnummer gab: ein wahres Traumpaar,
das etwas Glanz auf die triste Stadt warf.

Und als der Konzernchef 1977 starb, da gehörte gar der damalige
bayerische Ministerpräsident Alfons Goppel zu den Trauergästen,
und im Gottesdienst – wiederum in der Paulskirche – rezitierte der
Schauspieler Veit Relin Hermann Hesse. Und überhaupt nahm auch
da wieder eine ganze Stadt Abschied von einem, den sie längst zu
Lebzeiten schon in den Himmel gehoben hatte, und nicht wenige
meinten zu wissen, dass ein Besserer wohl nur schwerlich nachkom-
men würde.

Diese von Außenstehenden kaum zu begreifende fast schon
religiöse Mischung aus Verehrung und Verklärung war sogar noch
spürbar, als von der »Quelle«-Pleite Betroffene im Stadttheater
in einem Theaterstück ihre Wut auf die Verantwortlichen des
Ausverkaufs hinausschrien. In einer Kritik hieß es damals: »Die
›Quelle-Familie‹ zelebrierte ihren Zerfall. Der Kapitalismus hat(te)

eben auch seine guten, heimeligen und sicheren Seiten. Und Grete Schickedanz, die Übermutter des Versandhauses, winkte gramvoll von ihrer Wolke herab.«

Als dann der ehemalige Erlanger Literaturprofessor Wolfgang Lottes ein Buch mit dem Titel *Im Hause Schickedanz* vorlegte, war – nach diversen mehr oder weniger kritischen Biografien und Firmengeschichten – der Wunsch, die schillernde Persönlichkeit Gustav Schickedanz noch einmal auf den ganz normalen privaten Boden zurückzuholen, durchaus erkennbar. Lottes berichtet von seiner Mutter Emilie, die von 1937 bis 1943 als Erzieherin und Hauslehrerin, als hochgeschätzte Vertrauensperson im Hause Schickedanz Ansehen genoss. Wenngleich es sich hier um einen nicht unkritischen deutschen Zeitabschnitt handelt, sind die ideologischen und politischen Aspekte nicht Thema dieses Bandes. Weniger aus dem Umkreis der berühmten und wohlhabenden Familie erfährt man denn auch, welch Geistes Wind damals wehte, eher schon durch die kleine Geschichte einer Freundschaft zwischen Emilie Lottes und der Jüdin Irene Benario, die Hitlers Vernichtung entkommen konnte.

Allerdings soll Gustav Schickedanz, der immerhin ab 1935 sechs Jahre lang für die Nazis im Fürther Stadtrat saß, beim Einstellungsgespräch zu der Erzieherin gesagt haben, seine Tochter Louise sollte »natürlich, schlicht, selbständig im Denken und Urteilen sein, frei von falschem Stolz, etwa auf den väterlichen Besitz, freigebig und hilfsbereit, von christlichem Geist geprägt, ohne den Einfluß nationalsozialistischen Gedankenguts.«

So mag man denn den »Quelle«-Chef in Fürth, wo man ihm gerade noch als Stern auf dem »Walk of Fame« in der Fußgängerzone zu Füßen begegnet sein mag, also gerne in Erinnerung halten. Dass er in harten Kriegszeiten in neckischer Verkleidung im Dambacher Anwesen fröhlich Fasching feierte; dass Julius Streicher bei ihm zu Gast war und mit ihm hinter verschlossenen Türen konferierte; dass er als beginnender »Quelle«-Händler seine Kunden ausdrücklich darauf hinwies, er sei ein »arischer Inhaber« – vorbei, vergessen …

# Schneidereien

Meine Mutter war gelernte Schneiderin. Eine Zeitlang verdiente sie ein Zubrot mit ihrer Kunst, weil der noch spärliche Lohn des Vaters nicht immer reichte für die kleine Familie. Da saß sie oft genug bis in die späte Nacht mit Stoffen und Kleidungsstücken meist fremder Menschen in den Händen an der »Pfaff«-Nähmaschine, die sich die Eltern zugelegt hatten und deren Abzahlung durch die monatlichen Raten die Haushaltskasse für lange Zeit zusätzlich belastete. »Pfaff« war ein sehr schweres Möbel aus Holz, oben konnte man es aufklappen und mit einem geschickten Handgriff die eigentliche Maschine aus dem Hohlraum ans Licht befördern.

Schwarz war der seltsame und irgendwie geheimnisvolle Apparat, mit Rädchen und Spulen, die sich sanft drehten und bewegten. Eine feine Nadel verschwand senkrecht im Nichts und tauchte ebenso rasch wieder auf, hauchdünne Fäden spannten sich in unerklärlicher Ordnung. Natürlich handelte es sich hier noch um ein Maschinenmodell ohne jeglichen elektrischen Anschluss: Ein breites Pedal musste geschickt mit den Füßen bewegt werden, die Kraft übertrug sich mittels eines Lederriemens und setzte so den Mechanismus in schnellen oder ganz langsamen Gang, wie es für den Stich oder zu bearbeitenden Saum gerade gebraucht wurde. Das Kind löste oft den Riemen und trat auf die gusseiserne Fläche, damit das Schwungrad auch gehörig in Schwung kam, und beobachtete die Zeit, die es brauchte, um endlich wieder im Stillstand zu verharren. Und los ging es aufs Neue.

Links und rechts hatte die »Pfaff« (warum war es keine »Singer«?) Schubladen, in denen ein heilloses Durcheinander von Nadeln und Fadenrollen, Scheren und Fingerhüten, Gummibändern und Borten herrschte. Wurde nicht genäht, verschwand der schwarze Korpus wieder im Bauch des Möbels, auf das schräg eine bestickte Tischdecke gelegt wurde, ein Väschen mit Blumen darauf.

Wahrscheinlich sind diese Erinnerungen der Grund für die – zugegeben – etwas sentimentale Faszination, die heute noch

die kleinen Änderungsschneidereien auf mich ausüben. Es gibt
sie in vielen Nebenstraßen der Stadt, in der Mitte wie im Süden.
Untergebracht sind sie meist in alten Läden, die über nicht mehr als
ein Schaufenster und eine Eingangstür, einen engen Verkaufsraum
und gerade noch ein winziges abgetrenntes Nebenzimmer verfügen.
Vielleicht war da früher mal ein Schuster drin oder ein Tabakladen,
eine Hutmacherin mochte dort ihre Kreationen erfunden oder
ein Lebensmittelhändler Waren für den alltäglichen Gebrauch
angeboten haben.

Oft sind sie über Nacht da. Diese Schneidereien entstehen,
existieren und sterben nach ihren eigenen ungeschriebenen
Gesetzen. Ihre Einrichtung ist spärlich. Durchs Fenster sieht
man einen kleinen Tisch, der als Verkaufstheke dient, mit Zetteln
übersät. Eine richtige Kasse gibt es nicht, Geld wird in der
Schublade oder in einer Blechdose aufbewahrt. Im Hintergrund
dann der eigentliche Arbeitsplatz. Eine Nähmaschine, längst mit
Strom betrieben, aber keineswegs das neueste Modell. An den
Wänden Kleiderhaken und Stangen, an denen Mäntel und Jacketts,
Hosen und Blusen hängen, fertig zur Abholung oder noch wartend
auf eine Änderung.

Treten wir ein. An der Tür ein mit krakeliger Schrift
beschriebenes Papier, das die gesetzlich geregelten Öffnungszeiten
verzeichnet – an die sich hier aber ohnehin niemand hält: Noch bis
spät in die Nacht sieht man drinnen Menschen bei der Arbeit. Mag
sein, es läuft ein Kofferradio in irgendeiner Ecke, es hängen ausge-
schnittene Illustriertenfotos an den Wänden: Die Sprache ist dann
fremd, das Bild zeigt eine entfernte, sonnige Sehnsuchtsgegend.
Betreiber solcher Läden sind meist Türken, auch bei einer Bulgarin
hat man schon mal eine Hose abgegeben, in letzter Zeit trifft man
vermehrt auf Frauen oder Männer aus der ehemaligen Sowjetunion.
Sprachliche Verständigungsschwierigkeiten aber können leicht mit
Gesten ausgeglichen werden: Hier zwickt es unterm Ärmel, dort ist
es im Bund zu weit und da ist ganz einfach ein Loch. Körpersprache
im hilfreichsten Sinn.

Die Atmosphäre in diesen Läden ist beinahe überall gleich. Man
fühlt sich wie aus der Zeit gefallen, der Raum existiert außerhalb jeglicher Norm. Ein Ölofen grummelt in einer Ecke. Es ist, abgesehen
von den Radioklängen, still, das Schweigen gehört zum Handwerk.

Die Schneiderin beugt sich über ihre Maschine, schiebt mit geübten Fingern den Stoff in alle möglichen Richtungen, das Surren des Nähapparats ist die Hintergrundmusik dazu. Erst noch den Stich zu Ende führen, dann kann man sich um den nächsten Kunden kümmern. Keine Eile, keine Hektik. Was so lange nicht passte, kann jetzt auch noch eine Weile warten.

Etwas versteckt sitzt auf einem Hocker ein Freund oder eine Freundin der Schneiderin. Der Laden, in dem streng genommen nichts verkauft, in dem nur geholfen wird, hat auch die Funktion eines Wohnzimmers. Es ist ein wenig wie damals daheim, als das Kind sich hinter die nähende Mutter auf den Stuhl zwängte und stumm dem Arbeitsfortgang folgte. Hier im Laden tratscht man Nachmittage lang miteinander, man geht sich zur Hand, fachsimpelt, gibt Tipps, wie diese komplizierte Naht am besten angelegt werden sollte, man kocht einen Tee und lässt die Uhr vorrücken, die hier nach einem anderen Maß verläuft als draußen vor dem Schaufenster, wo Autos hupen, Passanten eilen.

Und dann zeigt man auf sein Anliegen. Da hat man sich eine teure Marken-Jeans gekauft, aber sie hängt jetzt doch nur wie ein Sack an einem. Die Körper haben sich eben noch immer nicht an die vorgeschriebenen Konfektionsgrößen angeglichen, noch immer sind die Hosenbeine entweder zu weit oder zu lang, noch immer hat man nicht die Idealfigur für Kleidung von der Stange. Und hier, im neuen Mantel, eine »Triangel« hat man sich da hineingerissen, nein, man weiß nicht mehr wo. Ein besorgtes Gesicht macht die Schneiderin, ein mitleidiges: Es tut ihr in der Seele weh, wie sehr der schmale Riss das schöne Modell entstellt. Sie überlegt, holt Fadenproben herbei und prüft, ob sie das passende Schwarz oder Blau für die Ausbesserung parat hat.

Mit wenigen Worten wird die Aktion angedeutet, mit Kreide wird die gewünschte neue Länge angezeichnet, mit Nadeln die erwartete Weite abgesteckt. Das geht so flink von der Hand, dass man selber gar nicht richtig zu Wort kommt: ein stummes Einverständnis und ein unkomplizierter Handelsabschluss, durch einen vertrauenerweckenden Blick besiegelt. Der Preis dafür, der genannt oder auf einen schon anderweitig beschriebenen Papierschnipsel notiert wird, ist kurios gering. Der Abholtag? Übermorgen oder nächste Woche. Man kommt vorbei, man fragt nach.

Keine noch so mit perfektionierter Reibungslosigkeit und bis ins normierteste Detail funktionierende Welt wird diese Änderungsschneidereien überflüssig machen. Man kann nun mal kein im Zwickel spannendes Beinkleid oder eine überm Busen sich bauschende Bluse in eine Maschine stecken und warten, bis sie auf Knopfdruck in Passform wieder herauskommt. Es werden immer die Augen und die Hände, die Geduld und das Können dieser Handwerker vonnöten sein, damit man sich in seiner Kleidung – und soll sie auch »Outfit« heißen? – wohlfühlt.

Wie dichtete Wilhelm Busch? »… oder wäre was zu flicken, / Abzuschneiden, anzustücken, / Oder gar ein Knopf der Hose / Abgerissen oder lose / Wie und wo und was es sei, / Hinten, vorne, einerlei / Alles macht der Meister Böck, / Denn das ist sein Lebenszweck.«

So plötzlich sie irgendwann an irgendeinem Ort erscheinen, so unauffällig sie wie aus einer vergangenen Welt übrig geblieben existieren, so spurlos sind diese Schneidereien bisweilen von gestern auf heute auch wieder verschwunden. »Geschlossen« steht in Handschrift am Fenster, und die Räume dahinter sind leer. Vielleicht hängt noch vergessen eine Ansichtskarte mit blauem Meer darauf an der nackten Wand. Dorthin mag die Schneiderin wieder gegangen sein, der schmale Verdienst hat gereicht.

Und dann fragt man sich, wo sie alle hin verschwunden sind, die Jacken und Hosen, Mäntel und Hemden, die nicht abgeholt wurden. Mitgenommen in den Süden? Ach was, dort braucht man sie ja nicht. Doch schon eine Woche später richtet sich ein ganz anderer Schneider, womöglich aus einem ganz anderen Land, wieder am selben Ort ein. Und an die Haken und Stangen werden die vermissten Kleidungsstücke erneut aufgehängt. Verloren geht nichts. Wann das Teil fertig ist? Übermorgen oder nächste Woche. In Ordnung, man schaut halt vorbei.

# Jakob Schönberg

**M**anchmal lässt man sich zu der Feststellung hinreißen: Ohne Fürth wäre die europäische Kulturgeschichte um einiges ärmer. Nehmen wir nur einmal ein paar Namen: der französische Komponist Fromental Halévy, Sohn eines aus Fürth ausgewanderten Juden, schuf die große Oper *Die Jüdin*, die in Paris ein Riesenerfolg wurde; Personen der Familie selber fanden dann sogar den (leicht verschlüsselten) Einzug in Marcel Prousts großes Romanwerk *Auf der Suche nach der verlorenen Zeit*. Oder: Im literarischen Salon des aus Fürth stammenden Juristen Max Bernstein in München lernte Thomas Mann seine Frau Katia kennen. Einen der erfolgreichsten Romane des 20. Jahrhunderts, *Der Tunnel*, schrieb der aus der ehemaligen Julienstraße stammende Bernhard Kellermann (dass es Hitlers Lieblingsbuch wurde, gehört leider auch zur Historie).

Leopold Ullstein war »Ladenschwengel«, wie das damals hieß, in Fürth, bevor er eines der bedeutendsten Verlagshäuser in Berlin gründete. Sogar sein Konkurrent Samuel Fischer hat Fürther Wurzeln: Seine Vorfahren wanderten von Fürth nach Ungarn aus, wo Samuel geboren wurde; er sollte später den renommierten S. Fischer Verlag gründen, in dem wiederum Jakob Wassermann, aufgewachsen in der Fürther Blumenstraße, seine Erfolgsromane veröffentlichte ...

Mehr oder weniger bekannte Beispiele ließen sich weiter aufzählen – und es tauchen auch immer wieder neue, ganz erstaunliche auf. Wie dieses:

Im Jahr 1900 wurde in Fürth Jakob Schönberg geboren, der als Komponist wirkte und 1956 in den Vereinigten Staaten starb. Sein übersichtliches Werk ist bis heute nur ausgesprochenen Musikkennern bekannt. Dass er ein Großneffe des revolutionären Zwölftöners Arnold Schönberg war, ist bei dieser Geschichte, die es hier zu erzählen gilt, »nur« ein weiteres Aperçus und passt doch so recht zu dem Reigen der Personen, die entfernt oder konkret etwas mit Fürth zu tun hatten, ihre großen Erfolge aber erst feiern konnten, nachdem sie die Stadt verlassen hatten.

Jakob Schönberg also war der Sohn eines Kantors, der in der Claus-Synagoge in Fürth wirkte. Die Familie wohnte zunächst in der Hirschenstraße 19 (1. Stock), später in der Blumenstraße 24 – zwei Adressen inmitten des von Juden bewohnten Viertels, die auch einen Hinweis auf die orthodoxe Ausrichtung des Elternhauses geben können. Früh erkannte Vater Schönberg die musikalische Begabung des kleinen Jakob, der schon im Alter von fünf Jahren Klavierstunden erhielt. Von 1906 bis 1916 besuchte er die Israelitische Realschule in Fürth, kam dann an die Oberrealschule in Nürnberg, später an die Technische Hochschule in Darmstadt und an die Berliner Universität. 1925 promovierte Jakob Schönberg an der Universität in Erlangen. Wie sehr ihn das Leben in einer jüdischen Kantor-Familie geprägt hat, zeigt nicht nur der Titel seiner Dissertation: *Die traditionellen Gesänge des Israelitischen Gottesdienstes in Deutschland*.

Eine schöne Parallele lässt sich hier zur schon erwähnten Familie Halévy ziehen: So wie Jakob von den Ritualen und der Musik in seiner Familie geprägt und wohl auch begeistert werden konnte, basierte Fromental Halévys Wissen über den jüdischen Alltag in einer Kleinstadt auf den Erzählungen seines Vaters. In der Oper *Die Jüdin* lässt sich das Leben in »Fjorda«, wie die Juden Fürth nannten, wo die verschiedenen Glaubensgemeinschaften auf engem Raum friedlich miteinander lebten, nachvollziehen.

Während der Weimarer Republik verdiente sich Jakob Schönberg seinen Lebensunterhalt als Pianist, Musikkritiker, Dirigent und Komponist. Er arbeitete für die *Nürnberger Zeitung* und war auch beim Bayerischen Rundfunk gefragter musikalischer Berater; das Radio wiederum führte einige seiner Orchesterwerke auf. In einer biografischen Notiz der »Library of The Jewish Theological Seminary« wird darauf hingewiesen, dass Schönbergs frühe Werke durchaus eine »orientalische Melodik« kennzeichnet, andere Kritiker sprachen damals schon genauer von konkreten jüdischen Einflüssen. Wie dem auch sei, ab dem Jahr 1933 war für derartige Musik in Deutschland kein Platz mehr: Schönberg verlor seine Arbeit- und Auftraggeber im nationalsozialistischen Land. Doch er ließ sich nicht abbringen von seinem Vorhaben, die jüdische Musik zu erforschen und mit eigenen Kompositionen zu bereichern.

Der russisch-jüdische, in Deutschland lebende Pianist und Musikwissenschaftler Jascha Nemtsov hat sich intensiv mit Leben und Werk Schönbergs auseinandergesetzt und konnte sogar in amerikanischen Archiven versprengte Teile von Schönbergs Nachlass aufspüren. Er schreibt: »Schönberg ging nach Berlin, wo er Musikkritiker der zionistischen Zeitung *Jüdische Rundschau* wurde. In den folgenden Jahren versuchte er nach dem Vorbild der Neuen Jüdischen Schule zu einem dezidiert jüdischen Stil in seinem Schaffen zu finden. Er stützte sich dabei vornehmlich auf die neue Musikfolklore der palästinensischen Juden, die er damals intensiv sammelte und studierte. Große Popularität erlangte Schönbergs 1935 publizierte Liedersammlung *Schirej Erez Israel* (>*Lieder aus dem Land Israel*<). Die jüdisch-palästinensische Folklore wurde schließlich zur Grundlage seiner eigenen Kompositionen. Um der orientalischen Stilistik dieses Melos gerecht zu werden, nahm Schönberg in seinen Bearbeitungen palästinensischer Volkslieder (die er >Neue jüdische Kammermusik< nannte) teilweise eine äußerste Reduktion der Ausdrucksmittel in Kauf: Einige Stücke sind für Gesang mit Begleitung von Flöte und Bratsche gesetzt und verwenden konsequent archaische antiphonale und heterophone Formen.«

Für Schönbergs bedeutendstes Werk hält Nemtsov die dreisätzige *Chassidische Suite.* 1937 in Berlin zunächst für Klavier geschrieben, arbeitete er sie für Orchester um. Diese Fassung konnte noch mehrmals im Rahmen der Veranstaltungen der Jüdischen Kulturbünde in Berlin und Frankfurt am Main aufgeführt werden. 1939 aber musste der jüdische Komponist schließlich auch emigrieren. Er ging zunächst nach London und 1948 dann nach New York, wo er an der Trinity School und an der Carnegie School of Music in Englewood unterrichtete. Im Mai 1956 erlag Schönberg, der noch die Aufführung seiner *Suite* in der legendären Carnegie Hall erleben durfte, einem Gehirntumor.

Das sicherlich in weiten Teilen spezielle Werk Jakob Schönbergs erlebt gleichwohl in unserer Zeit eine kleine Renaissance. Knapp 60 Jahre nach seinem Tod erschien eine vom Deutschlandfunk produzierte Doppel-CD unter dem augenzwinkernden Titel »Another Schönberg«, die sowohl die erwähnte *Chassidische Suite* wie auch zahlreiche hebräische Lieder, *Liebesgesänge nach Jehuda Halevy* oder die *Vier Lieder auf Texte chinesischer Dichter* für Gesang, Flöte und Klavier versammelt. Auch der ehemalige »Arbeitgeber« des Komponisten, der Bayerische Rundfunk, brachte ein

Hörfunkporträt, mit dem Autorin Julia Smilga an einen zu Unrecht Vergessenen erinnerte: »Der Name Arnold Schönberg ist in der Musik eine fest etablierte Größe. Doch wer kennt den Komponisten Jakob Schönberg? Das Leben und Wirken dieses Musikers ist derart gründlich vergessen, dass die bloße Existenz ›eines anderen Schönbergs‹ fast wie ein Kuriosum anmutet [...] Seit seinem Tode fanden keine Aufführungen seiner Musik statt.«

2004 freilich stieß die damalige Stadtheimatpflegerin Barbara Ohm schon auf ein ganz anderes »Kuriosum«: 1936 wurde im Jüdischen Kulturbund Berlin eine »Dramatisierung von Jakob Wassermanns *Sabbathai Zwi* mit Musik von Jakob Schönberg« aufgeführt, inszeniert von Otto Bernstein (einem Theaterregisseur, der 1943 im KZ Auschwitz ermordet wurde). Zwei Fürther trafen sich da also in der schon gefährlichen deutschen Hauptstadt – zwar nicht persönlich, aber immerhin auf einer künstlerischen Ebene.

»Der erste Teil von Wassermanns frühem großen Roman *Die Juden von Zirndorf*«, schrieb Ohm damals in den *Fürther Heimatblättern*, »schildert den (nicht historischen) Auszug der Juden aus Fürth, um dem vermeintlichen Messias Sabbatai Zewi entgegenzugehen [...] Wassermann hat in allen Ausgaben der *Juden von Zirndorf* [...] der Sabbatai-Zewi-Geschichte diesen Namen nicht gegeben. Nur im Sammelband der *Fränkischen Erzählungen* (1925) hat der Verlag (natürlich S. Fischer – siehe oben! Anm. BN) den Titel gewählt.« Ohm zeigte sich überrascht, dass ausgerechnet Schönberg diese Vorlage gewählt hat. Es sei »kein Sujet, mit dem sich ein orthodoxer Jude anfreunden kann, denn Wassermann schildert hier die jüdische Religion negativ.«

Sicher ist, dass Wassermann das Libretto zu dieser Oper nicht selbst geschrieben hat, er starb ja bereits 1934. Warum aber wählte der Fürther Schönberg den Text des Fürthers Wassermann? Aus heimatlicher Verbundenheit am Ende gar? Die wiederum kann man der Stadt, in der der Komponist geboren wurde, nicht nachsagen. Bis heute wurde hier das Werk des »anderen Schönberg«, des Jakob aus der Hirschenstraße, noch nie öffentlich vorgestellt.

# Robert Schopflocher

Wenn ich die Augen schließe, regen sich die ersten, durchaus beglückenden Kindheitseindrücke: Der süßliche Geruch des blühenden Flieders der Schrebergärten erreicht mich dann, der säuerliche Mief der Bierwirtschaften, die faulige Würze der frisch gedüngten Wiesen. Bei unseren Ausflügen waren wir Kinder dazu angehalten, tief durchzuatmen; der Dunggeruch sei gesundheitsfördernd. Und vom Mief der Wirtschaften wusste mein Vater zu berichten, dass er vom alten Bier stammte, das die Wirte vor ihren Türen ausschütteten, um solcherart den Bierdurst der Kunden anzuregen.«

Zu den schönsten Passagen in Robert Schopflochers Erinnerungsbuch *Weit von wo* gehören die Gedanken an seine Kinderzeit in Fürth: Es sind sehr sinnliche Reminiszenzen, die viel mit Düften, Geräuschen, Geschmäcken und Farben zu tun haben, die sich dem kleinen Robert einprägten und die dem Erwachsenen auch auf seinem abenteuerlichen Weg durch die Welt nie abhanden gekommen sind.

Der Schriftsteller Robert Schopflocher, 1923 im Fürther Nathanstift geboren und in der Königswarterstraße 52 aufgewachsen, kann sie noch »abrufen« in seinem Exil in Argentinien, wo er seit der Flucht mit den Eltern 1937 aus Deutschland bis heute lebt – und das ihm zu einer zweiten Heimat geworden ist.

Vergegenwärtigen muss er sich dazu parallel freilich auch die Kehrseite der Medaille: »Denn im Hintergrund lauert das Grauen«, heißt es nur ein paar Seiten weit entfernt von der »glücklichen Kindheit«, hinter die jedoch auch schon ein Fragezeichen gesetzt wurde. Die jüdische Familie, die sich assimiliert einrichtet in großbürgerlicher Gediegenheit, die zu den angesehenen Herrschaften Fürths gehört und entlang der Promenade, auf der vor Kurzem noch der alte Adler dampfte, regen und freundschaftlichen Umgang auch mit den christlichen Honoratioren pflegt, spürt am eigenen Leib die Verwandlung der Zeit und den Untergang der Moral. Schopflocher schreibt in *Weit von wo* von der »doppelbödigen Gemütlichkeit«

damals, in der die auch im ehedem so liberalen und toleranten Fürth
»ständig wachsende antisemitische Stimmung« zu Hause – wo der
Weihnachtsbaum wie selbstverständlich neben dem Chanukka-
leuchter stand – noch leichtfertig und ungläubig verdrängt wurde:
»Denn die meine Kindheit beschützenden Erwachsenen empfanden
die heranrollende Lawine der Gewalt als ein weit entferntes Natur-
ereignis und verkannten, trotz der lärmenden Nürnberger Parteitage
quasi vor der Haustür, die lebensbedrohliche Gefahr.«

Das Leben der Schopflochers erfährt eine Zäsur, schon früh:
»Einmal – es muss zwei oder drei Jahre vor der Machtübernahme
gewesen sein – fuhren meine in dieser Hinsicht naiven Eltern in
der Straßenbahn, als vom Parteitag zurückkehrende Volksgenossen
sie als Juden erkannten. Sie entgingen nur deswegen dem Lynch-
mord, weil der geistesgegenwärtige Schaffner den Wagen auf freier
Strecke halten ließ, sodass sie sich in letzter Minute in Sicherheit
bringen konnten.«

Jahre später wird es wieder »diese letzte Minute« sein: Die
Schopflochers schaffen die Flucht ins sichere Ausland, bevor die
Deutschen beginnen, alles Jüdische aus ihren eng geschlossenen
Reihen auszusondern. Schopflocher, den, wie er sagt, nur das Glück
vor KZ und Vergasung bewahrt hat, dessen jüdische Schulkameraden
aus Fürth zum größten Teil in den Vernichtungslagern ermordet
wurden, denkt fragend an seine Heimatstadt zurück und versucht
Ordnung in seine Gefühle zu bringen. Bei jeder sich ihm bietenden
Gelegenheit wies sein Vater darauf hin, dass man den Zeichen der
Verbundenheit der Juden mit der Stadt auf Schritt und Tritt begegnet: »Wir wohnten in der Königswarterstraße, ich erblickte das
Licht der Welt im Nathanstift, es gab eine Krautheimer-Krippe und
meine Mutter sang bei kulturellen Veranstaltungen im Berolzheimer-
rianum. Kein Wunder, dass mein Vater stolz auf die Geschichte der
jüdischen Gemeinde Fürth war [...] Und ich frage mich, ob dieses
Zusammenspiel klassisch-deutscher und jüdischer Überlieferung
vielleicht nicht nur in ihm, sondern auch in mir und in vielen
deutschen Juden seiner und meiner Generation eine schöpferische
Spannung erzeugte, ein ganz anderes Lebensgefühl, das selbst die
Verbrechen der Nazis nicht ganz auslöschen konnten.«

Immer noch »verwundert« stellt Schopflocher fest, »dass
das Kindheitsland, aus dem ich verstoßen wurde, in den tiefen

Schichten meines Seins weiterlebt und wirkt, trotz der unfassbaren Verbrechen, die in ihm stattgefunden haben.« Und so taucht er also noch mal hinab in die Vergangenheit, die man ihm nicht zerstören und wegnehmen konnte, die er im fernen Buenos Aires immer noch riechen, schmecken, hören und vor seinem inneren Auge sehen kann:

»Und dann die Gaumenfreuden der Laugenbrezeln, der Milchweckn und Mohnbrötle, der Dampfnudeln mit ›Hiftmark‹, des Bitzelwassers mit Zitronengeschmack, des Ochsenmaulsalats. Der ›Berches‹, dieses mit Mohn bestreute Zopfbrot, das sich die Juden am Freitagnachmittag vom Bäcker holen und das auch den christlichen Nachbarn mundet. Und die Laute: das Bimmeln der ›Elektrischen‹, die Kinderlieder, das im Chor rezitierte Einmaleins der ABC-Schützen [...]. Die kindliche Aufregung, wenn sich, selten genug, ein Flieger am Himmel zeigt. Die Fürther ›Kerwa‹ mit ›Kaschperletheater‹, Brathering, Krachmandeln, Karussellgedudel, Türkischem Honig und dem Gewitzel des ›Billigen Jakobs‹.«

Als sich Robert Schopflocher 1961 mit Gefühlen, die man fälschlicherweise wie ein buntes Konfekt oft harmlos nur »gemischt« nennt, auf die Suche nach seiner gestohlenen und verlorenen Zeit in Fürth begab, hieß er längst Roberto, weil er seit Jahrzehnten schon in Argentinien lebte, und stand auf einmal wieder auf dem Boden, den man ihm ein Vierteljahrhundert zuvor unter den Füßen weggezogen hatte. Er ging zu der Wohnung in der Königswarterstraße 52, in der er aufgewachsen war, und die neuen Besitzer führten ihn durch Räume, die er kannte, in denen es jetzt ganz anders aussah und die nicht mehr so rochen wie früher.

Aber am Türrahmen des ehemaligen Speisezimmers fuhr Roberto verstohlen mit den Fingerkuppen über die Oberfläche: Da ertastete der knapp 40-Jährige tatsächlich unter einer dicken Farbschicht eine Unregelmäßigkeit – es waren die Kerben, die der kleine Robert mit seinem Taschenmesser eingeritzt hatte, als er als Sieben- oder Achtjähriger verbotenerweise und erfolgreich dessen Klinge ausprobierte.

Als ich selber das letzte Mal das Haus in der Königswarterstraße besuchte, um mich einmal mehr an der Pracht und der üppigen Schönheit dieses Gebäudes zu berauschen, wurde es im Inneren gerade aufwendig saniert. Vestibül und Treppenhaus waren mit

Plastikplanen ausgelegt, es roch scharf nach Farbe und Chemikalien. Der alte Putz war von den Wänden gewischt, an manchen Stellen hatten die Restauratoren ihre sorgfältige Feinarbeit schon beendet: Goldene Verzierungen blinkten, die lockigen Steinköpfchen an der Decke glänzten schwach in matt-bronzener Farbe.

Ich wusste nicht, in welcher der Wohnungen die Schopflochers gelebt hatten. Und ich wollte es auch gar nicht wissen. Womöglich wäre ich verstohlen an allen Türstöcken mit den Fingerkuppen entlanggefahren und hätte nach den Kerben im Holz gesucht. Doch ich hatte Angst davor, zu entdecken, dass bei der gründlichen Renovierung des alten Hauses diese Spuren des kleinen, glücklichen Jungen Robert nun vielleicht doch endgültig verwischt worden sein könnten.

Gleichen solche Kerben nicht auch Narben? Schopflocher sagte einmal: »Aber auch wenn ich den seelischen Zustand, in dem ich mich damals befand, nicht rekonstruieren kann, so bin ich mir der Narben wohl bewusst, die die damalige Verstörtheit in mir hinterließ, die mich selbst heute noch […] im täglichen Leben beunruhigt. Ich sprach von dem Gift des Hasses, das wir als Kinder in kleinen Dosen in uns aufnahmen. Es muss sich um ein sehr langsam wirkendes Gift gehandelt haben, das […] noch jetzt Spät- und Fernsymptome hervorruft […] Ein unterirdisches Beben, ein fernes Wetterleuchten, der in der Luft vibrierende Klang eines Tropfsteins, an den man sachte klopft. Man hat sich daran gewöhnt. Man kommt mit seinem ›Knacks‹ zurecht; ein wenig Scheu vor Massenversammlungen und vor Uniformierten, ein paar ganz milde Verfolgungsphantasien; nur von den Nächststehenden werden sie bemerkt. Die lästige Neigung dann, sich ständig entschuldigen oder rechtfertigen zu müssen, hervorgerufen durch unbestimmte Gewissensbisse. Ein gelegentlicher Angsttraum, oder eine schlaflose Nacht, während der man in der Tiefe ein verdächtiges Rumoren wahrzunehmen vermeint. Womöglich kündigt es ein Erdbeben an, oder den Ausbruch eines Vulkans, den man für längst erloschen hält.«

# Schuhabkratzer

So unscheinbar er war (und ist), er gehörte früher einmal zu jedem Haus. Gleich bei der Eingangstür, rechts oder links neben dem Tor, war er gleichermaßen ein Objekt der Nützlichkeit wie auch ein Symbol der Sauberkeit: der Schuhabkratzer.

Er war einst ein Utensil, an dem jeder reinliche Mensch auf seinem Weg von Außen nach Innen nicht vorbeikam. Ein kleines gebogenes, fest verankertes Eisenteil, auf das man die Sohle setzte, um sich mit einem kräftigen Ruck, einem hartnäckigen Schaben, einem gewohnheitsmäßig flüchtigen Abstreifen des Schmutzes der Straße zu entledigen: So altmodisch muss man sich schon ausdrücken, damit klar wird, dass der Abkratzer seine verdienstvolle Zeit lange hinter sich hat.

Wer heute mit gesenktem Blick durch die alten Fürther Straßen spaziert, wird nur noch selten über ihn stolpern. Genau das aber, das mögliche Stolpern, mag zu seinem Aussterben geführt haben in einer Welt, die sich barrierefrei einrichtet, als würden nur noch Blinde in ihr herumlaufen. Es mag aber auch die verlorengegangene Liebe zu den Details verantwortlich sein: Vor einer abwaschbaren Baumarkttür und neben aalglatten Betonein-fahrten macht sich so ein verspieltes Eisenteil wie ein vergessenes Stück Sperrmüll aus. Freilich: Seine wirkliche Notwendigkeit heut-zutage muss schon auch in Frage gestellt werden. Im Minutentakt schrubben die städtischen Reinigungsfahrzeuge über Gehwege und Kopfsteinstraßen, die allzeit wie gewienerte Parkettböden sauber und rein glänzen, hygienisch einwandfrei. Man kommt in der Regel mit geleckter Sohle nach Hause, wenn nicht gerade Nachbars Lumpi einen (in letzter Sekunde übersehenen) Haufen auf den Randstein gesetzt hat …

In solch einem Fall wird man sich dann vielleicht zurücksehnen nach Zeiten, in denen er parat war, zehn Zentimeter über dem Pflaster gleichsam schwebend und doch so zuversichtlich verankert in der Mauer, dass er auch einen ob des Reintretens wütenden Tritt geduldig aushielt. Man wird die Anwohner der alten Häuser beneiden, in der

Theater-, Marien- oder Pfisterstraße, in der Hornschuchpromenade oder der Südstadt: Dort gibt es sie noch gelegentlich, vornehmlich an Gebäuden, deren Fassaden noch nicht reinlich frisch ge- und verputzt sind. Denn auffällig ist schon, dass an renovierten Häusern mit der Patina vergangener Jahre auch konsequent die Schuhabkratzer entfernt wurden und werden. Als seien sie eine lästige Erinnerung an schmutzige Tage, in denen man noch durch den »Kot«, wie der Straßendreck einst hieß, waten musste, bestehend aus Abfall, Pferdeäpfeln und dem Schlamm unbefestigter Straßen.

Wer sich auf die Suche macht, findet aber noch die unterschiedlichsten Modelle. Denn keineswegs war der Kratzer nur ein profanes Alltagsstück. Als solches gibt es ihn zwar schon: Da ragt nur ein, durch den heftigen Gebrauch längst schmales und abgerundetes Eisenteil aus der Mauer neben den zwei, drei Treppenstufen. Aber immer wieder entdeckt man auch viel ansehnlichere Versionen, im Vergleich zur stinknormalen Funktion des Objekts aufwendig gestaltete kleine Kunstwerke. Manche schauen aus wie umgedrehte Kronen, andere hat der Schmied mit gebogenen Verzierungen an den Rändern ausgestattet: Zierstücke vor reichen Fassaden und noblen Eingangstüren, die Geschmack verraten, der auch vor niederen Verrichtungen nicht Halt macht. In der Karolinenstraße, vor einem der Häuser, die mit ihren verwunschenen, von schmiedeeisernen Gittern umgebenen Gärten ohnehin heute wie vergessene Stadtschlösser ausschauen, stößt man auf einen, dessen Kratzfläche (ihrerseits sinnigerweise in Form eines Schuhs) wegklappbar war. So wurde liebe- und vorsorgevoll mit ästhetischen Mitteln der Verletzungs- und Sturzgefahr begegnet.

Denn natürlich waren die Dinger nie ganz ungefährlich: Wer durch schlecht beleuchtete Straßen, gar noch nachts vom Wirtshaus und immer an der Hauswand lang, heimging, konnte schon mal hängenbleiben an solch einem verfluchten Eisenteil, das da so unvermittelt in den wackligen Weg ragte. Deshalb – oft noch zu besichtigen in der Altstadt rund um die Theaterstraße – gab es Kratzer, die in die Hauswand eingelassen wurden. Wie kleine Nischen sehen sie aus, mit einer einfachen Eisenstrebe davor: der »verkotete« Schuh wird quasi in die Fassade gesteckt – und kommt sauber abgeschabt wieder hervor.

Ob die Schuhabkratzer da, wo sie überlebt haben, überhaupt noch benutzt werden, müsste man in einer Langzeitbeobachtungsstudie nachprüfen. Wahrscheinlich aber kaum, wahrscheinlich hängen sie nur noch unbekratzt und eingemauert in den Wänden rum und warten auf die Fassadenputzer, die sie dann mit einem kräftigen Hammerschlag aus ihrer hundertjährigen Verankerung hauen. Sie haben ausgedient, sind nur noch seltsame Hinterlassenschaften einer Zeit, die man gerne gut und alt nennt, die aber eben auch unvorstellbar dreckig gewesen sein muss.

Andererseits: Im Internet gibt es mittlerweile eine ganze Reihe von Herstellern und Versandhäusern, die sich auf ausrangierte Produkte spezialisiert und längst auch den Kratzer wieder im Angebot haben. Man kann ihn für satte 120 Euro neu und auf alt getrimmt erwerben oder bei Ebay original gebraucht ersteigern. Verbogen und verrostet wie er sein soll. »Auch wenn in unserer Zeit die Schuhe nicht mehr so dreckig werden wie früher«, schreibt ein Schmied in seinem Werbetext unter ein besonders schönes handgeschmiedetes und vernietetes Teil, »sollte schon allein aus optischen Gründen vor jedem Haus ein Schuhabkratzer stehen.«

# Schulweg

Seit einiger Zeit steht ja die unmittelbare Vergangenheit hoch im Kurs. An die krallt man sich, um die wacklige Gegenwart zu begreifen oder zumindest einigermaßen erträglich zu finden und der diffus leuchtenden Zukunft nicht auf den Leim zu gehen. Es sind die Nebensächlichkeiten, verborgenen Orte, verschwindenden Zeichen, die noch nicht zu Ende erzählten kleinen Geschichten, nach denen man sucht, weil einen die Unübersichtlichkeit der großen, weiten Welt (früher roch die noch nach Zigarettentabak …) verwirrt, und die Globalisierung hat auch nur dazu geführt, dass man zwar zu Hause im selben Moment weiß, dass in China gerade ein Sack Reis umfällt – ob aber der alte Kaugummiautomat etwa noch immer unten an der Hauswand hängt, das kann man mit Gewissheit zunächst einmal nicht sagen.

Mittlerweile hat sich also ein ganzer Gewerbezweig darauf spezialisiert, nicht dem fremden Besucher, sondern dem Einheimischen selbst seine Stadt, und hier ganz besonders die engste eigene Umgebung und sichtbare Historie, näherzubringen. Was noch vor geraumer Zeit rätselhaft erschien, nämlich die Versammlung von Menschen hinter einem sogenannten »Guide« an Samstagnachmittagen in dunklen Hinterhöfen, vor ehemaligen Bäckereien oder überhaupt an Stellen, an denen in der Regel nur ein Hund kurz stehen bleibt, gehört längst zum gewohnten Bild.

Stadtführungen, die sich thematisch mehr und mehr von den bekannten Sehenswürdigkeiten ab und dem Profanen zuwenden, nehmen den Bürger quasi bei der Hand und eröffnen ihm einen völlig neuen Blick auf Altbekanntes. Und so lässt man sich wie ein staunender Tourist durch die eigene Nachbarschaft leiten und mit der Nase auf Orte stoßen, an denen man im Alltag ebenso regelmäßig wie achtlos vorbeirennt. Im besten Fall werden daraus Entdeckungsreisen wider die eigene Vergesslichkeit.

Genau genommen sind diese »Spurensuchen« auch nichts anderes, denn auch sie wollen Interesse wecken für Verschwundenes und Vergessenes, wollen, ohne in der verstaubten Nostalgiekiste zu wühlen, die Frage stellen, um welchen Preis Veränderungen stattgefunden haben. Aber braucht es tatsächlich immer solch einen »Guide«, leibhaftig oder nur gedruckt, damit man dahinterkommt, dass sich in den letzten Jahrzehnten der Charakter unserer – im unpathetischen Sinn – Heimat so grundsätzlich gewandelt hat? Muss man sich das, was man längst nicht mehr sieht, vorkauen lassen? Anscheinend sind auch Rückbesinnung und das Gefühl von Verlust nur noch kollektiv zu haben in einer Zeit, die dem Individuum zum gedanklichen Ausruhen soviel Chancen lässt wie ein Cayenne-Fahrer dem Flaneur zum sicheren Überqueren des Zebrastreifens.

Also ergeht jetzt hier einmal die Einladung zur ganz individuellen und garantiert führerlosen Erkundung der vertrauten Umgebung und somit der persönlichen Vergangenheit, die sich zugetragen hat in einer Welt, die es nicht im Netz, Prospekt oder im auswendig referierten Vortrag, sondern nur im eigenen Kopf gibt. Warum zum Beispiel geht man nicht an einem sinnfreien, sonnigen Nachmittag einmal seinen alten Schulweg wieder ab? Die Gedanken und Erinnerungen, die sich dabei einstellen, können verblüffen, verstören mitunter, denn sie vermischen die selber erlebte Geschichte mit der, die um uns herum weiterlief. Aus der Zeit, aus der einst vertrauten Umgebung gefallen, findet man sich dann nicht selten wieder in einem Niemandsland, das sich hartnäckig der Wiedererkennung verweigert …

In Stadeln damals in den 60er-Jahren ging es jeden Morgen los zum Vacher Bahnhof. Der hatte Wartesaal und Schalter, in Sichtweite ein Stellwerk. Ein wichtiger Beamter schloss die Sperre noch auf, immer »19« und »49« nach einer vollen Stunde fuhr der Vorortzug in die Stadt. Heute ist der Bahnhof – noch immer in heftigem Blau bestrichen – verwaist, als Haltepunkt nur mehr ein spärlich möblierter Bahnsteig mit einem Automaten.

Was machten wir eigentlich auf der zehnminütigen Fahrt, Hunderte von Kindern, die nach Fürth in die weiterführenden Schulen durften und mussten? Wir hatten keine Handys und keine Stöpsel im Ohr. In zehn Minuten ließ sich Mathe abschreiben, vielleicht aber schauten wir auch tatsächlich zu den Fenstern der alten, grünen Waggons hinaus und ließen die Landschaft an uns vorbeiziehen? Man konnte noch was sehen von ihr, weil sie nicht von Lärmschutzwällen verstellt war. Später gab es die riesigen

Hallen der BIG-Spielwarenfabrik und Unterfarrnbach war kein Verkehrsknoten-, nur ein windiger Haltepunkt mit notdürftigem (ja, danach stank es auch irgendwie immer) Holzhäuschen.

Hauptbahnhof Fürth. Kaum ein öffentliches Gebäude der Stadt hat in den letzten Jahren einen derartigen Niedergang erlebt wie der repräsentative Bau, der einst noch ein Innenleben hatte und heute keine Abwrackprämie mehr wert ist. Wir rannten unter den Gleisen hindurch, Treppen hinauf in die Halle. Hier roch es nach Abfahrt und Ankunft, vor den Schaltern warteten Reisende, die aus den Drehtellern ihre Fahrscheine fischten. Man musste noch Bahnsteigkarten lösen, um den Perron zum Winken zu betreten. Als einziger Automat stand da eine Prägemaschine, mittels der man seinen Namen auf ein Stück Blech stanzen konnte. Ach ja, eine Waage gab es auch noch.

In der Gepäckaufbewahrung wurden Koffer herumgewuchtet, und der dicke Heiner im Zeitschriftenladen ranzte mit Fistelstimme die Kinder an, dass das neue Micky-Maus-Heft noch nicht da sei. Die *Bravo*? »Wie alt bist' denn …?« Die Klofrau wackelte in der »bilka«-Kittelschürze von »Frauen« zu »Männer« und ließ in den Taschen das Kleingeld klimpern; der stets etwas unter Humbser-Dampf stehende Kellner des Bahnhofsrestaurants wackelte auch – von der 1. in die 2. Klasse der Wirtschaft.

Wir aber schlugen den Weg Richtung Südstadt ein, die Unterführung hindurch, wo jeder Schrei schrill echote. Und gleich oben links, an der Karolinenstraße, war schon der erste Kiosk: Mohren-kopfsemmeln en gros schon vor der ersten Stunde. Am »Deutschen Michel« vorbei (was hing da für eine seltsame Blase draußen vor der Tür?), daneben gab es auch die Metzgerei, die Stunden später wegen der Leberkässemmeln gestürmt wurde. Erste Zigaretten wurden halb öffentlich im Schatten des mächtigen Kirchturms von St. Paul geraucht. Pelzgeschäfte dann immer wieder, so die Erinnerung, kaum aber Läden, die das Interesse der Halbwüchsigen wecken konnten hier im noch weitgehend abgekoppelten Süden Fürths. Eine ziemlich langweilige Route, auf der nichts geschah; nur musste man auf Fahrschüler acht geben, die in den Einbahnstraßen rundherum Vorfahrtsregeln lernten und gerne dabei Fußgänger übersahen.

Am Stresemannplatz und an der Kaiserstraße fehlen heute die alten, stattlichen Häuser und somit auch die Läden, die für

Süßigkeiten berühmt waren. An manchen Ecken Fürths kommt es einem ohnehin vor, als ob die Stadt die fehlenden Bombeneinschläge des Krieges nicht verschmerzen konnte und deshalb nachträglich für massive Zerstörung selber sorgte. Jetzt stehen da fassadenglatte Wohnblöcke, zwischen denen Bäumchen Gemütlichkeit vorgaukeln. Das Arbeitsamt hat die Größe des Finanzamtes angenommen ...

Vor den Gittern des Hardenberg-Gymnasiums lungerte man minutenlang lässig, denn manchmal zeigte sich dort auch eine Schöne vom »Helene«, dem Mädchen-Gymnasium; der Schulhof war noch ohne Notpavillons und – irgendwie passend zur Oberrealschul-Autorität – frei und riesig wie ein Aufmarschplatz. Der Gong zerschnitt weit hörbar diese Freiheit. Hausmeister Anderl sortierte die Milchspeisung, und lief die Lateinarbeit wieder mal erwartungsgemäß schlecht, klappte der alte Lehrer das Blatt eigenhändig zu und schnarrte ostpreußisch: »Lass mal, das wärd nichts mähr. Jeh mal rieber zur Rosa und hol zwäi Tabback fier den Härrn Proffässor.« Man machte sich auf zum Botengang zu Rosas Kiosk hinter der Heinrichskirche (die dem Minderjährigen Tabak ohne Not und lästige Altersfragen verkaufte) und bekam dafür in der Schulaufgabe die Fünf statt einer Sechs. Die Lateinschwäche ist geblieben, der Kiosk der Rosa verschwunden.

Oder bei den Amis vorbei zum Lohnert-Sportplatz: Turnübungen unter freiem Himmel, und im bestialischen Gestank der benachbarten Hornfabrik wurde einem bei jedem Hundert-Meter-Lauf grundsätzlich kotzübel. Auf dem Rückweg trödelte man, Blicke blieben haften auf den amerikanischen Schlitten, die an Bordsteinen standen wie in Downtown; Militärfahrzeuge rumpelten rücksichtslos, und das mühsam beigebrachte Schul-Englisch dehnte man zum breiigen Slang, um von irgendeinem GI eine »Kool«-Zigarette zu schnorren. In den kleinen Pizzerias überall hier gab es winzige Nebenzimmer, in denen einen keine Lehrkraft aufspüren konnte – es sei denn, sie saß selber drin. Die Schwarz-Kittel-Clique rund um den legendären Zeichenlehrer aber fand man zuverlässig im Roth-Händle-Qualm im *Café Beuschel* in der Amalienstraße. Und wohnte um die Ecke nicht auch die erste Freundin, deren Mutter einen so gar nicht leiden konnte?

Eines zur Warnung: Die ganz persönliche Spurensuche kann bisweilen zu schweren sentimentalen Anwandlungen führen ...

# Sommerfrische

D er Weg, auf dem wir seit über 20 Jahren in die Sommerfrische fahren, führt hinter Passau hinein nach Österreich,
über Ried dann in sich lieblich-hügelig schmiegende Landschaften,
bald Attergau genannt. Vorbei an trutzig abweisenden Vierkant-
höfen, durch vergessene Ortschaften, meist mit Endungen auf
»-ham«, kommt man nach Frankenburg. Ein mittelgroßer Flecken
mit Wirtshaus und Trafik, mit einer schlossähnlichen Sehenswürdigkeit, bei der die Straße scharf nach links abknickt.

Exakt dort in der Kurve fällt dem in Richtung Attersee
strebenden Sommerfrischler seit – wie gesagt – über 20 Jahren
ein Wegweiser ins Auge, auf dem er immer und immer wieder den
Ortsnamen »Fürth« gelesen hat – und seltsamerweise nie die Ver-
anlassung empfand, einmal nachzuforschen, was es denn eigentlich
mit diesem »Fürth« hier fernab der eigenen und gleichlautenden
Heimatstadt auf sich hat.

Aber ist man auf dem Weg zum See, will man sich von nichts
und niemandem die Zeit stehlen und sich ablenken lassen. Und auf
der Rückfahrt regnet es meist – wie üblich im und am Rande des
Salzkammerguts.

Nun aber fasste der gänzlich Ausgeruhte sich ein Herz (der
Himmel war ausnahmsweise einigermaßen klar) und verließ
nach schönen Tagen des Ausspannens am in Klimt-Farben
schimmernden See im Schatten des Höllengebirges in eben jener
Frankenburger Kehre (*Franken*burg – wieso war man übrigens hier
schon nicht über die Jahre hinweg stutzig geworden? Und liegt
nicht gleich nebenan auch ein *Franken*markt?) die Hauptstraße,
bog ab und zuckelte im Schritttempo gespannt auf das unbekannte
Ziel mit dem wohlvertrauten Namen zu. Durch eine Siedlung mit
verwechselbaren Häuschen und mit brav gestutzten Vorgärten ging
es – aber ein Ortseingangsschild »Fürth« kam nicht in Sicht.

Dafür aber plötzlich: rechts eine kleine Straße mit Namen
»Fürtherbach«. Und dann nach etwas bracher Gegend ein paar
einzelne Häuser. An einem Neubau stand »Fürth 8«. Gegenüber ein

alter, in seinem irgendwie gepflegten Chaos pittoresk zu nennender Hof: Katzen in allen bunten und schwarz-weißen Schattierungen sorglos auf Fensterbänken und im Gras, wilde Gartenpracht rings ums schrundige Gemäuer, dort hinten ein paar müde Kühe, die dem sich vorsichtig nähernden Eindringling gelangweilt ins Gesicht blickten und kauten. Und überm Scheunentor ein stolzer Schriftzug aus kunstvoll geformtem Schmiedeeisen: »Leitner – Fürth – 1906« konnte man entziffern. Und befand sich also auf dem Leitnerhof, wohl mitten in Fürth selbst.

Ein Fenster stand offen an diesem Vormittag, ein Mann äugte heraus, misstrauisch zunächst, doch gleich freundlich wie nur einer, der einem etwas zu erzählen hat, das den Zuhörer staunen machen soll. Überhaupt aber erst einmal: warum man das wissen will, was man da fragt? Und gefragt hatte man, warum Fürth denn »Fürth« hieße, gleich so wie der Ort, aus dem man selber kommt? Aha, sagte der Mann, von dem durch das winzig kleine Bauernhausfenster stets nur das tief gebräunte Gesicht sichtbar blieb, eine andere Person im Dunkel des Zimmers war nur zu ahnen: »Aha, aus der großen Stadt ...«

Schön, aber mit der habe sein Fürth nun nichts zu schaffen, da gebe es keinerlei Verbindung, weder jetzt noch in grauer Vergangenheit. Dieses Fürth hier im Oberösterreichischen, im Salzkammergut, habe seinen Namen einfach wohl wegen der Wegkreuzung, die nun mal in einer Furt liege. Und die Schreibweise mit »ü« und dem »h« am Ende sei wohl zufällig nur die gleiche.

Ursprünglich bestand Fürth aus vier Anwesen, Bauernhöfen einer Liegenschaft am Rande Frankenburgs, und ist heute nur mehr ein Ortsteil, dem man naturgemäß kein eigenes Ortsschild zubillige. Aus den vier wurden im Lauf der hier träge vergehenden Zeit gerade einmal acht Gebäude, mehr habe man leider nicht zu bieten. Zur Orientierung, weil auch Straßenschilder Fehlanzeige sind, hätten die Besitzer den Namen der Gemarkung und die dazugehörigen Ziffern eben einfach auf die Hauswände gepinselt. Jaja, meinte der Mann dann noch: »Aus der großen Stadt in Franken ...«. Und wollte sich schon seiner wohl viel wichtigeren Arbeit im Inneren des Hauses, im Stall vielleicht oder sonstwo widmen, als ihm noch einfiel: »... war ja alles fränkisch hier früher.«

Eine schwarze Katze umschmeichelte zutraulich den Fremden aus dem großen Fürth, als stellte sie da instinktiv doch irgendeine entfernte Zusammengehörigkeit fest, und mit dem Mann im Fenster, dem auf einmal wieder die vertrödelte Zeit ganz egal wurde, entspann sich ein Gespräch über sehr ferne Vortage.

Tatsächlich gehörte der fast 300 Kilometer von der Heimat des Besuchers entfernte Attergau einst zu Franken. 1007 schenkte ein gewisser König Heinrich II. aus dem Geschlecht der Sachsenkaiser – was immer der hier am Rande Bayerns auch zu suchen und sagen hatte – nämlich den Attergau dem Bistum Bamberg. Der damalige Attergau umfasste die »Herrschaften« Attersee/Kogl, Kammer und Frankenburg. Das Gebiet entsprach im Wesentlichen dem heutigen Bezirk Vöcklabruck, ausgenommen das Mondseeland und der östlichste Teil des Bezirkes um Schwanenstadt. Die drei Grundherrschaften Kogl, Kammer und Frankenburg verwalteten den Attergau.

Und so gut wie alles verschenkte der König damals an die Bamberger: Dörfer, Weiler, Gebäude, Wälder, Gewässer, Jagd- und Fischereirecht – und natürlich die Menschen dazu. Der Bischof von Bamberg war fortan Grundherr und blieb es bis zum Jahr 1379, als der Herzog Albrecht von Österreich, ein Habsburger, den Attergau kaufte und dem Riesenreich einverleibte. Seitdem gehört das Gebiet, dessen wirkliche Grenzen Tourismusverbände und Landvermesser unterschiedlich interpretieren, unverbrüchlich zu Österreich. Nur mehr zwei Gemeinden erinnern mit ihren Namen an die fränkische Episode – Frankenmarkt und Frankenburg eben. Mit Fürth freilich, lachte dann der Mann im Fenster des Bauernhofes, habe das alles gar nichts zu tun, auch wenn man jetzt ob der fränkischen Vergangenheit schon ein wenig stutzig werden könnte.

Immerhin, wirft man aber schlau ein, immerhin gebe es zwischen diesem Fürth hier und dem Fürth dort doch noch eine interessante, wenn nicht gar verblüffende Verbindung. Denn im Attergau kam die Liegenschaft schließlich ebenso unfreiwillig unter die Herrschaft der Bamberger wie die Stadt im Fränkischen, die ja mal dreigeteilt von Ansbachern, Nürnbergern und den scheinbar nimmersatten Bambergern regiert wurde.

Da guckt der Mann nur einen Augenblick ungläubig aus seinem kleinen Fenster heraus und sagt: »Na, schauen S' …« Man spürt, wie egal ihm letztlich die verwirrten und verwirrenden Zeitläufte hier in seiner längst geordneten Heimat und anderswo sowieso sind. Und wünscht dann endlich noch einen schönen Tag. Es gibt doch schließlich mehr zu tun als sich über komplizierte Besitzverhältnisse der Vergangenheiten den Kopf zu zerbrechen. Hinterm Haus die Kühe melden sich wie auf geheimen Befehl lautstark und unruhig.

Fürth also war das. Acht Häuser, ein paar Katzen, keine Menschen auf der Straße und irgendwie eine zeitvergessene Idylle, zu der zwei Wegweiser an einer Wegbiegung locken – und sie bezeichnen doch eigentlich einen Ort, den es so richtig gar nicht gibt.

Aber nächstes Jahr, wenn es wieder in die Sommerfrische geht, wird man mit Sicherheit erneut einmal kurz vorbeischauen und mit einem kleinen Heimatgefühl im Bauch beruhigt feststellen, dass sich auch hier überhaupt nichts verändert hat …

# Stadeln

Das Dorf gibt es nicht mehr. Es hat nur den Namen behalten und ist verschwunden. Ein paar Straßen heißen noch so wie früher, aber x-mal so viel neue sind hinzugekommen, deren Bezeichnungen gar nichts mehr mit dem Ort und seiner Geschichte zu tun haben. Von den alten Häusern stehen noch manche, die meisten aber sind abgerissen worden, weil sie im Weg waren, als neues Bauland ausgewiesen werden musste: Immer mehr Menschen zogen in das Dorf, das schließlich keines mehr war. Längst lag es nicht mehr vor den Toren der Stadt, es war ein Teil ihrer geworden. Mit einem Bindestrich versehen, war es dann auch dem Namen nach nur mehr ein Anhängsel.

Das Dorf ist alt. Die älteste urkundliche Erwähnung »des Dorfes Stadeln bei Fürth finden wir in einer Verkaufsurkunde des burggräflichen Fischwasserlehens in der Regnitz vom Jahre 1398«, schreibt der Heimatkundler Werner Sprung und zweifelt gleich wieder an diesem Fund. Also wird nur noch vermutet, und demnach »ist in der Zeit von 1000 bis 1100 an der Rednitzfurt eine kleine Siedlung von ein bis zwei Höfen entstanden, deren Zugehörigkeit zum ehemaligen Königshof Fürth angenommen werden muß, die dann sich im Besitz der Burggrafen von Nürnberg befand und wohl im 13. Jahrhundert an die Dompropstei Bamberg kam.«

Stadeln also heißt das Dorf. Bauernhäuser und -höfe gab es hier, Wirtshäuser mit Gastgärten: Alles konzentrierte sich um einen kleinen Platz, der am Weg zum Fluss lag. Kein Straßendorf, mehr ein Flecken mit unregelmäßiger Bebauung, mit Gütern und Gütlein, mit Fischerhäusern, für ein paar Jahrzehnte mit einer Tabakfabrik, mit einer Schmiede, einem Metzger … So wuchs der Ort in seinen Grenzen und nie über sich hinaus. Eigenständig war man, und im späten Sommer wurde auf dem großen Platz die Kirchweih gefeiert.

Als zwei Jahre vor dem Ende des 19. Jahrhunderts die Rheinisch-Westfälische Sprengstoff AG Grund und Boden in Stadeln erwarb, vollzog sich »der Schritt vom Bauerndorf zum Industriestandort«. 60 Jahre später, als ich die ersten Schritte auf Stadelner Boden setze, gab es mehr als diese »Pulver«, wie das martialisch gesicherte Munitionswerk, das offiziell »Dynamit Nobel« genannt wurde, im Volksmund hieß: Maschinenfabriken waren hinzugekommen, die Fabrikation von Beleuchtungskörpern oder die Verarbeitung von Leichtmetall, später baute eine Spielzeugfirma mächtige Hallen entlang der Bahnlinie.

Und doch blieb dieses Stadeln in den 60-ern noch ein Dorf, das sich durch ein großes Waldstück von der nahen Stadt abgrenzte. Die hatte den Ort noch nicht eingemeindet – und der Bürgermeister hieß Müller.

Meine ersten Erinnerungen gehen zurück zum Haus auf dem Fabrikgelände neben dem Bahnhof, der seltsamerweise Vach und somit nach dem Nachbardorf hieß. Die Station hatte einen Vorsteher und einen Warteraum, der im Winter beheizt wurde. Am Schalter gab es Fahrkarten aus dickem Pappdeckel und eine Maschine, die sternförmige Löcher hineinstanzte, wenn der Preis entrichtet worden war. Hinter einer Sperre, die auch wirklich verschlossen war, wartete man auf Durchlass zu den Zügen in Richtung Erlangen oder Fürth. Die kamen werktags alle halbe Stunden, an Wochenenden erheblich seltener.

Die Bahnhofstraße war ein langer Weg, der aus endlosen freien Feldern hervorzukommen schien, sich durch die Siedlungen schlängelte und dann in die Erlanger Straße mündete wie ein kleiner, ruhiger Fluss in einen schnelleren, breiten Strom. Locker verteilt zur rechten und linken Seite beschauliche Siedlungshäuschen mit Gärten, schmuck und sauber wie auf einer Spielzeugeisenbahn-Anlage; führte ein Weg von der Straße ab, so war der oft noch gar nicht asphaltiert, ein kleiner Bach begrenzte ihn auf einer Seite. Und im riesigen Garten, der zu unserem Haus gehörte, standen mächtige Trauerweiden, an deren Ästen wir uns durch den Sommer schwangen. Die Stämme der Apfelbäume waren die Pfosten unserer Fußballtore, und ganz hinten, schon fast am Riedgraben, gab es einen Weiher mit kleiner Insel mittendrin und einem kaum mehr seetüchtigen Ruderboot, vertäut an einem morschen Steg.

Zum Einkaufen wurde man geschickt in einen der beiden Läden, die es im Dorf gab: eine »Edeka« in der Bahnhofstraße; hier bekam man alles für den täglichen Gebrauch griffbereit und im durchdachten Chaos geordnet angeboten. Zudem hatte ein »Vivo«-

Markt gerade aufgemacht, durch dessen für uns riesige Auswahl an neuen Markenprodukten man sich schon mit einem schmalen Einkaufswagen kämpfen konnte. Die Rabattmarken der beiden unterschiedlichen Unternehmen galt es aber peinlichst auseinanderzuhalten. Beim Metzger das obligatorische Stück Gelbwurst, das kein Kind in Wirklichkeit gerne aß, und bei den Bauern, denen noch der Vollerwerb die Freizeit beschnitt, holte man Gemüse. Abends saßen die Männer beim »Kalb« im Wirtshaus in der dunklen Stube und schwiegen beim Bier den Tag aus.

Alles hier war in laufend erreichbarer Ferne, die einem immer als Nähe vorkam, weil der Weg stets ein Spaziergang war, an Gärten und freien Feldern vorbei, an Menschen, die man täglich sah und so nachlässig freundlich grüßte, als wären sie engste Nachbarn.

Kirche und Schule ließ man mitten im Dorf. Früh morgens liefen wir die Bahnhofstraße entlang, und immer mehr Kinder gesellten sich im Verlauf zu uns, kamen aus den Häusern mit Tornistern am Rücken, von den Müttern sorglos verabschiedet, und am Zebrastreifen der Hauptstraße waren wir schon ein mächtiger Pulk. Es war stets nur wenige Minuten vor acht, und die Klingel gleich darauf schrillte wie eine Katastrophensirene. Doch das Volksschulhaus mit seinem großen, roten Dach hatte gar nichts Furchteinflößendes, und unweigerlich lief man irgendwann am Tag ja auch den Lehrern noch mal über den Weg, traf sie beim Kaufmann oder vor dem Rathaus. Und man war schon auf dem Sprung zum Gymnasium in der großen Stadt, da sagte man doch noch immer »Tante« zu der Erzieherin aus dem Kindergarten …

Was gab es schon an großen Ereignissen im noch kleinen Dorf, dessen Enden in allen Richtungen absehbar waren? Die Kolonnen der amerikanischen Militärautos und Kettenfahrzeuge, die die irgendwie gefährlich »Panzerstraße« genannte Betonpiste hinunter, über den Fluss hinweg zur Kaserne drüben rasselten. Tatsächlich warfen GI's Streifen von Wrigleys-Kaugummis zu uns Kindern, die wir am Gehsteig standen. Die Kirchweih mit dem riesigen Bierzelt, das den halben Platz einnahm, und dem Autoscooter, der die andere Hälfte beanspruchte. Oder der Gang über die Bahnschranke rüber zum Steinacher Wäldchen: Gleich an den Gleisen stand noch ein kleiner Bunker aus dem letzten Krieg. Da hatte wohl gerade mal ein armer Soldat, der die Schienen bewachen musste oder sonstwas,

Platz und Schutz drin gehabt. Das Gras wucherte schon über den dicken Stein, auf den man jedes Mal kletterte, und dann hinterm Wäldchen gab es noch keine Autobahn: Der alte Kanal dümpelte vor sich hin, am Ufer wuchsen Weiden, aus deren Holz man feine Pfeifen machen konnte; eine alte, verfallende Schleuse wurde zum Abenteuerspielplatz …

Irgendwann zog man fort, das Dorf wurde einem zu klein, obwohl es doch stetig größer wurde. Und heute eilt man auf breiter Asphaltspur durch Stadeln, wenn nicht die zahllosen Ampeln zum Halten zwingen, lässt den Stadtteil links und rechts achtlos liegen. Das Dorf hat seinen Reiz und seinen Charakter verloren, ist unförmig geworden, verwechselbar, wuchert aus und scheint keine Barrieren mehr zu kennen: Ermüdend gleiche Reihenhaussiedlungen haben die Einwohnerzahl um Zehntausende emporschnellen lassen; einfallslose Schlafstadt-Architektur wurde auf sämtlich noch verfügbare Brachflächen gepflanzt, falls da nicht gerade noch ein weiterer Supermarkt Platz brauchte; die Bauern haben gut verkauft und aufgegeben; der Bahnhof ist verwaist; den Ortsmittelpunkt, den Kern markiert eine Kreuzung. Nur noch von der Rückseite, auf dem Weg entlang des Flusses, lässt sich etwas von dem einstigen Dorf erahnen. Ein einziges stattliches Fachwerkhaus wurde sorgsam restauriert: Es steht, vom Autolärm umtost, wie ein Denkmal einer anderen Zeit, an die sich hier niemand mehr erinnert.

Manchmal trifft man einen Kumpel aus frühen Tagen: Der ist nicht weggezogen, der blieb da und nährte sich redlich. Und es scheint, als sei ihm gar nicht aufgefallen, wie sehr sich unsere alte gemeinsame Heimat verändert hat. Und tatsächlich: Wir reden, und dann ist alles auf einmal wieder da – die Bahnhofstraße, die Tore aus Apfelbäumen, fröhliche Kinder in traurigen Weiden, der missglückte Sprung über den Riedgraben, die Knabenprügel, die wir uns verabreicht haben, der Lehrer hieß Göbel und hatte immer so einen roten Kopf …

Und unsere Eltern liegen jetzt auf dem Friedhof in Stadeln, ein paar Gräber nur voneinander entfernt. So, wie wir damals im Dorf ja auch nicht weit voneinander wohnten.

# Straßennamen

Ganz so einfach, wie sich das die enthusiasmierten Fans der ruhmreichen Spielvereinigung im April 2012 vorgestellt hatten, geht es ja nun doch nicht. Im Freudentaumel, ausgelöst durch den Aufstieg der Fußballer in die erste Bundesliga, schritten die Anhänger in der Gustavstraße nächtens zur Tat und benannten kurzerhand die Untere Fischerstraße in »Mike-Büskens-Allee« um, womit sie dem Trainer der Elf dankbar ein bleibendes Denkmal setzen wollten.

Mittlerweile wissen wir, dass diese Aktion ein Schnellschuss war, der, hätte man die Straße seinerzeit wirklich umgetauft, in mehrfacher Hinsicht nach hinten losgegangen wäre: Der hochgelobte und sicherlich verdienstvolle Büskens kehrte Verein und Stadt den Rücken, die erste Liga war für die Greuther-Fürther nur ein leidvolles, ernüchterndes, kurzes Gastspiel. In einer Mike-Büskens-Allee würde daher heute wohl niemand mehr gerne wohnen.

Das Beispiel zeigt, dass Straßenumbenennungen eine heikle Sache sein können. Und sie sind immer wieder mal in der Diskussion: So hatte sich der Stadtrat im Mai 2013 ent- und dann gleich im Namen der ungefragten Bevölkerung beschlossen, aus dem Helmplatz (der Hallplatz gegenüber »hört« schon lange auf den Namen Franz Josef Strauß) einen Henry-Kissinger-Platz zu machen. Das geschah just zum 90. Geburtstag des aus Fürth stammenden ehemaligen amerikanischen Außenministers. Dessen Treue zur Geburtsstadt, seine ungebrochene Liebe zur SpVgg, seine weltweite Bekanntheit prädestinierten ihn in den Augen der Stadtregierung dazu, Namensgeber für einen zentralen Ort in der Stadt seiner Kindheit zu sein, die ihn zusammen mit seiner jüdischen Familie freilich 1938 vertrieben hatte.

Nun hat Henry Kissinger im Rahmen seiner Chefdiplomaten-Tätigkeit viel dazu getan, auch heute noch als umstritten zu gelten. Man sieht in ihm den »Kriegsverbrecher«, den »Freund der Diktatoren«, einen machtbesessenen Politiker, den einsamen Cowboy (das sagte er selber von sich), der – so stand es einmal in der wohl

über jeden Verdacht erhabenen *Neuen Zürcher Zeitung* – »durch die Lande zieht und, böse Feinde abmurksend, die amerikanische Moral ins Recht setzt.« Derartige Kritik ficht die Stadt natürlich nicht an: Ehre, wem Ehre gebührt.

Ob die Fürther selbst nun gerne einen Henry-Kissinger-Platz haben wollen oder nicht: Ihre Meinung ist bei Straßenumbenennungen sekundär. Diese führt die Stadt auf der Rechtsgrundlage von Artikel 52 des Bayerischen Straßen- und Wegegesetzes durch; Einspruch und Klage sind statthaft und müssen beim Bayerischen Verwaltungsgericht eingereicht werden.

Nicht immer geht eine Umbenennung dabei so klang- und klagelos über die Bühne wie etwa 2006, als man das westliche Teilstück der Straße »Nordring« (zwischen der Boxdorfer Straße und der Stadtgrenze Nürnberg/Fürth) harmlos in die Boxdorfer Straße einbezog. Drei Jahre zuvor dagegen hatte sich der Stadtrat gehörig in die Nesseln gesetzt: Auf dem ehemaligen Flughafengelände Atzenhof, längst ein Gewerbe- und Golfpark, wurde eine Straße nach Willy Messerschmitt benannt. Dass der Flugzeugkonstrukteur und Unternehmer auch in das Zwangsarbeitsprogramm der Nationalsozialisten verstrickt war, hatten die beschließenden Fraktionen anscheinend übersehen.

2006 aber wies unter anderem die damalige Präsidentin des Zentralrates der Juden in Deutschland, Charlotte Knobloch, auf diesen peinlichen Fauxpas hin, und es kam eine Diskussion über die (Un-)Würde historischer Persönlichkeiten auch in Fürth in Gang. SPD und CSU zeigten sich zerknirscht, aber einig: »Uns war die Brisanz nicht klar.« Zwar hatte man gerade noch die Straßenehrung für Ernst Udet, Generalluftzeugmeister in Görings Reichsluftfahrtministerium abgebogen, bei Messerschmitt kamen die Bedenken aber erst spät. Eine Straße mit seinem Namen gibt es heute nicht mehr, dafür eine, die nach der – unverdächtigen – Flugpionierin Melli Beese benannt ist.

Sicherlich spiegeln Straßenumbenennungen auch den Geist der Zeit wieder, in denen sie vorgenommen werden. 1935 tilgten die Nazis alle »nicht-arischen« Namen aus dem Stadtbild. Auf Anordnung von Oberbürgermeister Jakob wurde die Sigmund-Nathan-Straße umbenannt, und in der Folge wurden auch Bach, Bamberger, Bendit, Berlin, Berolzheimer, Jakob Henle, Königswarter, Neumann,

Landmann, Nathan, Benno Mayer oder Dr. Mack (darunter sogar Fürther Ehrenbürger) aus dem Straßenverzeichnis gestrichen. Der stets auch für die Sache der Machthaber in Akten suchende, rührige Archivleiter und Fürth-Lexikon-Autor Adolf Schwammberger (auch ihm »gehört« heute eine Straße) wies dann 1939 darauf hin, dass man jemanden vergessen hatte: Sigmund Pickert, Antiquar, angesehener Stifter – und Jude. Sein Name verschwand umgehend. Rückgängig gemacht wurden die Umbenennungen auf Anordnung der amerikanischen Militärregierung gleich im Mai 1945.

Im Gegenzug aber tragen heute noch eine ganze Reihe von Straßen die Namen von Persönlichkeiten, deren Biografien mehr oder weniger enge Beziehungen zu den Nationalsozialisten aufweisen. Sie gelten jedoch in ihrer Geburts- oder Heimatstadt als absolut honorig und sind daher über jeden Zweifel erhaben. Kein Mensch käme in Fürth auf die Idee, die Abschaffung der Gustav-Schickedanz-Straße zu fordern, weil der für die NSDAP im Stadtrat saß und nachdrücklich »rein arische« Produkte vertrieb; dass aus der Sternstraße eine Ludwig-Erhard-Straße wurde, juckt heute niemanden mehr, obwohl der langjährige Kanzler 1941 meinte, der »totale Krieg erfordert die stärkste Konzentration aller Kräfte«.

Andererseits: Umbenennungen können auch durchaus den Willen zur Erinnerung im positiven Sinn ausdrücken: Die Julienstraße in der Altstadt wurde zur Hallemannstraße und hält so einen Mann in Ehren, der als Leiter des jüdischen Waisenhauses mit seiner Frau, seinen beiden Kindern und 33 elternlosen Schützlingen 1942 ins Getto Izbica deportiert und später ermordet wurde. Und wenn es auch nur ein kleines Brücklein ist: Aus der einstigen Saatweg-Brücke wurde nach langem Tauziehen doch noch ein Elser-Steg, erinnernd an den Hitler-Attentäter von 1939.

Seit Jahren auf der Umbenennungs-Agenda einer eher außerparlamentarischen Opposition stehen die Namen von Rudolf Benario und Ernst Goldmann, zwei jungen Kommunisten aus Fürth. Es hat lange Zeit gedauert, bis man sich hier überhaupt zu den beiden Widerstandskämpfern bekannte und ihnen eine Gedenktafel an der Uferpromenade widmete. Rudolf Benario und Ernst Goldmann aber gehörten zu den ersten Opfern der Nationalsozialisten, zu den ersten ermordeten Juden im Dachauer Lager. Am 10. März 1933 wurden sie in Fürth von der SA verhaftet. Über die Festnahme

Benarios berichtete der *Fürther Anzeiger*: Der »… sattsam bekannte kommunistische Winsler und Jude Benario [wurde] in Schutzhaft genommen.« Der Tod der beiden Männer nur zwei Tage später wurde ebenfalls verlogen vermeldet: Sie seien »auf der Flucht erschossen« worden.

2012 beschloss der Stadtrat endlich, in einem geplanten Neubaugebiet jeweils eine Benario- und eine Goldmannstraße zu schaffen.

# Street View

Was haben die Luftangriffe der Alliierten 1945 und Google Street View gemein? Von beiden wurde Fürth verschont. Nun mag man sich darüber streiten, warum das so war und ist. Die auf eine seltsame Art zusammenhängende Tatsache bleibt, dass Fürth in den 40er-Jahren im Gegensatz zur Nachbarstadt Nürnberg von den Bomben fast nichts abbekommen hat – und dass auch die umstrittene fotografische Ausspionierung exakt an der Stadtgrenze Halt macht. Ist Fürth einfach nur zu unbedeutend für strategisch geplante Zerstörung und Bespitzelung? Oder gibt es tiefere, geheimnisvolle Gründe dafür, dass man hier irgendwie auf einer Insel der Glückseligen zu leben scheint, inmitten einem Meer voller Aggression und Aufdringlichkeit?

Die Meinung hält sich in Fürth ja seit Jahrzehnten hartnäckig. Egal, ob man junge Menschen fragt oder Bürger, die das Ende des Krieges hier miterlebt haben – man bekommt in der Regel die selbe Antwort: dass Fürth vom Bombenterror, der aus Nürnberg noch Anfang 1945 eine einzige Ruinenlandschaft machte, fast nichts abbekam, wird mit dem Satz »Wegen den Juden« leichtsinnig »erklärt«. Was mit dieser knappen Bemerkung gemeint ist, leuchtet freilich nicht ganz ein und wird dann auch von denen, die sie im Mund führen, nicht weiter erläutert. Der Großvater hat's so gesagt, der Vater auch, also muss doch irgendwas dran sein …

Gar nichts ist dran. Warum schließlich sollten die Amerikaner eine Stadt verschonen, in der 1945 kaum noch ein Jude lebte? Planmäßig hatten die Nazis und antisemitische Aktionen der Bevölkerung dafür gesorgt, dass die jüdischen Bürger aus dem »fränkischen Jerusalem« abtransportiert wurden. Manche konnten in letzter Minute gerade noch fliehen. Keineswegs also haben die Alliierten bestimmte Personengruppen schützen oder gar so etwas wie Toleranz der Fürther gegenüber ihren jüdischen Mitbürgern belohnen wollen. Auch hier brannte schließlich pünktlich in der Pogromnacht am 9. November 1938 die Synagoge – für die Zerstörung einiger ihrer wichtigen Baudenkmäler also hatten die Fürther schon längst selber gesorgt.

Die tatsächlichen Augenzeugen- und Zeitungsberichte über Bombardements auf die historische Fürther Bausubstanz in den letzten Kriegstagen beginnen meist mit den Sätzen »Wegen des Fliegerangriffs auf Nürnberg …« oder »Von abends bis früh waren Fliegerangriffe auf Nürnberg und fortwährende Durchflüge über unserem Gebiet …« Es scheint also, dass Fürth von den Flieger-staffeln ganz bewusst links liegen gelassen wurde. Der Auftrag war, des Deutschen Reiches Schatzkästlein und Aufmarschmetropole nebenan zu eliminieren. Bomben auf Fürth: Das war eher Zufall, ein Kollateralschaden, das stand unter dem Gesichtspunkt der Ballastabwerfung; nur ganz selten wurden strategisch wichtige Objekte bewusst getroffen.

Freilich war man auch hier nicht wirklich »sicher«. Es gibt Listen, in denen neben »schwereren« und »leichteren« Schäden auch »Totalschäden« aufgeführt sind. Und wer heute durch Fürth geht, kann an vielen Hauswänden noch immer die Hinweise auf »Luftschutzräume« finden; im »Windschatten« der Noris blieb man skeptisch.

Warum aber dann dieses Gerücht: »Wechä die Juden«? Historiker meinen, dass dieses historische Märchen etwas mit dem typischen Fürther Minderwertigkeitskomplex zu tun haben könnte: Man musste sich eingestehen, dass man vielleicht doch zu unwichtig war. Und um etwas mehr Gewicht auf die eigene Stadt zu legen, hat man diese Legende in die Welt gesetzt, dass es die von Toleranz geprägte Vergangenheit gewesen sein müsste, die vor Zerstörung bewahrt hat. Ein völlig haltloses Argument – das mit Sicherheit noch weitere Generationen überdauern wird …

Auf wen man nun aber den Umstand schieben wird, dass nach der Missachtung der amerikanischen Befreier in unserer Zeit die Ignorierung der Stadt durch die ebenfalls amerikanischen Bespitzler folgt, bleibt abzuwarten.

Man setze sich vor seinen Computer, hole sich als Google Map Fürth auf den Bildschirm – und staune. Wer beispielsweise vom Nürnberger Plärrer kommend elektronisch die Fürther Straße stadtauswärts hinabrobbt, mal einen indiskreten Blick in leere Fabrik- und Versandhausgebäude wirft, mal in die Fauleier der

Kläranlage schaut, mal im Vorbeigehen in fremde Wohnzimmer oder auf Balkone spitzt, findet sich gleich nach Doos, »beim Pillenstein« also, plötzlich vor einer milchigen Wand wieder.

Nichts geht da auf einmal mehr. Außer nach rechts oder links: Geradeaus liegt zwar Fürth, aber das voyeuristische Betreten dieses Suchmaschinen-Niemandslandes ist strikt verboten. Hinein in die Höfener Straße, unter der Bahn hindurch und dann rasch nach rechts in die Karolinenstraße surfen? Fehlanzeige. Als würde ein unsichtbarer Schutzwall rings um Fürth bestehen.

Man kann noch so vehement auf den Cursor drücken, das kleine orangene Männchen schleudert es exakt auf der Stadtgrenze immer wieder brutal zurück auf Nürnberger Boden. Und wie weiland bei der innerdeutschen Mauer wird einem nur ein wenig sagender Blick über die Barriere hinweg vergönnt. Man schaut via Schirm in eine ganz andere, in diesem Fall völlig Google-resistente, rundum datengeschützte, unverpixelte und irgendwie geheimnisvoll verschwommene Stadtlandschaft, die sich in der Perspektive da hinten endlich im Unkenntlichen auflöst. Wie weiland die Bomber, so müssen die Google-Leute mit ihren Kameras auf dem Autodach beim Ausforschen und Ablichten vor dem Stadtschild »Fürth« einfach abgedreht sein.

Glückliches Fürth. Nur wer es eben recht versteht, sich nicht in den Vordergrund zu drängen, hat die Chance, von Unheil bringender Zerstörung und von aufdringlichen Fotografen verschont zu werden. Vielleicht sollte man konsequent sein und statt der Schilder mit »Wissenschaftsstadt«, »Solarstadt« oder »Denkmalstadt« oder – oh, wie lang ist's her! – »Stadt der Quelle« demnächst ganz neue Schilder aufstellen: »Fürth – Google-freie Zone«!

# Tabak

Irgendwann hat mein Tabakladen dicht gemacht. Er war in der untersten Etage des City-Centers angesiedelt und gehörte einem auswärtigen Konzern. Der wollte wohl an die Zukunft der Einkaufsstadt nicht so recht glauben und entschied sich sicherheitshalber zur Schließung. Die Fürther Geschäftsführerin meinte dann an einem ihrer letzten Arbeitstage traurig, dass das wohl auch ein Zeichen der Zeit sei: Das Rauchen genießt längst kein hohes Ansehen mehr, demzufolge auch ausgesprochene Fachgeschäfte mit entsprechendem Fachpersonal nicht mehr benötigt werden. Zum Abscannen der Strichleiste auf den Zigarettenpäckchen, sagte sie mit einem Seufzer, brauche es nun mal keine besondere Ausbildung oder gar eine irgendwie intime Beziehung zu dem Produkt an sich.

Ich kaufte mir noch zwei Schachteln auf Vorrat, setzte mich im Freien (wo sonst wäre es noch möglich in diesen qualmfreien Zeiten und Zonen?) auf eine Bank, steckte mir eine an und kam ins Grübeln. Dass das Rauchen einmal eine Genusskultur war, kann man heute nur mehr schwer nachvollziehen. Und reden sollte man davon besser auch nicht öffentlich. Aber dass die Läden, in denen man sich mit Zigaretten, Cigarren, Pfeifentabak versorgen konnte, selbst in Fürth geschmack- und stilvolle Einrichtungen waren, in denen es stets anregend und exotisch duftete, in denen man von freundlichen Menschen bedient wurde, die nichts weiter im Sinn hatten, als einem die blauen Stunden mit blauem Rauch zu versüßen – ja, doch: Irgendwie so war das.

Sie sind verschwunden, schon längst: das sehr gediegene Geschäft an der Adenaueranlage etwa mit seinem schönen Eingangsbereich, der von zwei runden Schaufensterfronten gerahmt wurde; die engen Schläuche zwischen zwei Altbauten, vollgestopft mit Zeitungen und Rauchwaren, die an die Trafiken in Österreich erinnerten und ebenso mehr ein Kommunikations- denn ein Kommerzort waren; und wer kann sich noch an den Laden in der Theaterstraße erinnern, von dem heute nur mehr das schief

hängende Schild »Tabakwaren L. Scheuerlein«, geschrieben rund
um eine fette Zigarre, übrig ist?

Und überhaupt: Tabak und Fürth – das war mal eine Beziehung,
die weit über das schnöde Paffen hinausging. Genau genommen sind
die Anfänge im 17. Jahrhundert zu finden: 1653 nämlich schon führte
hier der reformierte Niederländer Paul Lersch den Tabakanbau ein
und gründete die erste Tabakmanufaktur. Lersch profitierte damals
von einer positiven Wirtschaftsentwicklung, die hauptsächlich der
Dreierherrschaft über die Stadt zu verdanken war: Die Bamberger
Dompröbste und die Ansbacher Markgrafen unterstützten nachhaltig die florierende ökonomische Entwicklung und machten es auch
Fremden schmackhaft, sich in Fürth und im Umkreis mit ihrem
Gewerbe anzusiedeln.

Der Tabakanbau gehörte seitdem zum Bild der Stadt. In Steinach
oder Herboldhof, einst selbstständige, dann eingemeindete kleine
Dörfer, gab es die langen, hallenartigen hölzernen Schuppen, unter
deren Kunststoffüberdachungen die braunen Blätter in endlosen
Reihen zum Trocknen hingen. Und die Felder? Während man heute
nur noch gigantisch öde Maisflächen sieht, gab es früher zumindest
noch ab und an ein Areal, auf dem der Tabak mit seinen schönen
Blüten stand.

Doch dann kam auf einmal alles zusammen: wachsendes
Gesundheitsbewusstsein, höhere Tabaksteuer, Rauchverbot an
immer mehr Orten, das Aus für die Werbung. Zudem wurden den
Tabakbauern die EU-Subventionen gestrichen, und sie mussten sich
umorientieren. In den *Fürther Nachrichten* hieß es in dieser Zeit über
einen Bauernhof in Steinach: »Lange hatte die Familie gut gelebt mit
der großen Pflanze mit den rosa Blüten. ›Seit vier Generationen,
vielleicht schon länger, haben wir Tabak angebaut‹, sagt Landwirt
Gerhard Pfann aus dem Fürther Vorort Steinach. Doch nach der
Abkoppelung vom Fördertropf der Europäischen Union schien die
Branche in den letzten Zügen zu liegen: Mit dem Wegfall der Brüsse-
ler Subventionen deutete sich ein einschneidender Strukturwandel
an.«

Wie tiefgreifend solch ein »Strukturwandel« sein konnte, hatten
selbst eingefleischte Nichtraucher vor vier Jahren enttäuscht zur
Kenntnis nehmen müssen. 2007 nämlich sah man zum letzten Mal
beim großen Erntedankfestzug zur Kärwa die drei Themenwagen

der Knoblauchsländer Tabakbauern, die seit ewigen Zeiten zu den Hauptattraktionen der Veranstaltung zählten. Der letzte Auftritt bedeutete seinerzeit die Verkündigung des Endes einer nahezu 400-jährigen Anbautradition.

Diese Wagen aber waren liebevoll und authentisch mit Erde und Pflanzen ausgestattet, auf ihnen wurde geharkt und geerntet, sie zeigten die einzelnen Arbeitsphasen im Jahr des Tabakbauern – bis hin zum gemütlichen und zünftigen Fest, nachdem die Ernte eingebracht war. Natürlich wurden von den Wagen keine Zigaretten ins Volk geschmissen, niemand sollte zum Rauchen verführt werden; aber stolz war man eben doch auf die erfolgreiche Pflege dieser uralten Kulturpflanze: Tabak aus Fürth hatte bei der verarbeitenden Industrie einen sehr guten Namen. Heute wird er im Umkreis der Stadt zwar noch in geringen Mengen angebaut (unter anderem ist er geeignet für die in Mode gekommenen Wasserpfeifen), aber die großen Geschäfte gehören längst der Vergangenheit an.

Ich fische mir noch eine Zigarette aus der Packung, zünde sie an. Was hätte wohl der große Wirtschaftswunder-Erfinder Ludwig Erhard zu dieser Entwicklung gesagt? Der, auf den man hier so viel hält, dem gar ein Museum gewidmet werden soll – dieser aus Fürth stammende Politiker also, den man sich ohne dicke Zigarre im Mund gar nicht vorstellen kann? Hätte er seine geballte Wirtschaftskraft aufgeboten, um den Tabakbauern in seiner Geburtsstadt beim Kampf gegen die realitätsfernen und keimfreien EU-Kommissare zu unterstützen? Hätte er, den Stumpen zwischen den Lippen, vielleicht sogar sein Veto eingelegt gegen die völlig absurde Einführung eines Weinfestes in der von keinem Rebstock je berührten Altstadt und sich stark gemacht für ein traditionuntermauertes Tabakfest? Oder hätte er sich auch längst der Entwicklung gebeugt, wonach es politisch (wenn man nicht Helmut Schmidt heißt) und gesellschaftlich völlig unkorrekt ist, das Rauchen zu loben, während das Saufen angeblich schwer gemütlich und überhaupt nicht gefährlich ist? Auf jeden Fall aber wird in einem künftigen Museum in einer Vitrine die gerettete Zigarrenspitz' vom Erhards Ludwig wie ein Fundstück aus lange verrauchten Zeiten präsentiert werden …

Ich trete meine Zigarette auf dem Pflaster aus und schlendere weiter. Vorbei an Menschen, die untätig vor Kneipen rumstehen, hastig und ohne erkennbaren Genuss tiefe Lungenzüge machen, die man ihnen im Inneren der Kneipe verwehrt. Vorbei an Zigarettenautomaten, die man nur mehr volljährig und mit Personalausweis bedienen darf.

Und da fällt mir dann noch eine Geschichte ein, die man heutzutage kaum mehr für möglich halten würde: Auf dem Hardenberg-Gymnasium war ich in Latein wahrhaft keine große Leuchte. Wenn das zwei genau wussten, dann waren das ich und mein Lateinlehrer, ein älterer Herr mit breitem ostpreußischen Tonfall und altbewährt rüden Pauker-Züchtigungsmethoden (»Willst du eijne Doublette?«). Darüber hinaus war er passionierter Pfeifenraucher und schlenderte stets dampfend über den Pausenhof.

Kam es zur Schulaufgabe, dann stand er zuverlässig ganz am Anfang der Stunde neben mir an der Bank, nahm mir mein leeres Blatt ab, schrieb eine 5 darauf, drückte mir einen Geldschein in die Hand und sagte: »Is juut, Junge. Jeh mal rieber zur Rosa (das war der Kiosk hinter der Heinrichskirche, Anm. BN) und saje, du willst zwei Päckel Tabak für den Härrn Profässor. Aber lass dir Zeijt, die andern missen noch arbeijten.«

Die »Rosa« musste bald dicht machen; nicht etwa, weil sie Nikotin an Minderjährige verkaufte: Der alte Kiosk sollte vielmehr einem Wohnungsneubau weichen. Der Herr Professor aber lebte noch sehr lange.

# Telefonzellen

In der *Spurensuche* geht es häufig um Dinge, die mehr und mehr aus unserem Blickwinkel verschwinden. Wenn jetzt wieder einmal festgestellt werden muss, dass sich heimlich, still und leise ein gutes, altes Objekt des früher beinahe täglichen Gebrauchs verabschiedet, dann kann das nicht abgehen ohne melancholisch ohnmächtige Kritik an den Zeichen der modernen Zeit.

Denn eines ist klar: Die Abschaffung der gelben Telefonzelle – um die soll es hier gehen – steht im direkten Zusammenhang mit der Tatsache, dass sich unser Kommunikationsverhalten grundlegend geändert hat, dass wir es von einer Gesprächskultur zu einer Plappergesellschaft gebracht haben und heute auf Schritt und Tritt mit den Sorgen und Nöten unserer Mitmenschen konfrontiert werden, die ihre Mitteilungen nur mehr ganz öffentlich und überall in die scheinbar hohle Hand sprechen. Wenn nicht gar rufen oder brüllen. Das war mal ganz anders.

Das Zeitalter der Fernkommunikation begann auch in Fürth im ausgehenden 19. Jahrhundert, als hier eine erste Telegrafenstation eingerichtet wurde (eine Poststation für handgeschriebene Briefe gab es freilich seit 1720). 1884 dann wurde bereits eine Telefonleitung zwischen Nürnberg und Fürth verlegt. Zwei Jahre später gab es in Fürth schon 106 Anschlüsse, und von Januar bis Dezember 1886 hatte sich die Durchschnittszahl der täglichen Gespräche von 113 auf immerhin 334 erhöht.

Von da an verlief die technische Revolution in Fürth nicht anders als in anderen Städten des Reiches, und so kann man davon ausgehen, dass auch hier bald der Ruf nach öffentlichen Fernsprechern laut wurde, da sich beileibe noch nicht jeder Haushalt einen eigenen Anschluss leisten konnte. Um möglichst schnell einem großen Personenkreis das neue Medium zur Verfügung zu stellen, wurden sogenannte »öffentliche Fernsprechstellen« eingerichtet. Sie waren von jedermann gegen eine Gebühr von 50 Pfennigen für je fünf Minuten Sprechzeit zu benutzen. Das 50-Pfennig-Billet konnte man im Postamt am Fürther Bahnhofplatz erstehen.

Bis zur Jahrhundertwende wurden hierzu ganz normale Fernsprechapparate eingesetzt. Ab Mitte 1899 machte man in Berlin die ersten Versuche mit Fernsprechautomaten, also mit Fernsprechapparaten mit Geldeinwurf. Diese wurden in der Zeit der Inflation und für einige Zeit nach dem Zweiten Weltkrieg auf Telefonmünzen umgerüstet. Diese Erfindung, zunächst auch Fernsprechzelle, Fernsprechkiosk oder Straßensprechstelle genannt, heißt ab 1927 amtlich »Fernsprechhäuschen«. Im allgemeinen Sprachgebrauch bürgerte sich aber immer mehr die Bezeichnung »Telefonhäuschen« ein.

In der alten Fürther Hauptpost konnte man bis zu ihrem Abriss noch öffentliche Fernsprecher sehen. Denkt man zurück, dann fällt einem etwas Wesentliches ein: Diese Orte waren aus Holz und vor allen Dingen eines – schallisoliert. Wer mit der Oma in Nürnberg oder mit dem Neffen am anderen Ende der Welt telefonierte, hatte das Recht ungestört zu bleiben. Der Anrufer seinerseits war noch peinlich darauf bedacht, seine persönlichen Informationen nur in die Muschel zu raunen, niemand um ihn herum sollte auch nur andeutungsweise mitbekommen, worum es gerade in dem Gespräch ging.

Die anderen Besucher der Post wiederum, die ihrerseits auf das Freiwerden der Zelle warteten, wurden noch nicht belästigt mit irgendwelchem hinausposaunten Kram über die Enkel, mit gehauchtem Intimen aus einer jungen Liebe oder mit völlig Nebensächlichem, für dessen Übermittlung der Telefonierer endlos Pfennige und Markstücke nachwarf. Nicht umsonst aber war in jeder Zelle das Schild »Fasse dich kurz!« angeschraubt.

Mit der Zeit reichten die Zellen (welch klaustrophobische Zustände androhende Bezeichnung!) in der Post nicht mehr aus, Straßensprechstellen wurden eingerichtet, die mit den Jahrzehnten ihr einheitliches Aussehen bekamen und zuverlässig als – wie erwähnt – Telefonhäuschen an vielen Stellen der Stadt nun standen. Weithin erkennbar gelb waren sie ewige Zeiten, sanft innen beleuchtet und nachts oft der einzige Lichtblick in einer verlassenen Straße. Man brauchte Kleingeld, und wenn man eine vergessene Nummer in den hier fest installierten Telefonbüchern nachschlagen wollte, war mit Sicherheit der Buchstabe, den man suchte, längst von den sogenannten »Vandalen« herausgesetzt worden.

Gleichwohl, die Zellen waren eine segensreiche Einrichtung, die schon auch mal bei einem Regenguss mehreren sich eigentlich wildfremden Menschen Unterschlupf bot. Das beliebte Spiel »Wie viele Menschen passen in eine Telefonzelle« resultiert wohl aus dieser Zeit. Aber man hätte es ja ahnen müssen: Als auch in Fürth die Post, die auf einmal nicht mehr Post sondern Telekom hieß, den gelben Zellen einen neuen, schicken, magentafarbenen Anstrich gab, war das der Startschuss für den Niedergang der öffentlichen Telefonkommunikation. Und war nicht Magenta auch die Farbe jener Radsportprofis, die irgendwann zuversichtlich im Straßengraben oder vor Untersuchungskommissionen landeten?

Rund die Hälfte der Telefonzellen sind mittlerweile in Deutschland abgeschafft; die öffentlichen Standorte zur Grundversorgung seien unwirtschaftlich, sagt die Telekom, da fast jeder Mitbürger längst über ein bis zwei Handys verfügt. Das ist der eine Teil der schlechten Nachricht; der andere betrifft ein rein optisches Problem: es gibt nur mehr sogenannte Telefonsäulen, die in ihrer schmucklosen Unscheinbarkeit ganz gewöhnlichen Laternenpfahlen gleichen. Mit dem kleinen Unterschied, dass an ihnen ein (magentafarbener!) Hörer hängt und ein kleines, durchsichtiges Dächlein Schutz vor etwaigen Naturkatastrophen vorgaukelt.

Ein Selbstversuch an der Säule am Löwenplatz brachte es dann an den Tag: Steht man dort und simuliert auch nur einmal ein Telefongespräch, wird man von vorbeilaufenden Passanten wie E.T. angestarrt, der gerade »nach Hause« anruft, weil ihm die Welt drumherum so fremd erscheint. Stöpsel im Ohr, Smartphone zwischen den Fingern, flanieren die Menschen fernkommunizierend vorbei, manche gar scheinen nur in die leere Luft zu reden, in endlose Selbstgespräche vertieft zu sein und trompeten ihre Belanglosigkeiten in die Welt hinaus, auf dass jedermann mithören kann: »Ich bin jetzt grad am Löwenplatz, und wo bist du …?«

Man selbst aber fühlt sich wie auf einem Präsentierteller, klammert sich an die Säule und sehnt sich nach Zeiten zurück, in denen man hinter sich die gelbe Tür geschlossen hat, um fortan allein zu sein mit sich und seinem Gesprächspartner, dem man ins Ohr säuseln konnte, was niemand sonst hätte hören sollen. Heute aber weiß ich ungefragt von mindestens jedem zweiten Passanten auf der Straße oder im Bus, dass er später zum Essen kommen wird oder gerade mit dem Partner endgültig Schluss macht …

Man kann in diesem Zusammenhang nicht oft genug an Franz Kafka erinnern, diesen feinnervigen, hypersensiblen Chronisten der Verwerfungen und Veränderungen, die im vergangenen Jahrhundert ihre Anfänge nahmen und unter deren Auswüchsen wir heute noch zu leiden haben: Kafka, als ob er das mobile Schnatterzeitalter vorausgesehen hätte, sprach vom »schrecklichen Telefon«, das ihn »hilflos« mache. Sein Biograf Peter-André Alt schreibt: »Telefonieren bildet für Kafka einen Akt, der angstbesetzt ist, weil er das, was eigentlich unerreichbar bleibt, in einem Moment der täuschenden Repräsentation als gegenwärtig erscheinen läßt. Die Stimme läßt sich hier […] nicht in Schrift überführen. Sie erzeugt ein Rauschen, das gefälschte Nähe bedeutet: den Eindruck einer Präsenz, die nur technisch suggeriert wird.

Am 21./22. Januar 1912 träumt Kafka, er bediene auf einer Brücke zwei ›Telephonhörmuscheln, die dort zufällig auf der Brüstung lagen‹, vernehme jedoch aus der Ferne nur das Brausen des Meeres: ›Ich begriff wohl, daß es für Menschenstimmen nicht möglich war, sich durch die Töne zu drängen, aber ich ließ nicht ab und gieng nicht weg.‹ […] Am Ende freilich […] droht wieder nur die Einsicht, daß der Abgrund, der zwischen den Menschen herrscht, nicht überwunden werden kann. Die Töne, die im Telefon rauschen, bleiben dem, der sie hört, fremd und bedrohlich.«

# Leopold Ullstein

Wie eine Oase im steintönigen Innenstadt-Ambiente leuchten die Auslagen des türkischen Gemüsehändlers am Beginn der Fußgängerzone. Das kräftige Orange und Rot der Früchte, die verschiedenen Grüntöne des frischen Gemüses: Einem südlichen Marktplatz gleicht das kleine Areal vor dem mächtigen Gebäude Schwabacher Straße 1/Ecke Schirmstraße zu jeder Jahreszeit.

Im Inneren aber, wo heute in Stellagen Tomaten, Äpfel, Kartoffeln, Apfelsinen, Salat und exotische Genüsse mit märchenhaft klingenden Namen lagern und wo ein türkisch-deutsches Stimmengewirr den ganzen Tag über nicht abreißt, saß vor über 150 Jahren im dunklen Hinterzimmer einsam und ungesehen von den an oft ungeputzten Schaufenstern vorbeieilenden Passanten der junge Leopold Ullstein und langweilte sich. Wenn er nicht gerade mal an einen der seltenen Kunden ein paar Blätter oder Bogen Papier verkaufte – en detail.

Das »›Geschäft‹ bestand aus Warten,« schreibt Sten Nadolny in seinem Roman über den jüdischen Verleger-Clan aus Fürth. »Sollte das so weitergehen? Er war fünfundzwanzig und arbeitete als Vertreter seines Bruders Julius in der Firma ›H. H. Ullstein‹, einer ›geregelten Papierhandlung im offenen Laden mit deutscher Buchhaltung‹. Nur wenn Großlieferungen auf den Weg gebracht werden mußten, an Enke in Erlangen oder an die ›Vossische Zeitung‹, gab es ausreichend zu tun. Der Alltag war geregeltes Dösen. Meist saß Leopold hinten im Kontor, da konnte er über dem schweinsledernen Kassabuch einnicken ...« Oder lesen konnte man während der schier endlosen Öffnungszeiten, Bücher und Zeitungen, ganz egal: Auf jeden Fall bedruckt musste das Papier sein, nicht so jungfräulich weiß und leer wie die öde Meter- und Stapelware hier im Laden.

Ja, das Lesen war eine der wenigen sinnvollen Ablenkungen in diesem langweiligen Fürth; dabei vergaß man für Momente, dass man doch noch immer nicht viel mehr war als so eine Art »Ladenhüter« – im doppelten Sinn. Und Leopold »fürchtete sich vor der lauernden Behäbigkeit dieser Stadt und davor, dass er selber auch so werden, dem Bier verfallen und schließlich ein schlechtgelaunter Papierhändler mit Bauch werden könnte.«

Dabei war die Kindheit doch größtenteils harmonisch und sorgenfrei verlaufen, am Ufer der Flüsse Pegnitz und Rednitz, in den Auen, in den Altstadtgassen zwischen dem Geburtshaus in der Mohrenstraße 2 und den verwinkelten Ecken am Gänsberg nahe dem jüdischen Schulhof mit seiner Synagoge und den Bethäusern; mit den vier Brüdern und der Schwester, den vielen Freunden; mit dem Vater, der streng aber gerecht, und der Mutter, die ängstlich aber liebevoll war; mit den Lehrern in Dr. Brentanos privater Erziehungsanstalt oder der israelitischen Religionsschule und mit den Rabbinern, unter denen er den aufgeklärten Rabbi Löw am liebsten mochte. Und mit den Abenteuern, zu denen nicht zuletzt diese neue Eisenbahn gehörte: Die hatte in dem kleinen Jungen schon Sehnsüchte geweckt.

Aber zunächst hockte er da noch rum – auf den Stufen in der Mohrenstraße, stützte den Kopf mit den dunklen Haaren in die Hände und schaute ziemlich verloren über den leeren Holzmarkt. Oder saß in einer der Dachkammern in der Schwabacher Straße über dem Laden und blickte über die roten Dächer – mit seinen Träumereien von einer ganz anderen Welt, irgendwo da draußen vor den Toren dieser Stadt, die man bei aller Liebe doch wirklich nur für etwas Besonderes, Geheimnisvolles halten konnte, wenn man ihren Namen hebräisch aussprach: »Fjorda«. Das klang märchenhaft – wie eine fremde Frucht vielleicht? Wie eine ferne, orientalische Oase? Doch hier sagten sie alle, ob Christen oder Juden, nur immer »Färdd«. Und das klang wiederum hausbacken, gewöhnlich – wie nach einer alten Kartoffel.

Knappe 30 Jahre liegen zwischen der Geburtsanzeige für Leopold im September 1826 und jener amtlichen Bekanntmachung im Fürther *Intelligenzblatt*: Der Kaufmannssohn Leopold Ullstein beabsichtige nach Berlin auszuwandern; wer Forderungen gegen ihn habe, möge sie innerhalb von 14 Tagen vorbringen, stand da schwarz auf weiß. Es meldete sich niemand, und der junge Mann, der im väterlichen Betrieb erfolgreich seine Lehre als Papierhändler absolviert hatte, konnte seiner Wege ziehen, mit über 8.000 Gulden Kapital in der Tasche. Er fuhr los mit der Ludwigsbahn, der ersten deutschen Eisenbahn, die man allerdings längst vom Schienennetz für den Fernverkehr abgekoppelt hatte: Fürth blieb irgendwie auf der Strecke. Leopold wollte das nicht. Wollte nur mehr raus hier, alles hinter sich lassen. Auch die Kindheit.

Als Leopold Ullstein mit 30 Jahren von Fürth nach Berlin aufbricht, hat er schon längst andere Pläne im Kopf als nur den Vertrieb von unbedrucktem Papier. Zwar beginnt er zunächst mit einer Großhandlung und somit ganz im Sinn seines Vaters, er versteht auch zu wirtschaften und verdient außergewöhnlich gut. Sein Weg aber »führte nicht dorthin, wo das Papier herkam, sondern dorthin, wo es hinging: zur Zeitung, in die Politik«, schreibt Peter de Mendelssohn in seinem Buch *Die Zeitungsstadt Berlin*. Mit dem Erwerb der Großdruckerei »Stahl und Aßmann« fiel Ullstein 1877 auch das *Neue Berliner Tageblatt* zu – und dies war der Beginn seiner verlegerischen Tätigkeit, der Grundstein für das Zeitungs-Imperium, das unter seinem Namen und bis 1933 fortgeführt von nahezu allen seinen ehrgeizigen Söhnen, zum Inbegriff für die Berliner, für die deutsche »Presse« schlechthin werden sollte.

Der Papierhändler Ullstein hatte Druckerschwärze geleckt. Die *Berliner Zeitung* gehörte jetzt ebenfalls ihm, auch sie rettete er vor dem drohenden Ruin und baute sie zu einem, zu »seinem« Blatt aus, das ganz klar und vor allem in seinem eigenen politischen, dem freiheitlichen, Sinn redigiert wurde. Ullstein war selbst nicht unbedingt ein Mann des Wortes; aber er hatte ein untrügerisches Gespür für eine »gute Schreibe« und legte außerordentlichen Wert auf die Auswahl seiner Redakteure. Schon bald beschäftigte er in allen Ressorts die sprichwörtlichen »Edelfedern« des Landes. Sein Verhältnis zu ihnen blieb freilich ambivalent: er hielt sie für »bunte« und »eitle Vögel« …

Die Auflagen stiegen, die Konkurrenz erschrak, warf das Handtuch, ließ sich widerwillig aufkaufen oder zog in wahre »Zeitungskriege«, die jetzt im brodelnden Berlin unter den Verlegern ausbrachen – am Ende siegte doch meist Ullstein. Und so, wie er sich mit seinen geschäftlichen Gegnern anlegte, so kämpfte er mit seinem Blatt auch unerschrocken gegen die Politik im Land, die sich durch Willkür, Meinungsunterdrückung und Repressalien gegen Andersdenkende auszeichnete. Die Bismarck'schen Machenschaften wurden furchtlos offengelegt und nachgerade angeprangert, der

Knebelung der öffentlichen Meinung wollte der einflussreiche Verleger keine Chance geben. Er und seine Mitarbeiter nahmen dabei in Kauf, dass der lange Arm der Ungerechtigkeit bis in die Redaktionsstuben grapschte: Ganze Auflagen wurden eingezogen, Leser und Abonnenten schikaniert, und immer wieder wurden vor allem Journalisten eingesperrt, kam es zu Prozessen, Strafen und Verboten – die Solidarität zwischen den Blattmachern und Ullstein hielt jedoch auch in diesen schlimmsten Krisenzeiten. Am Ende seines Lebens steht das Presse-Imperium des Leopold Ullstein auf sicheren Beinen.

Seit alters her gilt die Eule als Symbol der Weisheit. Leopolds Vater hatte den ursprünglichen Namen »Ullmann« 1813 gemäß den Möglichkeiten des ersten Judenedikts in »Uhlstein« ändern lassen: Da taucht sie auf, die Eule, die sich dann wieder in »Ullstein« ein wenig verstecken wird. Man wählte diese Schreibweise, weil es in Fürth schon zuviele »Ullmanns« gab und man der Papierhandlung einen unverwechselbaren Namen geben wollte. Die Eule aber wurde das Markenzeichen des Konzerns.

Leopold Ullstein selbst musste nicht mehr miterleben, wie Goebbels das Unternehmen 1934 »arisierte« und in einen »Deutschen Verlag« umwandelte, wie die Judenverfolgungen seine Söhne und deren Familien aus dem Land und in alle Welt trieben, wie der mächtige Ullstein-Komplex an der Berliner Kochstraße 1943 von Bomben zerstört wurde.

Über dem jüdischen Friedhof an der Schönhauser Allee in Berlin, wo Leopold Ullstein 1899 begraben wurde, bilden die Kronen der Kastanien, Platanen und Ahornbäume ein schützendes Dach. »Zeit«, hat der alte Verleger einmal gesagt, »Zeit macht aus jedem von uns eine Handvoll Staub.« Und durch die graue Luft ziehen jetzt – nein: keine Eulen. Schwarze Krähen sind es, und sie lärmen.

# Ruth Weiss

Hier in der Theaterstraße befand sich damals vor dem Krieg und bevor die spätere Schriftstellerin Ruth Weiss das Land ihrer Geburt fluchtartig verlassen musste, die koschere Bäckerei. Da wohnte der Großvater, der im Hinterhof zum alljährlichen großen Freudenfest gleich neben seiner Werkstatt zuverlässig die Laubhütte aufstellte; die Schule war um die Ecke – die Welt war klein, überschaubar, geregelt. Ruth Löwenthal (wie sie damals noch hieß), das Kind, das vom Land in die Stadt geschickt wurde, ins jüdisch dominierte Viertel kam, das kein Getto war, und doch eine ganz andere, eigene, abgeschlossene Welt bedeutete – Ruth, das heranwachsende Mädchen, lernte hier staunend den Alltag und die Riten, die Wirklichkeit und die Rätsel, die Sehnsüchte – und eines Tages dann den plötzlichen, schmerzenden Hass, zu dem die Nachbarn von gestern über Nacht fähig waren.

»Und jedes Jahr das Versprechen: ›Im nächsten Jahr feiern wir im Gelobten Land – in Jerusalem.‹ Am Seder-Abend stand immer ein leeres Gedeck bereit, für die Armen. Manche Juden sagen, das Gedeck sei für den Propheten Eliah bestimmt, mein Großvater behauptete aber, der Prophet könne jederzeit kommen und nicht nur zu Pessach.«

Also auch und warum nicht ausgerechnet nach Fürth? Wo Eliah dann am Abend an den Straßenecken die diskutierenden Männer in langen, schwarzen Kaftanen angetroffen hätte, von deren Bärten sichtbar Weissagung troff, wartend auf die Erfüllung der Schrift. Und sie selber wären kaum überrascht gewesen über den späten, fremden Gast …

Aber der Prophet kam bis heute nicht nach Fürth. Dafür »erfüllten« sich andere, dunkle Prophezeiungen schon gleich nach 1933. Und in der Folge war für manche das »gelobte Land« auch gar nicht das verheißene, es konnte ganz woanders liegen und heißen, kam als »Fluchtpunkt« in der Bibel gar nicht vor. 1936 emigrierte die 12-jährige Ruth mit ihrer Familie nach Südafrika. Der Vater wollte sich dort eine Existenz aufbauen. Aus der alten Fürther Heimat

kamen noch Briefe ans Kap. Darin schrieben die Großmutter, die Tante, die zurückgeblieben waren, von den Übergriffen und Drangsalierungen, von Verhaftungen und Schlägen auf offener Straße auch in Fürth, schließlich vom Brand der Synagoge, ausgerechnet in jenem »fränkischen Jerusalem«.

Ruth Weiss aber war skeptisch: »Jerusalem«, das hätte doch etwas Strahlendes, Herrliches, etwas Endgültiges sein müssen. Aber Fürth war so normal und einfach, war gerade im Viertel hier so klein und grau und arm. Aber trotz allem so einladend zunächst – und so verboten zum Schluss: »Für mich war diese Ecke von der Theaterstraße 17 bis zur Blumenstraße 31, dann hinunter bis zum Waisenhaus, zurück, und von uns aus die Straße bis zur Synagoge und das Gebiet ein wenig links davon – das war mein Fürth. Am Schabbat nur gingen wir bis zur Schwabacher Straße, weil wir dort Verwandte hatten. Aber das war die äußerste Grenze.«

Der Großvater, Buchbinder und Goldschläger, stammte aus einer armen Familie vom Land, auf seinen Wanderjahren blieb er in Fürth hängen, nicht zuletzt, weil man hier in auffallend vielen Lokalen gut koscher essen konnte. Das war schon ein Grund zu bleiben für den streng religiös erzogenen jungen Mann. Er ist es, bei dem Ruth lernt, dass die Religion, die ihre Eltern eher zufällig mit sich herumtragen, mehr bedeutet, als an manchen, an wenigen Tagen im Jahr in den Tempel zu gehen, an Feiertagen sich an alte Bräuche zu erinnern, weil es schön ist, festlich und gemütlich. Aber notwendig, (über-)lebenswichtig? Das Bezeichnende in der Biografie von Ruth Weiss ist, dass ihre engere Beziehung zum Judentum ausgerechnet in dem Jahr beginnt, in dem die Nationalsozialisten im Land, und also auch in Fürth, die Macht an sich reißen.

Es ist nur eine kurze Zeit, die Ruth Löwenthal noch hier verbringen muss und darf. Drei Jahre, in denen sich aber der Alltag der Juden auch in Fürth beinahe von Stunde zu Stunde verändert, zur Gefahr wird. Noch verläuft das Leben relativ normal im kleinen Viertel, aus dem man nach Möglichkeit nicht hinausgeht: Der Großvater baut weiter seine Laubhütte, ohne dass sich christliche Nachbarn darüber beschweren; der koschere Bäcker hat jeden Tag geöffnet, und auch Nichtjuden kaufen bei ihm ein; die »Schabbes-Goyin« kommt wie gewohnt, löscht das Gaslicht, erledigt die Einkäufe, holt das vorgekochte Essen, das die Großmutter immer

schon am Freitag zum Warmhalten in die Bäckerei bringt; vor
den Synagogen wird gestritten, ob man nach den alten, strengen
Riten leben und handeln oder sich den modernen Strömungen des
liberalen Judentums öffnen soll.

Ruth Weiss sagt: »Als wir weggingen, da waren die Nürnberger
Gesetze schon verabschiedet. In diesen drei Jahren haben wahrscheinlich die Erwachsenen die Veränderungen mehr bemerkt als
wir Kinder. Wir waren behütet und unwissend. Ich weiß aber, dass
die Kinder und Freunde aus der Nachbarschaft von einem auf den
anderen Tag nicht mehr da waren. Niemand hat sie verabschiedet.
Ich kann mich an keinen Fall erinnern, wo jemand gesagt hat: ›Wir
fahren morgen weg‹. Das wurde einfach nicht besprochen. Das
Packen wurde ganz kurzfristig angesagt. Bei uns zu Hause schließlich
auch. Ich weiß noch: Ich hatte ein Buch geschenkt bekommen, das
durfte ich nicht mitnehmen, weil es zu groß war und nicht in den
Koffer passte. Und ich habe mich wahnsinnig geärgert, weil ich nie
herausgefunden hatte, wie das Buch ausging.«

In ihren ersten Jahren in Fürth, ab 1933, besucht sie noch eine
normale Regelschule. Und sie spürt da auf einmal, dass sie angeblich
anders sein soll als alle anderen in der Klasse; dass die Wärme von
zu Hause etwas ist, das außerhalb der beschützenden vier Wände
nicht lange vorhält: »Ich ging im Klassenzimmer auf meinen Platz
und merkte zuerst gar nicht, dass ich allein war. Ich hatte von einem
Tag auf den anderen keine Schulbankfreundin mehr, und die Kinder
saßen alle zusammengedrückt weit entfernt von mir. Auch in der
Pause blieb ich allein, die Mädchen standen flüsternd in einer Ecke,
und die Jungen gingen mit ihren Händen in den Taschen umher und
pfiffen. Es war alles etwas merkwürdig. Ich wollte heulen, aber das
ging schließlich auch nicht. Ich freute mich auf die Deutschstunde,
hatte den Erlkönig auswendig gelernt. Der Lehrer nahm meistens
mich dran. Doch auf einmal sah er meine Hand nicht mehr, er sah
mich überhaupt nicht …«

Das Mädchen Ruth aber sieht mehr, als ihr lieb ist. Den
Faschingsumzug etwa, der auch am Haus in der Theaterstraße vor-
beizieht: Da lachen die christlichen Nachbarn schon ohne Scheu über
einen Festwagen, auf dem »Juden in Käfigen« dargestellt werden.

Das Mädchen Ruth aber »stolpert« auf dem Rückweg von einem
der seltenen Besuche bei einer Tante in Nürnberg beinahe über

den *Stürmer*-Herausgeber Julius Streicher, der ihr an einer Ecke in den Weg tritt, mit der obligatorischen Peitsche in der Hand. Das »Komische« sei gewesen, dass der ohne Uniform so normal aussah »wie einige meiner Verwandten« …

Das Mädchen Ruth aber wird auf offener Straße überfallen: »Eine Horde Kinder machte sich über mich und mein Gebetbuch, den Siddur, lustig. Sie rannten hinter mir her. Ich lief und lief und flüchtete endlich in einen Keller. Als sie mich hatten, wussten sie nicht, was sie mit mir anfangen sollten. Jemand zerrte an meinem Mantel, ein anderer wollte mein Gebetbuch, ich spürte, wie es hinfiel, wie mich jemand schlug. Ich weinte nicht, und dann war es vorbei, im Haus hatte man etwas gemerkt, das Licht wurde angemacht, ich hob mein Buch auf und küsste es, wie man mich das gelehrt hatte: Fiel ein heiliges Buch hin, so küsste man es, wie das Brot, beides sind Geschenke Gottes. Ich lief zu Großmutter in die Synagoge, sie wusch mir das Gesicht und fragte nichts.«

Alltagsszenen aus dem »Fränkischen Jerusalem«: »Der Bruch mit den Nachbarn ist gekommen. Irgendwann hat die Schabbes-Goyin gesagt: ›Ich mache das nicht mehr, ich kann das nicht mehr machen, das ist zu gefährlich für mich.‹ Eine Christin durfte nicht mehr ein jüdisches Haus betreten. Mein Großvater ist '38 gestorben, er hat die ›Kristallnacht‹ nicht mehr miterlebt. Für mich aber bedeuteten diese drei Jahre Kindheit und Judentum, das gehört zusammen, das hat einen Eindruck hinterlassen, der fürs Leben blieb.«

In Südafrika viel später wird aus dem Mädchen die engagierte Schriftstellerin Ruth Weiss, bewundert nicht nur von der Literatur-nobelpreisträgerin Nadine Gordimer (das Erinnerungsbuch *Wege im harten Gras* sei von »nahezu furchteinflößender Ehrlichkeit«, schrieb sie). Weiss kämpft gegen das Apartheid-System, in Rhodesien für ein unabhängiges Zimbabwe. Nochmals Nadine Gordimer: »Ich glaube, sie verfügt über jene Anteilnahme, die sich auf ganz andere Nöte und Bedürftigkeit erstreckt als auf jene, die sie einmal erlebte. Auch wenn ich mit ihr befreundet bin, kann ich ganz objektiv sagen, dass sie die menschlich wärmste und anteil-nehmendste Frau ist, der ich je begegnet bin.« Nach jahrelangem Aufenthalt auf der Isle of Wight zog Ruth Weiss im hohen Alter noch mal nach Deutschland, ins Münsterland.

Zu ihrem Kind hat sie einmal gesagt: »Mein armer Sohn. Ich habe nicht mehr den festen Glauben meiner Kindheit; ich habe zweifeln gelernt. Aber durch diese Kindheit in Fürth, verbunden mit dem Geruch der Kerzen, die meine Großmutter am Freitagabend anzündete, dem Duft der frischgebackenen Berches, dem geflochtenen Brot für den Schabbat, der Erinnerung an den leeren Platz an der Tafel des Pessach-Festes – durch diese Fürther Kindheit weiß ich, dass ich eine Jüdin bin. Das hat etwas zu tun mit Wärme und Liebe, mit Geborgenheit und Tradition.«

# Abbildungen

Bernd Noack, geboren 1958 in Braunschweig, lebt in Fürth. Nach einer Buchhändlerlehre absolvierte er ein Volontariat bei den *Nürnberger Nachrichten*, wo er später als Feuilletonredakteur arbeitete. Seit 2000 ist er freiberuflicher Kulturjournalist und Theaterkritiker, u. a. für *Theater heute*, die *FAZ*, die *Neue Zürcher Zeitung*, die *Nürnberger Nachrichten* und den *Bayerischen Rundfunk*. Er war Stipendiat der Robert Bosch Stiftung im Rahmen des »Grenzgänger«-Programms und ist Mitglied der Jury des Berliner Theatertreffens. 2012 erhielt er den Sonderpreis Kultur der Stadt Fürth.

Andreas Riedel, 1970 geboren, bekam zur Konfirmation eine Kamera geschenkt, legte sie fortan nicht mehr weg und stellte mit der Zeit fest, dass er sich durch seine Bilder besser ausdrücken konnte als durch sein unverständliches Fränkisch. Es folgten Fotografenlehre, Meisterprüfung und 1994 ein eigenes Studio in der Nähe von Neustadt. Ab 1997 realisierte er verschiedene Buchprojekte mit Helmut Haberkamm, Harald Weigand, Ewald Arenz, Norbert Krapf, zuletzt *Neustädter*. Der verheiratete Vater von vier Kindern betreibt ein Fotostudio für Porträt- und Werbefotografie in Neustadt a. d. Aisch.

# Augenzwinkernde Kurzgeschichten aus der fränkischen Krimiwelt

Dirk Kruse
**Tod in der Gustavstraße**
Kriminalgeschichten
Broschur, 232 Seiten
ISBN 978-3-7472-0210-4

Dirk Kruse hat mit seinem Gentlemandetektiv Frank Beaufort einen Klassiker des fränkischen Kriminalromans erschaffen – und beherrscht auch die Kurzform meisterhaft, wie diese Anthologie beweist. So wird u. a. das »Verdi-Komplott« aufgedeckt, die »Beichte eines Mörders« abgenommen und der »Gänsemord in Ochsenschenkel« untersucht. Besonderes Highlight: »Tod in der Gustavstraße«, der bisher unveröffentlichte Ausflug zur dunklen Seite der Fürther Kneipenmeile. Originelle, spannende und elegante Unterhaltung!

»Durch die vielen kurzen Geschichten macht das Buch definitiv Appetit auf mehr.«

*rcn Magazin*

# Der historische Roman für Franken: opulent, poetisch und dramatisch

Helmut Haberkamm
**Das Kaffeehaus im Aischgrund**
Roman
Klappenbroschur, 320 Seiten
ISBN 978-3-7472-0213-5

Auf der Suche nach einem besseren Leben wandert Bauernsohn Michael Wegmann nach Amerika aus. 1867 kehrt er als gereifter Mann in seinen fränkischen Geburtsort zurück. Mit im Gepäck: ein Sack Kaffeebohnen, ein Klumpen Gold – und der Traum, in der Provinz ein außergewöhnliches Kaffeehaus zu eröffnen. Von den Einheimischen zuerst teils beneidet, teils belächelt, entwickelt sich Wegmanns Lokal bald zu einem Anziehungspunkt. Die unterschiedlichsten Menschen können hier ihre Erfahrungen miteinander teilen und sich ihren kargen Alltag mit Köstlichkeiten versüßen. Gesellschaftliche Umbrüche wie persönliche Tragödien werfen jedoch immer wieder ihre Schatten auf den Ort, an dem Geschichte und Geschichten sich treffen. Kann das Kaffeehaus die Wirren der Zeit überstehen und Wegmann sich seinen Lebenstraum bewahren?

»In diesem gehaltvollen, sanft dahinfließenden Roman beweist der Autor, dass selbst der kleinste Ort groß genug sein kann, um eine ganze Welt darzustellen.«
*BR*